AS TDIC NO CENÁRIO DA EDUCAÇÃO
REFLEXÕES PARA A FORMAÇÃO UNIVERSITÁRIA CONTEMPORÂNEA

Editora Appris Ltda.
1.ª Edição - Copyright© 2024 dos autores
Direitos de Edição Reservados à Editora Appris Ltda.

Nenhuma parte desta obra poderá ser utilizada indevidamente, sem estar de acordo com a Lei nº 9.610/98. Se incorreções forem encontradas, serão de exclusiva responsabilidade de seus organizadores. Foi realizado o Depósito Legal na Fundação Biblioteca Nacional, de acordo com as Leis nos 10.994, de 14/12/2004, e 12.192, de 14/01/2010.

Catalogação na Fonte
Elaborado por: Josefina A. S. Guedes
Bibliotecária CRB 9/870

F826t
2024
	Frandaloso, Jean Marcos
	  As TDIC no cenário da educação: reflexões para a formação universitária contemporânea / Jean Marcos Frandaloso. – 1. ed. – Curitiba: Appris, 2024.
	  291 p. ; 23 cm. – (Educação, tecnologias e transdisciplinaridade).
	
	  Inclui referências.
	  ISBN 978-65-250-5737-8
	
	  1. Tecnologia educacional. 2. Ensino superior. 3. Estudantes universitários – Formação. 4. Aprendizagem. I. Título. II. Série.
	
	                                                                      CDD – 378

Livro de acordo com a normalização técnica da ABNT

Appris *editora*

Editora e Livraria Appris Ltda.
Av. Manoel Ribas, 2265 – Mercês
Curitiba/PR – CEP: 80810-002
Tel. (41) 3156 - 4731
www.editoraappris.com.br

Printed in Brazil
Impresso no Brasil

Jean Marcos Frandaloso

AS TDIC NO CENÁRIO DA EDUCAÇÃO
REFLEXÕES PARA A FORMAÇÃO UNIVERSITÁRIA CONTEMPORÂNEA

FICHA TÉCNICA

EDITORIAL	Augusto Coelho Sara C. de Andrade Coelho

COMITÊ EDITORIAL

Ana El Achkar (Universo/RJ)
Andréa Barbosa Gouveia (UFPR)
Antonio Evangelista de Souza Netto (PUC-SP)
Belinda Cunha (UFPB)
Délton Winter de Carvalho (FMP)
Edson da Silva (UFVJM)
Eliete Correia dos Santos (UEPB)
Erineu Foerste (Ufes)
Fabiano Santos (UERJ-IESP)
Francinete Fernandes de Sousa (UEPB)
Francisco Carlos Duarte (PUCPR)
Francisco de Assis (Fiam-Faam-SP-Brasil)
Gláucia Figueiredo (UNIPAMPA/ UDELAR)
Jacques de Lima Ferreira (UNOESC)
Jean Carlos Gonçalves (UFPR)
José Wálter Nunes (UnB)
Junia de Vilhena (PUC-RIO)

Lucas Mesquita (UNILA)
Márcia Gonçalves (Unitau)
Maria Aparecida Barbosa (USP)
Maria Margarida de Andrade (Umack)
Marilda A. Behrens (PUCPR)
Marília Andrade Torales Campos (UFPR)
Marli Caetano
Patrícia L. Torres (PUCPR)
Paula Costa Mosca Macedo (UNIFESP)
Ramon Blanco (UNILA)
Roberta Ecleide Kelly (NEPE)
Roque Ismael da Costa Güllich (UFFS)
Sergio Gomes (UFRJ)
Tiago Gagliano Pinto Alberto (PUCPR)
Toni Reis (UP)
Valdomiro de Oliveira (UFPR)

SUPERVISORA EDITORIAL	Renata Cristina Lopes Miccelli
PRODUÇÃO EDITORIAL	Miriam Gomes
REVISÃO	Stephanie Ferreira Lima
DIAGRAMAÇÃO	Jhonny Alves dos Reis
CAPA	Jhonny Alves dos Reis

COMITÊ CIENTÍFICO DA COLEÇÃO EDUCAÇÃO, TECNOLOGIAS E TRANSDISCIPLINARIDADE

DIREÇÃO CIENTÍFICA **Dr.ª Marilda A. Behrens (PUCPR)** — **Dr.ª Patrícia L. Torres (PUCPR)**

CONSULTORES

Dr.ª Ademilde Silveira Sartori (Udesc)

Dr. Ángel H. Facundo
(Univ. Externado de Colômbia)

Dr.ª Ariana Maria de Almeida Matos Cosme
(Universidade do Porto/Portugal)

Dr. Artieres Estevão Romeiro
(Universidade Técnica Particular de Loja-Equador)

Dr. Bento Duarte da Silva
(Universidade do Minho/Portugal)

Dr. Claudio Rama (Univ. de la Empresa-Uruguai)

Dr.ª Cristiane de Oliveira Busato Smith
(Arizona State University /EUA)

Dr.ª Dulce Márcia Cruz (Ufsc)

Dr.ª Edméa Santos (Uerj)

Dr.ª Eliane Schlemmer (Unisinos)

Dr.ª Ercilia Maria Angeli Teixeira de Paula (UEM)

Dr.ª Evelise Maria Labatut Portilho (PUCPR)

Dr.ª Evelyn de Almeida Orlando (PUCPR)

Dr. Francisco Antonio Pereira Fialho (Ufsc)

Dr.ª Fabiane Oliveira (PUCPR)

Dr.ª Iara Cordeiro de Melo Franco (PUC Minas)

Dr. João Augusto Mattar Neto (PUC-SP)

Dr. José Manuel Moran Costas
(Universidade Anhembi Morumbi)

Dr.ª Lúcia Amante (Univ. Aberta-Portugal)

Dr.ª Lucia Maria Martins Giraffa (PUCRS)

Dr. Marco Antonio da Silva (Uerj)

Dr.ª Maria Altina da Silva Ramos
(Universidade do Minho-Portugal)

Dr.ª Maria Joana Mader Joaquim (HC-UFPR)

Dr. Reginaldo Rodrigues da Costa (PUCPR)

Dr. Ricardo Antunes de Sá (UFPR)

Dr.ª Romilda Teodora Ens (PUCPR)

Dr. Rui Trindade (Univ. do Porto-Portugal)

Dr.ª Sonia Ana Charchut Leszczynski (UTFPR)

Dr.ª Vani Moreira Kenski (USP)

Dedico esta pesquisa para todos aqueles que anseiam por uma Educação Brasileira mais democrática, inclusiva e plural, que vise à ressignificação do homem, em todas as suas dimensões históricas, epistemológicas e espirituais.

AGRADECIMENTOS

Agradeço a **Deus** pela oportunidade de celebrar essa conquista importante na minha jornada de estudos, e, pelas infinitas bençãos obtidas. Muitos foram os obstáculos nesta minha trajetória — profissional e pessoal —, contudo, mesmo nos instantes mais frágeis e improváveis, o Senhor segurou a minha mão e caminhou ao meu lado. No esgotamento de minhas forças, Ele me carregou. Dessa forma, encontrei ânimo para prosseguir em meio aos desafios. Se não fosse a presença do seu amor em minha vida, com toda a certeza de que teria sucumbido e, certamente, os sonhos e pretensões não teriam saído do papel. Eis aí uma perspectiva de que tudo é possível quando encontramos aquilo que procuramos com compromisso, trabalho árduo e muita dedicação, mas, principalmente, quando buscamos no Senhor a força necessária para caminhar em direção aos objetivos pretendidos.

Agradeço à minha querida mãe, **Marta Cardozo**, por ter acreditado no meu sonho e na minha persistência de querer vencer, tanto no ministério da vida privada, quanto na seara profissional. Você faz toda a diferença no meu viver. Mulher guerreira que, desde o ventre, encorajou-me a lutar pela vida, por um lugar debaixo do sol. Por mais difícil que fosse a peleja, você estava lá, ao meu lado, enfrentando os dissabores do dia a dia. O seu apoio e a sua fé foram e continuam sendo determinantes para o meu sucesso.

Agradeço à querida **Professora Doutora Maria Alzira Leite** pelos ensinamentos, orientações e pelo humanismo que sempre esteve presente em sua fala e gestos. Graças ao seu empenho e dedicação, foi possível avançar, ainda mais, no processo de leitura, escrita, reescrita e reflexão. Obrigado por todos os conselhos e, principalmente, por fazer parte da minha construção, enquanto pesquisador.

Agradeço ao **Professor Doutor Petrilson Pinheiro** e à **Editora da Universidade do Vale do Rio dos Sinos (Unisinos)**, pela autorização de uso da pesquisa ora intitulada *Multiletramentos em teoria e prática: desafios para a escola de hoje*, para o desenvolvimento do esboço analítico contemplado neste livro.

Agradeço aos **professores doutores, Rosana de Fátima Silveira Jammal Padilha** do Instituto Federal do Paraná (IFPR) e **Vicente Aguimar Parreiras** do Centro Federal de Educação Tecnológica de Minas Gerais (CEFET/MG), que contribuíram, brilhantemente, para o deslinde desta obra.

Por fim, agradeço a todos os demais **professores** e **amigos** que, de alguma forma, contribuíram para o desenvolvimento e sucesso desta obra.

APRESENTAÇÃO

Vivências, tecnologias digitais e colaboração

Um galo sozinho não tece uma manhã:
ele precisará sempre de outros galos.
De um que apanhe esse grito que ele
e o lance a outro; de um outro galo
que apanhe o grito de um galo antes
e o lance a outro; e de outros galos
que com muitos outros galos se cruzem
os fios de sol de seus gritos de galo,
para que a manhã, desde uma teia tênue,
se vá tecendo, entre todos os galos.
(João Cabral de Melo Neto)

O cenário contemporâneo da 'sociedade em rede' nos instiga a movimentar as variadas formas de representações. Nesse viés, as práticas linguageiras e o fazer pedagógico açambarcam outros contornos. Como educadores, tentamos aprimorar o agir e vislumbramos o intercâmbio entre currículo, planejamento didático e tecnologias digitais para além das salas de aula.

Ora, a ordem global, cultural e institucional emergente requer dimensões contemporâneas para a educação. No alvorecer das diferentes vivências, os algoritmos, os softwares, a cibercultura e a inteligência artificial ganham corpo, tempo e lugar em nossas esferas! Por isso, as configurações de leitura/leitor, de escrita/escritor, de agenciamento de vozes e de avaliações assumem um novo escopo com a saliência das Tecnologias digitais de informação e comunicação (TDIC).

Logo, no compasso das metamorfoses, deparamo-nos com o hoje e, quiçá, com o futuro. Nesse processo de desenvolvimento, visualizamos o que parece ser 'novo' – metodologias participativas na era digital — e apropriamo-nos de outros conhecimentos que acirram o pensar, o sentir e o agir numa teia coletiva. Por isso, na 'sociedade em rede' um 'galo sozinho não tece uma manhã'. A partir da construção de processos para a (transform)ação na/da educação, ancorando-se nas experiências já socializadas, tentamos investir nas possibilidades de um planejamento integral, almejando, portanto, as múltiplas ações didático-pedagógicas com as Tecnologias Digitais da Informação e Comunicação (TDIC).

Diante disso, no compasso de um ensino que considera o elo entre o aluno/a aluna, o professor/a professora e o próprio saber, pode haver uma oportunidade para a (cri)ação e o aprendizado mútuo.

É nessa toada que a obra *As TDIC no cenário da educação: reflexões para a formação universitária contemporânea* assume, enquanto pesquisa, um caráter reflexivo/analítico, que se constituiu através de um discurso inovador — de práticas docentes do ensinar-aprender-ensinar, tendo em vista outros professores.

O autor, Jean Marcos Frandaloso, abre espaço para que o leitor apreenda o trajeto das construções de sentidos que cerceiam os objetos do conhecimento imbricados na linha tênue entre o analógico e o digital. Logo, o conhecer para compreender demanda o entendimento de realidades multissemióticas que seguem atreladas aos significados dos artefatos históricos, culturais e sociais.

Nessa esteira, na primeira parte deste livro, há um convite para a compreensão dos sentidos justapostos no conceito de 'tecnologia', haja vista os domínios espaço-temporal. Logo, em um tom didático, mobiliza uma discussão a respeito do significado da expressão terminológica de 'técnica'. Nesse viés, propicia um aprofundamento semântico-prático dessas concepções, possibilitando, ainda, um entendimento quanto as TDIC no cenário da educação.

Em seguida, o autor expõe sobre as concepções de 'Letramento, letramento(s) e multiletramentos', facultando uma compreensão dos aspectos conceituais e discursivos que atravessam os processos de aquisição das linguagens ao longo da história da alfabetização e do letramento. E, como bem ressalta, a leitura e a escrita estão em um *continuum* de representações de signos, enunciações e *ethos*.

Além disso, Frandaloso evidencia os estudos do Grupo de Nova Londres (1996) e incita-nos a (re)conhecer no fazer pedagógico, os gestos didáticos que transpassam os Multiletramentos, cogitando-se, nesse âmbito, a potencialidade 'aprendizagem significativa' por meio dos *designs*, isto é, das possibilidades de construção de sentido presentes em uma determinada realidade.

Ao longo da obra, apresenta os estudos que revelam as possibilidades de trabalho com as produções textuais, escritas e orais, nas instituições de ensino, e, ainda, oportuniza uma explanação acerca dos processos de letramentos ancorados no uso de distintas tecnologias digitais no ambiente escolar.

E, a partir dessa exposição, brinda-nos com um olhar analítico desses estudos acerca dos conceitos de tecnologias e dos Multiletramentos. Nesse percurso, discorre sobre as relações entre teórico-empíricas que subjazem os capítulos de *Multiletramentos em teoria e prática: desafios para a escola de hoje*, organizado por Petrilson Pinheiro (2017), analisando e ampliando as discussões sobre os conceitos de tecnologia(s) e de multiletramentos.

Desse modo, numa toada para o saber-fazer docente, o autor disserta sobre o trabalho colaborativo, os processos diferenciados de aprendizagens, considerando, as tecnologias digitais, outrossim, os ressignificados da diversidade linguística (multilinguística) e cultural (multiculturalismo) haja vista as produções orais, textuais e multimodais.

A partir desta leitura, é possível dizer que o momento é de transição e de (re)elaborações de 'um fazer pedagógico'; de uma passagem que não recorre apenas a uma porta de entrada para um modo de ensino, mas, quem sabe, uma travessia que impetra o plantio de outros saberes e a colheita para outros conhecimentos. Assim, o saber-fazer docente pode ressignificar os paradigmas tradicionais e, nesse ínterim, resgatar o valor da fluidez na interação — professor-estudante-família-gestão. Essa ação-reflexão-ação pleiteia a inserção docente no processo de *design*, ou seja, nas experiências coerentes por meio da construção de sentido para as rotinas digitais na contemporaneidade.

Cabe acentuar que este escrito fornece subsídio para que os educadores compreendam a necessidade da formação continuada, das apropriações dos saberes em movimento e, ainda, de um investimento em situações problematizadoras que agucem à curiosidade, criatividade e o senso colaborativo dos envolvidos no processo de ensino e de aprendizagem. Aqui não se trata de uma descrição única e acabada, ao contrário, percebe-se, no tom do dizer, que as interlocuções entre autor e leitores podem fomentar projetos a partir do uso das tecnologias digitais no quadro dos Multiletramentos.

Terminando esta apresentação, expresso o meu anseio de que este livro possa contribuir não somente para o estudo e o debate no tocante ao uso das TDIC, mas também para a construção de um quadro prático-pedagógico — de base teórica — que nos inspire a conhecer e a planejar as práticas pedagógicas, afinal de contas, como nos lembra Goran Therborn, "Se queremos mudar alguma coisa, devemos saber como funciona".

Dr.ª Maria Alzira Leite
Prof.ª adjunta na
Universidade Tuiuti do Paraná (UTP)
Curitiba, setembro de 2023.

PREFÁCIO

Em uma sociedade desenvolvimentista, em constante evolução tecnológica, onde a dinâmica tecnoprodutiva avança rapidamente, as instituições escolares têm sido levadas, cada vez mais, a incorporar os recursos digitais, tais como 'smartphones', 'tablets', 'notebooks' e 'computadores', a fim de garantir a oferta de aulas para crianças, jovens e adultos. Com a crise epidemiológica de Covid-19, o uso desses artefatos tecnológicos se potencializou ainda mais, visto que muitas instituições de ensino se valeram desses equipamentos eletrônicos para o cumprimento das respectivas grades curriculares.

Esse contexto contemplado pela crise pandêmica impactou de maneira significativa o ensino presencial, despertando um interesse ainda maior em explorar o uso das tecnologias digitais no ensino superior. E em um ambiente em que as condições de trabalho docente são, cada vez mais, complexas e intensificadas, o pesquisador Jean Marcos Frandaloso nos instiga a (re) pensar sobre o uso das tecnologias digitais da informação e comunicação no cenário universitário. A partir desse domínio, com o intuito de discutir e examinar os conceitos de tecnologia(s) e de multiletramentos, o autor analisou o livro ora intitulado *Multiletramentos em teoria e prática: desafios para a escola de hoje*, organizado pelo professor doutor Petrilson Pinheiro.

Assim sendo, Frandaloso privilegiou uma pesquisa de abordagem qualitativa, exploratória, descritiva e de procedimento bibliográfico. Ao longo desta obra, o autor aprofunda-se nas discussões teóricas de Kalantzis; Cope e Pinheiro (2020), Rojo e Moura (2012, 2019), Franco (2012), Pinto (2005), dentre outros estudiosos. A pesquisa revelou que o uso de dispositivos eletrônicos no ambiente escolar pode potencializar o processo de ensino e de aprendizagem, promovendo, dessa forma, o fortalecimento das práticas colaborativas entre professores e estudantes no espaço escolar e fora dele.

Os resultados apontaram para a necessidade de uma articulação mais dialética entre a *teoria* e a *prática*. Nesse sentido, será possível promover a ressignificação do conhecimento, por meio do uso criativo e didático das diferentes tecnologias digitais no ambiente educacional. Ainda, o estudo traz à tona a importância de uma reflexão crítica acerca dos modos de *aprender* e de *ensinar* nas salas de aula, tendo em vista a bagagem cultural e de conhecimentos trazidos pelos aprendizes no ambiente formal de aprendizagem.

Ao considerar todos os aspectos que delineiam esta pesquisa, verifica-se que cada sujeito/aprendente passa a ser protagonista do seu próprio aprendizado, razão pela qual discentes e educadores são agentes de transformação e se encontram em constante evolução intelectual, cognitiva e sociocultural. Essa interação entre docentes e aprendizes possibilita que todos os envolvidos na prática de ensino e de aprendizagem (re)pensem a educação para além dos muros da escola, associando tais práticas às suas ações do cotidiano. Destaca-se que essa abordagem favorece o aprimoramento das práticas multiletradas, tanto no horizonte universitário, quanto fora dele, além de possibilitar a construção da imagem, autonomia e identidade dos envolvidos.

Considerando todo o exposto, salienta-se que este estudo é produto de uma pesquisa densa, de alta qualidade e metodologicamente impecável. De maneira didática, Jean Marcos Frandaloso explora questões relevantes sobre as práticas pedagógicas e o saber-fazer docente, oferecendo perspectivas inovadoras e olhares acurados para o campo da Educação.

Convido a todas e a todos a mergulharem nesta obra enriquecedora, repleta de reflexões profundas e insights inspiradores, haja vista o processo de ensino e de aprendizagem. Que este livro estimule debates e ações efetivas para a promoção de uma educação superior mais democrática, inclusiva e, tecnologicamente, orientada para os multiletramentos.

Dr.ª Rosana de Fátima Silveira Jammal Padilha
Prof.ª no Instituto Federal do Paraná (IFPR) – Campus Paranaguá

Professor, "sois o sal da terra e a luz do mundo". Sem vós tudo seria baço e a terra escura. Professor, faze de tua cadeira, a cátedra de um mestre. Se souberes elevar teu magistério, ele te elevará à magnificência. Tu és um jovem, sê, com o tempo e competência, um excelente mestre.

Meu jovem Professor, quem mais ensina e quem mais aprende?... O Professor ou o aluno? De quem maior responsabilidade na classe, do professor ou do aluno? Professor, sê um mestre. Há uma diferença sutil entre este e aquele. Este leciona e vai prestes a outros afazeres. Aquele mestreia e ajuda seus discípulos. O professor tem uma tabela a que se apega. O mestre excede a qualquer tabela e é sempre um mestre. Feliz é o professor que aprende ensinando.

A criatura humana pode ter qualidades e faculdades. Podemos aperfeiçoar as duas. A mais importante faculdade de quem ensina é a sua ascendência sobre a classe. Ascendência é uma irradiação magnética, dominadora que se impõe sem palavras ou gestos, sem criar atritos, ordem e aproveitamento. É uma força sensível que emana da personalidade e a faz querida e respeitada, aceita. [...].

(Cora Coralina, 2013, p. 163-164).

LISTA DE ABREVIATURAS

Coord. – Coordenador(a)

Col. – Colaboradores

Dr. – Doutor

Dr.ª – Doutora

Ed.ª – Editora

GP – Grupo

MG – Minas Gerais

Org. – Organizador(a)

Orgs. – Organizadores

PR – Paraná

Rev. – Revista

RJ – Rio de Janeiro

SP – São Paulo

SC – Santa Catarina

LISTA DE SIGLAS

BDTD	–	Biblioteca Digital Brasileira de Teses e Dissertações
Capes	–	Coordenação de Aperfeiçoamento de Pessoal de Nível Superior
CEFET/MG	–	Centro Federal de Educação Tecnológica de Minas Gerais
CNPq	–	Conselho Nacional de Desenvolvimento Científico e Tecnológico
Covid-19	–	Corona Virus Disease (Doença do Coronavírus)
EaD	–	Ensino a Distância
EC	–	Enquadramento Crítico
EUA	–	Estados Unidos da América
Facebook	–	Livro de caras
IA	–	Instrução Aberta
IEL	–	Instituto de Estudos da Linguagem
IFPR	–	Instituto Federal do Paraná
IP	–	Internet Protocol (Protocolo de Rede)
MEC	–	Ministério da Educação
NLG	–	New London Group (Grupo de Nova Londres)
NTIC	–	Novas Tecnologias de Informação e Comunicação
PCE	–	Práticas Colaborativas de Ensino
PS	–	Prática Situada
PT	–	Prática Transformada
PUC	–	Pontifícia Universidade Católica do Paraná
SciELO	–	Scientific Eletronic Library Online (Portal de Periódicos)
SMS	–	Short Message Service (Serviço de Mensagens Curtas)
TDIC	–	Tecnologias Digitais da Informação e Comunicação
TI	–	Tecnologia da Informação
TIC	–	Tecnologias de informação e comunicação
Unicamp	–	Universidade de Campinas
Unisinos	–	Universidade do Vale do Rio dos Sinos
UTP	–	Universidade Tuiuti do Paraná
WEB	–	World Wide Web (WWW)

SUMÁRIO

1

INTRODUÇÃO 23

1.1 Objeto de pesquisa 23

1.2 Problematização 23

1.3 Justificativas 25

1.4 Produção de conhecimento sobre as práticas dos multiletramentos na perspectiva de uso das TDIC no ensino superior do Estado do Paraná 32

1.5 Objetivos 43

    1.5.1 Objetivo geral 43

    1.5.2 Objetivos específicos 43

1.6 A organização das seções 44

2

CONCEITO DE TECNOLOGIA(S) 49

2.1 Definição de tecnologias digitais 69

3

LETRAMENTO, LETRAMENTO(S) E MULTILETRAMENTOS: ASPECTOS HISTÓRICOS E CONCEITUAIS 93

3.1 Pedagogia dos (Multi)letramentos: o design na construção de sentidos e as práticas sociais 104

4

PRÁTICAS DE MULTILETRAMENTOS NA ESCOLA 131

4.1 O professor também precisa mudar? Olhar(es) para a identidade profissional docente 136

5

PERCURSO DA PESQUISA 155

5.1 Classificação da pesquisa quanto à abordagem 155

5.2 Classificação da pesquisa quanto à natureza 157

5.3 Classificação da pesquisa quanto aos objetivos 157

5.4 Classificação da pesquisa quanto aos procedimentos técnicos utilizados 158

5.5 Apresentação do material 159

5.6 Leitura, decomposição do material e elaboração de categorias 162

6
PRÁTICAS MULTIMODAIS E MULTISSEMIÓTICAS NO AMBIENTE DIGITAL: REFLEXÕES PARA UM APRENDIZADO SIGNIFICATIVO... 167

6.1 O agenciamento de vozes e as práticas colaborativas em sala de aula: reestruturando caminhos para um aprendizado multiletrado 172

6.1.1 Práticas colaborativas de ensino - PCE 173

6.1.2 Produções multimodais na escrita colaborativa 191

6.1.3 Da metalinguagem à metarrepresentação: (re)criando significados 205

6.1.4 A formação do ethos no contexto tecnológico das práticas multiletradas: (re)personalizando saberes para além dos muros da escola 221

6.2 Aparando as arestas: impressões e reflexões sobre os resultados observados nas categorias analíticas..244

7
CONSIDERAÇÕES FINAIS 267

POSFÁCIO...279

REFERÊNCIAS 281

1

INTRODUÇÃO

1.1 Objeto de pesquisa

A referida obra ora intitulada *As TDIC no cenário da educação: reflexões para a formação universitária contemporânea* visa ao aprofundamento dos estudos envolvendo a triangulação das 'práticas docentes – tecnologias digitais – multiletramentos' com o processo de ensino e de aprendizagem do alunado. Trata-se de uma abordagem relevante para a compreensão do saber-fazer docente, no contexto de uso das tecnologias digitais da informação e comunicação, no âmbito acadêmico.

O uso das TDIC, pautado em uma finalidade pedagógica, poderá potencializar as diferentes formas de *ensinar* e de *aprender* do discente, no espaço formal e não-formal de aprendizagem. Diante disso, cabe enfatizar que o objeto desta pesquisa é: *as práticas multiletradas no ensino superior*. Este estudo faz-se necessário na medida em que a utilização de inúmeros recursos digitais vem ocupando, cada vez mais, as salas de aula. Dessa maneira, o objeto de pesquisa perpassa por uma investigação pautada nas produções de conhecimento sobre os multiletramentos, pelo aporte teórico-bibliográfico das fontes selecionadas e, principalmente, pela análise dos capítulos que integram a obra *'Multiletramentos em teoria e prática: desafios para escola de hoje'* (Pinheiro *et al.*, 2017).

Portanto, o exame da obra selecionada, associado às fontes bibliográficas, fornecerá os subsídios necessários para a referida pesquisa e, por conseguinte, oportunizará o aprofundamento dos estudos que cerceiam os novos e múltiplos letramentos no âmbito universitário.

1.2 Problematização

Em um mundo cada vez mais orientado por uma "[...] transformação tecnológica [...]" (Castells, 2020, p. 64), sustentado por inúmeros aparatos digitais de alta performance, conectado às mudanças epistemológicas situadas no tempo-espaço, na hipertextualidade multicultural entre os sujeitos, dado o momento histórico em que se encontram e se reconhecem, seja no ambiente presencial ou no "[...] ciberespaço [...]" (Lévy, 2010, p. 95), de que modo os conceitos de tecnologias e de multiletramentos são apresentados na obra ora intitulada *Multiletramentos em teoria e prática: desafios para a escola de hoje?* (Pinheiro *et al.*, 2017).

O referido questionamento não exclui outros decorrentes do mesmo campo de análise e investigação acerca das práticas docentes multiletradas mediadas pelo uso de tecnologias digitais da informação e comunicação, no ensino superior, até mesmo porque "as novas tecnologias, aplicativos, ferramentas e dispositivos viabilizaram e intensificaram novas possibilidades de textos/discursos – hipertexto, multimídia e, depois, hipermídia – que, por seu turno, ampliaram a multissemiose ou multimodalidade [...]" (Rojo; Moura, 2019, p. 26), nas relações comunicativas, textuais e orais imbricadas em uma "[...] pedagogia dos multiletramentos [...]" (Cani; Coscarelli, 2016, p. 23).

A problematização envolvendo as tecnologias digitais da informação e comunicação no processo educacional é ainda maior, quando se trata de considerar as práticas docentes inseridas no contexto multissemiótico atreladas aos novos letramentos. Ora, ocorre que "as práticas multiletradas exigem sujeitos ativos, capazes de desenvolver formas de pensamento complexas e colaborativas diante de situações autênticas do cotidiano" (Cani; Coscarelli, 2016, p. 21).

Da mesma forma, é preciso refletir acerca do papel da escola, enquanto espaço de saber sistematizado, e sua relevância socializante na formação humana. Os estabelecimentos educacionais precisam se adequar às transformações tecnológicas contemporâneas para acompanharem ao movimento social, bem como às novas tendências que perpassam o campo da educação. Enfim, "a escola precisa participar dessa mudança proporcionando aos alunos não somente experiências conscientes e reflexivas de multiletramentos, mas também o desenvolvimento das potencialidades que emergem das novas tecnologias [...]" (Cani; Coscarelli, 2016, p. 22), com ênfase à fomentação do aprendizado colaborativo.

A implementação de tecnologias digitais da informação e comunicação, em sala de aula, poderá contribuir para a construção do conhecimento do aluno em uma perspectiva mais "[...] multimodal [...]" (Ribeiro, 2021, p. 11) e interdisciplinar. Contudo, não se pode perder de vista que os multiletramentos se caracterizam por serem "[...] práticas nas quais se combinam leituras de múltiplas linguagens, que, muitas vezes, recombinam e remixam diversas práticas culturais, a partir de novas éticas e de novas estéticas" (Rojo; Moura, 2019, p. 201).

Diante desse contexto, o professor assume papel de relevância no processo de ensino e de aprendizagem do alunado e, concomitantemente a isso, mobiliza habilidades cognitivas necessárias de acesso das plataformas digitais, implicando em um melhor planejamento de suas aulas. Isso posto, o docente, mediante o uso didático das tecnologias digitais no seu planejamento escolar, poderá aprimorar os letramentos digitais, 'seus e dos alunos' e, por conseguinte, abrir espaço para um (re)pensar de suas práticas multiletradas no ambiente estudantil. Nota-se, contudo, que não basta, apenas, fazer mero uso das tecnologias digitais para se obter os resultados, aqui, suscitados, isto é, cabe ao docente reexaminar o seu saber-fazer em uma perspectiva dos "[...] multiletramentos [...]" (Kalantzis; Cope; Pinheiro, 2020, p. 19).

É justamente nessa proposta de mudanças e de inovações tecnológicas que tal pesquisa se propõe a apresentar contribuições relevantes para o campo do saber, com vista a apreender os pontos favoráveis e as fragilidades contempladas nos gestos multiletrados que envolvem a organização consciente da docência. Observa-se, portanto, que a pergunta de pesquisa se ampara nessas inquietações que emergiram das observações do agir docente no contexto da crise epidemiológica de Covid-19. Assim, considerando a contextualização desenvolvida, a partir do espírito de investigação imbricada à triangulação 'prática docente – tecnologias digitais – multiletramentos', floresceu a seguinte problemática: *de que modo os conceitos de tecnologias e de multiletramentos são apresentados na obra ora intitulada Multiletramentos em teoria e prática: desafios para a escola de hoje?*

1.3 Justificativas

A **justificativa de ordem acadêmica** se ampara no exame das produções científicas afetas ao objeto de estudo, aqui, sublinhado nesta pesquisa, assim como nas lacunas detectadas ao longo da investigação realizada nos bancos de dados pesquisados. Por meio da exploração dos bancos de dados da Capes, Biblioteca Digital Brasileira de Teses e Dissertações e no periódico SciELO, constatou-se que não existem abordagens específicas que analisem o agir docente envolvendo aos multiletramentos decorrentes do uso das tecnologias digitais, no âmbito universitário, no estado do Paraná.

Partindo da análise das pesquisas encontradas nos bancos de dados, notam-se algumas lacunas em tais estudos, por exemplo, a ausência de um aprofundamento teórico mais consistente acerca das práticas docentes multiletradas no contexto de uso das tecnologias digitais da informação e comunicação, no ambiente escolar, bem como dos impactos de tais ações no universo de aulas remotas, on-line. Os estudos, aqui suscitados, contribuirão para uma melhor compreensão acerca das práticas docentes multiletradas, face ao novo formato de aula remota oportunizada pelo acesso de plataformas digitais e pelo uso de recursos tecnológicos como ferramentas para ministração de aulas e exposição de conteúdos escolares.

Diante disso, cabe salientar que a oferta de uma educação emancipatória parece distante para determinados grupos de pessoas que acabam sendo excluídos do processo de escolarização e de letramento digital. Nesse sentido, Freire (2020, p. 92) pontua que "a educação como prática da dominação, que vem sendo objeto desta crítica [...]", além de oprimir o educando no seu processo de conhecimento, visa, também, a doutriná-lo nos moldes dos interesses das classes dominantes. Para Saviani (2018, p. 39), a oferta de uma educação democrática apenas encobriu os reais interesses de dominação da elite, haja vista que tais "[...] experiências ficaram restritas a pequenos grupos, e nesse sentido elas se constituíram, em geral, em privilégios para os já privilegiados, legitimando as diferenças". Na mesma esteira de raciocínio, Cortelazzo *et al.* (2018, p. 189) esclarecem que "a escola como a estrutura social destinada a conduzir o processo de ensino-aprendizagem de uma determinada sociedade não é uma construção isenta de influências desta sociedade que a criou", representando, inclusive, um espaço de disputas de inúmeros grupos sociopolíticos.

Considerando a discussão acerca da democratização da educação no Brasil, assim como de sua condição *sine qua non*[1] na emancipação do sujeito, Bannell *et al.* (2020, p. 75) comentam que "a tradição educacional consolidou certos modos de ensinar e aprender que se mostram inadequados e insuficientes face aos desafios que enfrentamos". Nesse contexto, percebe-se que a educação tradicional não atende mais às necessidades sociais, tampouco inclui a todos os grupos e categorias de pessoas nos bancos escolares. Cortelazzo *et al.* (2018) ressaltam que continuar admitindo que a sala de aula tradicional, com suas carteiras enfileiradas, um estudante atrás do outro, todos perfilados, e um docente a frente dos

---

[1] Originária do latim, a referida expressão *sine qua non* representa, de toda sorte, "[...] a imposição, pelo que, sem que se registre a condição instituída, não é possível a realização ou a legitimidade do que se quer" (Silva, 2008, p. 667).

alunos ditando o ritmo do processo de ensino e de aprendizagem, representa um pensamento obsoleto, permeado de *retrancas* e *ranços* em todos os níveis de ensino.

Segundo Alcici (2014, p. 08), "é preciso adequar a escola, seus espaços, seus equipamentos, suas propostas e seus currículos a essa nova realidade, bem como é imprescindível preparar os profissionais que atuam na educação [...]". Nesse contexto de desafios e prioridades, surge a oportunidade de promoção da educação no âmbito do ensino superior, mediante o uso de tecnologias digitais da informação e comunicação no processo formativo do alunado. Para Alcici (2014, p. 10), "a sociedade moderna exige indivíduos flexíveis, capazes de se adaptar às mais diversas situações, críticos e cooperativos, que tenham autonomia e iniciativa pessoal para aprender e buscar cada vez mais conhecimento".

A tecnologia, associada ao saber-fazer didático-pedagógico do professorado, poderá auxiliar o discente no seu processo de autonomia, no ambiente escolar, assim como proporcionar a ele a aquisição multidisciplinar de outros saberes na relação de *ensino* e de *aprendizagem*. Diante da necessidade imposta pela nova ordem social, é necessário compreender que "as gerações que hoje chegam à escola já nascem num mundo dominado pela tecnologia e sentem, pensam, reagem, aprendem e se relacionam de acordo com os condicionantes do mundo em que vivem" (Alcici, 2014, p. 11).

Assim, a inserção de tecnologias digitais da informação e comunicação, no ambiente escolar, desencadeia "[...] novas possibilidades de expressão e de comunicação, que podem contribuir para o desenvolvimento de novas abordagens pedagógicas" (Valente, 2018, p. 26) e, por conseguinte, oportuniza os multiletramentos. Manfredini (2014, p. 73) esclarece que "a escola necessita cada vez mais estreitar os laços entre tecnologia e educação, para fornecer ao educando um ambiente estimulante e propício à educação. Dessa maneira, a escola conseguirá coexistir na era digital". É nessa perspectiva de mudanças e inovações tecnológicas que as práticas docentes precisam ser ressignificadas e realinhadas ao movimento social contemporâneo. Conforme exposto por Alcici (2014, p. 09), é de suma importância que a escola "[...] quebre paradigmas e atualize o seu fazer pedagógico, incorporando os recursos tecnológicos e os modernos meios de comunicação e informação que caracterizam a cultura moderna e fazem parte do dia a dia dos alunos".

No que tange à **justificativa de ordem prática**, nota-se que o referido estudo é de fundamental relevância social para a compreensão das ações docentes multiletradas mediadas pelo uso das tecnologias digitais da informação e comunicação, no ensino superior, até mesmo porque "deve ficar claro que as tecnologias digitais, no processo de formação continuada, são utilizadas com o objetivo de oferecer mais interação, e não para, meramente, transmitir conhecimento" (Bacich, 2018, p. 141).

Além do que, no campo da educação, "[...] a tecnologia auxilia o professor a promover igualdade de oportunidades, visto que melhora a forma de difundir e gerir o conhecimento" (Yamada; Manfredini, 2014, p. 78). O grande desafio da pesquisa foi observar as práticas docentes multiletradas imersas no contexto das tecnologias digitais da informação e comunicação e os seus desdobramentos no processo de ensino e de aprendizagem do discente.

É importante salientar que a questão central para a mudança da escola não se resume à obtenção de recursos tecnológicos modernos, mas, sim, de compreender "[...] a forma como esses recursos serão utilizados, provocando mudanças na cultura organizacional e sendo incorporados à prática dos profissionais sob novos conceitos e sob nova visão do papel de cada um" (Alcici, 2014, p. 14).

Outrossim, cabe enfatizar que optou-se por investigar os multiletramentos sob a perspectiva de uso das tecnologias digitais da informação e comunicação, pelos seguintes motivos: a crise sanitária desencadeada pela pandemia de Covid-19 que, lamentavelmente, assolou a humanidade e a relação dialética e uniforme estabelecida entre docente e aluno no ambiente virtual, facilitando a interação entre ambos e possibilitando àquele reavaliar as suas técnicas do saber-fazer no espaço formal de aprendizagem.

Contudo, antes mesmo de se ingressar no mérito do presente estudo, é necessário apresentar a distinção entre as tecnologias da informação (TI) e as tecnologias digitais da informação e comunicação (TDIC), posto que tal contextualização é relevante para que ocorra a devida compreensão das tecnologias no cenário educacional.

Desse modo, Melo *et al.* (2010, p. 102) definem tecnologia da informação como sendo "aquela que se aplica às áreas da informática, telecomunicações, comunicações, ciências da computação, engenharia de sistemas de software". Por sua vez, Anjos *et al.* (2018, p. 13) enfatizam que "podemos aplicar também as definições sobre as TICs, de modo mais abrangente, quando se torna possível englobar no escopo de sua definição para além das tecnologias digitais [...]". Conforme se nota, o conceito das TIC é muito mais abrangente se comparado com as TDIC, sendo essa uma parcela daquela. Contudo, cabe salientar a necessidade de se (re)pensar as práticas docentes sob a perspectiva de uso das tecnologias digitais da informação e comunicação, no ambiente estudantil, sendo válida a reflexão mais crítica por parte da comunidade acadêmica diante de tal panorama.

Ademais, pontua-se que o referido estudo contribuirá para uma melhor reflexão das atividades que envolvem os multiletramentos decorrentes do processo tecnológico social. E, ainda, servirá de ancoradouro para que outros educadores possam (re)pensar os seus gestos educativos em uma dimensão mais pedagógica relacionada ao ensino superior. Ao (re)pensar as suas práticas do saber-fazer, mediadas pelo uso de tecnologias digitais, no contexto de sala de aula, o docente, gradativamente, estará se sujeitando ao processo de aprimoramento concernente aos "[...] multiletramentos [...]" (Ribeiro, 2021, p. 88).

No que tange à **justificativa de ordem pessoal,** o pesquisador deste estudo observou, durante a participação no curso de graduação em Letras e na pós-graduação em Metodologias Ativas e TDIC na Educação, em uma instituição privada da região sul do Brasil, algumas fragilidades explícitas nas ações docentes, quanto ao uso dos recursos digitais no ambiente virtual de aprendizagem. Essas debilidades apresentadas pelos docentes, quanto à operacionalização das plataformas virtuais e ao uso das tecnologias digitais, ficaram mais evidentes no contexto de isolamento social decorrente da pandemia de Covid-19.

O uso de artefatos digitais, por parte de docentes, no ambiente de sala de aula, quase sempre se limitou ao desenvolvimento de atividades secundárias, de modo tímido. Com a eclosão da crise epidemiológica que assolou o mundo, houve a necessidade de readaptação de inúmeros segmentos comerciais, industriais e instituições escolares em todos os seus níveis, assim como a adoção de cuidados e atitudes humanas voltadas à intensificação da higienização e o uso de equipamentos de proteção individual, frente às novas condições impostas pelo isolamento social.

Diante de tais circunstâncias que orientaram as medidas sanitárias naquela ocasião, com vista a combater a proliferação do vírus de Covid-19, a comunidade escolar também precisou se articular de modo emergencial, organizando planos de estudos por meio de plataformas digitais, cujo propósito visou a continuidade das atividades escolares. Não sendo possível ministrar aulas no formato presencial, muitos professores viram-se obrigados a fazer uso das tecnologias digitais da informação e comunicação, tais como computadores, notebooks, smartphones e tablets, para cumprirem com as atividades curriculares educacionais.

Nesse diapasão, os docentes, de modo geral, viram-se pressionados a ajustarem as suas práticas de ensino ao contexto de aulas no formato virtual. Assim sendo, foi justamente da participação em um curso de graduação e de pós-graduação, que foram identificadas algumas vulnerabilidades relacionadas ao domínio e ao acesso das plataformas digitais por uma parcela significativa de educadores, o que, em um primeiro momento, inspirou a abordagem de tal assunto na presente obra. Partindo dessas fragilidades observadas no agir de alguns professores, optou-se por verificar de que forma os recursos digitais mobilizam os multiletramentos de docentes e discentes, nas universidades do estado do Paraná.

Assim, diante das contingências apontadas nesta justificativa e considerando os resultados apurados nos bancos de dados pesquisados, envolvendo a escassez de produções científicas que tratem, especificamente, sobre as práticas docentes multiletradas sediadas pelo uso de tecnologias digitais nas universidades paranaenses, surgiu o interesse de aprofundamento das investigações em torno dessa temática no cenário social. De um momento para o outro, o que era exceção no universo escolar tornou-se regra, ocasião em que o uso de múltiplas tecnologias digitais passou a ocupar o papel de destaque nos planos de ensino das instituições escolares.

O emprego repentino dos artefatos digitais, por parte da comunidade escolar, chamou a atenção para as diferenciadas formas de interação multissemiótica na produção textual, escrita e oral, aguçando, ainda mais, o interesse acerca da compreensão dos multiletramentos decorrentes de tais interações no ambiente de sala de aula. Salienta-se que, durante a participação no curso de graduação e de especialização, na modalidade [2]EaD, foi possível vislumbrar, em um primeiro momento, que algumas inabilidades decorrentes do uso das tecnologias digitais apareceram no contexto dos letramentos acadêmicos e digitais por parte de alguns educadores, afetando, por conseguinte, o processo de ensino e de aprendizagem.

As tecnologias digitais da informação e comunicação nunca foram tão relevantes e necessárias, do ponto de vista acadêmico, como foram naquela ocasião em que o mundo, em especial, o Brasil, presenciou a pandemia de

---

[2] A sigla EaD significa ensino a distância e implica no uso de tecnologias digitais da informação e comunicação. Essa modalidade de estudo pode ocorrer de modo síncrono, assíncrono e/ou híbrido.

Covid-19 e seus impactos para o/no campo educacional. Contudo, em que pese a adoção repentina das TDIC, no quadro da educação, mais especificamente no ensino superior brasileiro, há fortes indícios de que tal formato digital de aula remota tenha *colocado em xeque* as práticas docentes, emergindo, desse quadro, a necessidade de se (re)pensar a atuação do professor(a) sob a ótica de uso das tecnologias digitais da informação e comunicação. Nesse contexto, Alcici (2014, p. 08) pontua que "é fundamental um novo olhar sobre a educação e sua importância no mundo moderno". De fato, esse olhar deve estar direcionado também para as práticas docentes multiletradas na perspectiva de uso das TDIC. Logo, considerando o uso de tais tecnologias digitais, o docente assume papel relevante na condição de "[...] gestor e orientador de caminhos coletivos e individuais, previsíveis e imprevisíveis, em uma construção mais aberta, criativa e empreendedora" (Moran, 2018, p. 09).

Partindo das debilidades superficialmente observadas no curso de graduação e de especialização, quanto às práticas docentes decorrentes do uso das tecnologias digitais da informação e comunicação, e reconhecendo que tais tecnologias devem ser consideradas no processo formativo do estudante, surgiu o interesse de aprofundamento do tema, razão pela qual se explica a justificativa de ordem pessoal. Trata-se de uma pesquisa necessária do ponto de vista científico-social e inspiradora sob a ótica pessoal, haja vista que "as tecnologias digitais modificam o ambiente no qual elas estão inseridas, transformando e criando novas relações entre os envolvidos no processo de aprendizagem: professor, estudantes e conteúdos" (Bacich, 2018, p. 137).

Portanto, o interesse de pesquisa acerca dos multiletramentos mediados pelo uso das tecnologias digitais da informação e comunicação resulta das vivencias percebidas e retratadas ao longo do curso de graduação e de pós-graduação EaD, desencadeando, por assim dizer, uma pretensão mais abrangente de estudos nessa área e, ainda, a necessidade de problematizar, no âmbito escolar, a atuação docente.

Espera-se, com a referida investigação científica, encontrar as respostas que, por ora, não passam de meras especulações no campo do saber, mas que, mesmo na qualidade indiciária de constructos, apontam para alguns caminhos a serem desbravados nos estudos que prometem ser reveladores. A ausência de produções de conhecimento, que tratem das práticas multiletradas resultantes do uso das tecnologias digitais da informação e comunicação, no âmbito do ensino superior do estado do Paraná, despertou o interesse de aprofundamento dos estudos, razão pela qual pretende-se verificar como os multiletramentos são mobilizados no espaço escolar, considerando, obviamente, o uso de artefatos digitais, por alunos e professores, no desenvolvimento de atividades escolares.

Se as *cartas* serão colocadas na mesa e se as respostas serão encontradas e compreendidas, somente a pesquisa em deslinde será capaz de apontar para uma direção segura e/ou ao menos servir de bussola para outros horizontes.

1.4 Produção de conhecimento sobre as práticas dos multiletramentos na perspectiva de uso das TDIC no ensino superior do Estado do Paraná

Com a pretensão de averiguar as produções científicas que contemplassem os multiletramentos na perspectiva de uso das tecnologias digitais da informação e comunicação e as suas imbricações com o campo do saber, procurou-se investir em um levantamento prévio de leituras de obras que abordassem o referido objeto de pesquisa.

Superada a fase de leituras e, atrelado a isso, impulsionado por inúmeras indagações que surgiram da necessidade de compreensão das práticas docentes multiletradas no movimento de interação com as tecnologias digitais da informação e comunicação, decidiu-se investigar alguns bancos de dados que pudessem contribuir no sentido de lançar luzes às inquietações suscitadas ou que, ao menos, servissem de guia para mostrar a uma direção segura de imersão dos estudos ora perquiridos.

Movido pelo desafio de explorar o terreno fértil das produções científicas e procurando amparar todas as reflexões com dados estatísticos extraídos dos estudos que abordam as práticas docentes multiletradas mediadas pelo uso de distintas tecnologias digitais, em sala de aula, optou-se por rastrear, entre as teses e dissertações, três (3) bancos de dados que sinalizassem para o objeto de pesquisa aqui delineado. Após procurar nos bancos de dados da [3]Coordenação de Aperfeiçoamento de Pessoal de Nível Superior (Capes), [4]Biblioteca Digital Brasileira de Teses e Dissertações (BDTD) e no periódico [5]SciELO, foram identificadas as seguintes produções:

---

[3] https://catalogodeteses.capes.gov.br/catalogo-teses

[4] https://bdtd.ibict.br

[5] https://www.scielo.org

Tabela 1 – Produções científicas identificadas

	RESULTADOS OBTIDOS		
	TESES	DISSERTAÇÕES	ARTIGOS
CAPES	0	6	0
BDTD	1	8	0
SciELO	0	0	13

Fonte: o autor (2021)

Quadro 1 – Legenda

CAPES	Coordenação de Aperfeiçoamento de Pessoal de Nível Superior
BDTD	Biblioteca Digital Brasileira de Teses e Dissertações
SciELO	Periódico

Fonte: o autor (2021)

Os resultados otimizados na tabela em destaque foram identificados mediante a utilização de diferentes descritores. Ao longo desta seção, discorreu-se sobre o uso de uma gama variada de descritores na seleção das produções acadêmicas, cujo objetivo foi o de averiguar os resultados obtidos. Ressalta-se que o referido estudo objetivou examinar as práticas docentes multiletradas sob a perspectiva de uso das tecnologias digitais da informação e comunicação, no ensino superior, dos últimos cinco (05) anos, do estado do Paraná.

Antes de ingressar nas produções científicas investigadas nos bancos de dados, convém esclarecer que toda a inquietação relacionada à pergunta de pesquisa ocorreu em momentos diferentes, dada a realidade sociocultural, política e econômica em que se encontra o pesquisador. E, diante de inúmeras perguntas problematizadas, diariamente, surgiu o interesse em (re)conhecer e se aprofundar nas entrelinhas do objeto, aqui, delineado.

O processo que instiga ao pesquisador a compreender e a refletir acerca dos seus anseios deve perpassar pela realização deste estudo. Trata-se de um exercício de verificação das dúvidas suscitadas, porém é importante ressaltar que nem sempre a pesquisa responde às indagações que se lança sobre determinado objeto. De acordo com Frandaloso e Leite (2022, p. 1430):

> A pesquisa científica nem sempre revela aquilo que se quer saber, seja porque o objeto pesquisado não possibilitou maiores ângulos de observações e, por conseguinte, maiores esclarecimentos sobre as camadas do que foi investigado, seja porque a problematização em torno da pergunta de pesquisa fecunde na aridez do mundo do impossível [...].

Sendo assim, o presente trabalho consiste em um movimento de investigações que orientam para um saber organizado, norteando caminhos e instigando novas possibilidades e desafios, nem sempre pretendidos ou compreendidos pelo seu intérprete: o pesquisador. Esse, por sua vez, isola-se das suas paixões e convicções para encontrar as respostas que tanto anseia. Seu trabalho é árduo e requer um certo desprendimento de todo e qualquer lazer, dos seus familiares e da sua sociabilidade. Esse distanciamento não é querido, mas se faz necessário, na medida em que se busca, de *corpo* e *alma*, mergulhar no horizonte do conhecimento com o ideal de encontrar as explicações assim pretendidas e/ou, ao menos, que tracem a uma rota segura, para um 'levantar âncoras' e, por conseguinte, possibilite desbravar a outros mares.

Conforme salienta Minayo (2009, p. 16), "é a pesquisa que alimenta a atividade de ensino e a atualiza frente à realidade do mundo [...]". Dessa forma, "[...] toda investigação se inicia por uma questão, por um problema, por uma pergunta, por uma dúvida" (Minayo, 2009, p. 16). Para a autora, a pesquisa surge da dúvida de conhecer, de apreender e refletir, acerca do evento ora presenciado ou percebido pelo pesquisador. Na mesma esteira de raciocínio, Gatti (2012, p. 25) ressalta que "a pesquisa parte dos resultados de uma análise crítica do contexto social e da situação real na qual o ensino de uma matéria escolar se atualiza". Foi justamente dessa inquietação acerca das práticas docentes multiletradas mediadas pelo uso das tecnologias digitais da informação e comunicação que se despertou o interesse de investigar, com mais afinco, o referido objeto, aqui, suscitado neste livro.

Entretanto, poucos foram os resultados identificados nas pesquisas promovidas nos bancos de dados, no que tange às práticas docentes multiletradas, no estado do Paraná. Algumas produções acadêmicas abordam a questão dos multiletramentos no ensino infantil, fundamental e médio, porém tal assunto é apresentado, *discretamente*, no âmbito do ensino superior, no estado do Paraná. Nas pesquisas realizadas nos bancos de dados, não se observou qualquer produção acadêmica que contemplasse as práticas docentes multiletradas mediadas pelo uso de recursos tecnológicos digitais, no âmbito universitário, no estado do Paraná. Dessa forma, considerando os resultados obtidos junto aos bancos de dados averiguados, decidiu-se lançar ao campo da investigação científica, em busca de respostas que permitissem apreender o modo como se relacionam os multiletramentos, no contexto de uso das tecnologias digitais da informação e comunicação, no ensino superior.

Cabe salientar que a pesquisa se iniciou, *timidamente*, durante o processo seletivo do programa de mestrado em Educação, promovido pela Universidade Tuiuti do Paraná (UTP). Na ocasião, algumas obras foram utilizadas para o desenvolvimento do referencial teórico do livro em questão. Superada a fase de processo seletivo, realizou-se a revisão bibliográfica. Após a realização da revisão bibliográfica, outras obras passaram a compor o depositário literário acerca do estudo das práticas docentes multiletradas manifestadas, no contexto de uso das tecnologias digitais da informação e comunicação, no quadro do ensino superior. Inicialmente, convém enfatizar que foram selecionadas três (03) fontes de dados para a realização da pesquisa.

O objetivo dessas investigações nos bancos de dados visou a identificar teses, dissertações e artigos que abarcassem ao assunto, aqui, delineado neste trabalho, qual seja, as práticas docentes multiletradas no contexto de uso dos artefatos digitais. Após examinar as fontes e acervos que pudessem contribuir com as pretensões da pesquisa, optou-se por selecionar os seguintes bancos de dados: Coordenação de Aperfeiçoamento de Pessoal de Nível Superior (Capes), a Biblioteca Digital Brasileira de Teses e Dissertações (BDTD) e o acervo do periódico SciELO.

O próximo passo foi definir os descritores utilizados na pesquisa. Visando a coletar a um referencial teórico mais abrangente para iniciar os estudos, decidiu-se, inicialmente, escolher as seguintes palavras-chave: 'multiletramentos' e 'tecnologias digitais'. Todavia, após a inserção de tais descritores no banco de dados da Capes, não se obteve qualquer resultado acerca do assunto pretendido. Outros descritores foram utilizados durante o levantamento das informações nos bancos de dados selecionados, porém sem sucesso. Nesse sentido, foram utilizados os seguintes descritores:

Quadro 2 – Descritores

'multiletramentos and tecnologias'
'multiletramentos and tecnologias and ensino superior and no Paraná'
'multiletramentos and tecnologias and ensino superior'
'multiletramentos and ensino superior and agir docente'

Fonte: o autor (2021)

Posteriormente, ao inserir os seguintes descritores "multiletramentos" e "tecnologias digitais" ou "ensino superior Paraná", apareceram 55.5783 resultados. Logo em seguida, outros filtros foram eleitos com o intuito de otimizar o recorte temporal dos achados. Durante as investigações realizadas nos bancos de dados, optou-se pelo recorte temporal envolvendo as produções ora publicadas a partir do ano de 2017. Ao prosseguir com a inserção dos filtros, a página da [6]CAPES apresentou mensagem de erro. Após a oitava (8ª) tentativa, com a aplicação dos filtros disponibilizados na referida pesquisa, foram identificadas cinquenta e quatro (54) dissertações que abordavam o assunto referente ao objeto de pesquisa. Durante o registro das produções acadêmicas, novamente, a página da Capes apresentou mensagem de erro, impossibilitando concluir a pesquisa. Contudo, foi possível registrar seis (06) produções acadêmicas localizadas no referido banco de dados.

Diante de tais tentativas frustradas na obtenção das informações ora pretendidas no banco de dados da página da Capes, optou-se por investigar o seguinte repositório de informações: [7]Biblioteca Digital de Teses e Dissertações. Pontua-se que foram utilizados os seguintes descritores, "multiletramentos" e "tecnologias digitais" ou "ensino superior Paraná", ocasião em que foram identificados quatrocentos e oito (408) resultados obtidos entre teses e dissertações. Para uma melhor filtragem dos achados, no referido banco de dados da BDTD, optou-se por selecionar as dissertações produzidas na área da educação, com a demarcação temporal de produções de conhecimento que contemplassem pesquisas publicadas entre os anos de dois mil e dezessete (2017) a dois mil e vinte e um (2021), no ensino superior do estado do Paraná. Considerando a inserção de tais filtros na pesquisa, não foi identificada nenhuma produção científica com tais características, sendo necessária a substituição daqueles descritores por outros.

---

[6] http://catalogodeteses.capes.gov.br/catálogo-teses

[7] https://bdtd.ibict.br

Ademais, foram utilizados os seguintes descritores: "multiletramentos" e "tecnologias digitais". Ao inserir tais descritores na referida página de busca, foram identificados cinquenta e nove (59) resultados entre teses e dissertações. Posteriormente, ao realizar a pesquisa no banco de dados da BDTD, optou-se por utilizar dois (02) filtros. O primeiro filtro buscou especificar o "tipo de documento" (dissertação), conquanto que o segundo filtro, "ano de defesa", teve por finalidade estabelecer o recorte temporal dos resultados pretendidos. Após a inserção dos filtros "tipo de documento" e "ano de defesa", vislumbrou-se trinta (30) resultados. Mais adiante, foi realizada a leitura do título, resumo e introdução das produções acadêmicas identificadas no referido banco de dados da BDTD. O intuito era o de verificar, na produção de conhecimento, os pontos similares que se conectassem com o objeto de pesquisa ora investigado e/ou se aproximassem do assunto em deslinde.

Ao ler e a refletir sobre as trinta (30) produções de conhecimento, foram selecionadas três (03) dissertações que contemplavam os multiletramentos e as tecnologias digitais, porém tais produções levaram em consideração o ensino infantil e o fundamental. Não satisfeitas as condições de busca no banco de dados da BDTD, haja vista o insucesso no que tange aos resultados pretendidos, procurou-se elencar os descritores iniciais com algumas mudanças. Nesse caso, ao invés de inserir "multiletramentos" e "tecnologias digitais" ou "ensino superior Paraná", optou-se por inserir os mesmos descritores, porém sem separar as palavras-chave com o sinal gráfico de pontuação de aspas: (multiletramentos and tecnologias digitais and ensino superior). Nessa outra busca, no banco de dados da BDTD, foram identificadas dezessete (17) produções de conhecimento correspondentes ao assunto em pauta. O próximo passo consistiu na leitura das produções encontradas, com ênfase ao título, resumo e introdução. Para melhor orientar as buscas no respectivo banco de dados, convencionou-se utilizar os seguintes filtros: "tipo de documento" (dissertação) e "ano de defesa" (2017 a 2021).

Após a inserção dos respectivos filtros, foram otimizados dez (10) resultados no banco de dados investigado. Não obstante ao estudo das produções de conhecimento localizadas no acervo da BDTD e que abordavam o assunto envolvendo os multiletramentos, bem como as tecnologias digitais, fato é que não foi identificada qualquer produção acadêmica, com tais descritores, referindo-se ao ensino superior do estado do Paraná. Logo em seguida, utilizou-se os seguintes descritores: tecnologias digitais e multiletramentos, sem inserir o sinal gráfico de aspas, para separar os descritores selecionados. Ressalta-se, ainda, que os filtros "tipo de documentação" (dissertação) e "ano de defesa" (2017 a 2021) foram utilizados na referida busca.

Na ocasião, cinquenta e um (51) produções de conhecimentos foram otimizadas na condição de resultado. Tais achados foram examinados por meio da leitura do título, resumo e introdução. De cinquenta e um (51) produções acadêmicas, foram selecionadas cinco (05) dissertações com base na delimitação geográfica da pesquisa acerca do objeto de estudo, tendo em vista as produções que contemplassem os descritores "tecnologias digitais e multiletramentos", no ensino superior do estado do Paraná. A despeito dos trabalhos selecionados contemplarem aos descritores ora inseridos na página eletrônica da BDTD, assim como retratarem o contexto geográfico ora pretendido, qual seja, pesquisas publicadas no âmbito do estado do Paraná, fato é que nenhuma das produções encontradas no banco de dados fazia alusão às práticas docentes multiletradas mediadas pelo uso das tecnologias digitais no ensino superior.

Buscando aprofundar as buscas no banco de dados da BDTD, optou-se pela inserção dos seguintes descritores: tecnologias e ensino superior, sem separar os descritores com o sinal gráfico de aspas. Da mesma forma, optou-se por não utilizar a expressão "and". Assim, considerando essa outra busca realizada no banco de dados, foram utilizados quatro (04) filtros, quais sejam, "tipo de documento" (dissertação); "ano de defesa" (2017 a 2021); "área de conhecimento" (CNPQ, Ciências Humanas, Educação) e "Programa" (Programa de Pós-Graduação em Educação). Diante de tal busca, foram identificadas na produção de conhecimento dezesseis (16) dissertações. Dessa forma, considerando o mesmo passo a passo metodológico, examinou-se cada uma das produções científicas localizadas nos bancos de dados, com a realização da leitura do título, resumo e introdução dos achados.

As dezesseis (16) dissertações encontradas no banco de dados da BDTD contemplavam os descritores selecionados, porém não foi identificada nenhuma produção de conhecimento que retratasse o ensino superior do estado do Paraná. Findada as buscas no banco de dados da BDTD, optou-se por investigar as publicações armazenadas no periódico [8]SciELO. Inicialmente, foram escolhidos os seguintes descritores: "multiletramentos" and "tecnologias digitais or ensino superior Paraná", com a utilização do sinal gráfico de pontuação aspas, para separar as palavras-chave. Com a inserção

---

[8] https://search.scielo.org

de tais descritores na página de procura, foram encontrados trinta e três (33) resultados. Visando a uma melhor otimização dos achados no periódico SciELO, optou-se pela utilização dos seguintes filtros: "coleções" (Brasil); "ano de publicação" (2017 a 2021) e "tipo de literatura" (artigo).

Após nova busca no banco de dados, dezenove (19) produções de conhecimento foram localizadas, ocasião em que os artigos foram lidos em sua integralidade. Salienta-se que treze (13) artigos foram selecionados justamente por contemplarem as práticas docentes multiletradas e o uso de tecnologias digitais. Contudo, esclarece-se que nenhum dos artigos examinados aborda, especificamente, os multiletramentos no âmbito das universidades paranaenses. Alguns dos artigos selecionados tratam do assunto envolvendo os letramentos críticos; outros, no entanto, contextualizam os letramentos digitais e os multiletramentos, tanto na formação de professores, no uso de língua estrangeira, quanto na seara do ensino infantil e/ou fundamental.

Considerando a inoperância da página eletrônica da Capes que sinalizou mensagem de "erro", bem como a necessidade de aprofundamento das buscas nos bancos de dados, com vista a procurar outras produções de conhecimento, prosseguiu-se com as investigações acerca do objeto de pesquisa, com o enfoque nas teses ora produzidas. Nessa toada, procedeu-se com as buscas no banco de dados da BDTD.

Durante a busca no referido acervo da BDTD, optou-se por utilizar os seguintes descritores: "multiletramentos and tecnologias digitais". Foram localizadas vinte e duas (22) teses. Logo em seguida, optou-se por utilizar o filtro "ano de defesa", concentrando os achados entre os anos de 2017 (dois mil e dezessete) a 2021 (dois mil e vinte e um). Diante do filtro utilizado, obteve-se onze (11) resultados. O próximo passo implicou na leitura do título, resumo e introdução das teses ora selecionadas.

Concluída a leitura dos trabalhos escolhidos, foi identificada, na produção de conhecimento, uma única tese publicada no âmbito do Estado do Paraná que contemplava os descritores previamente eleitos, porém abordava os multiletramentos no ensino de Língua Portuguesa. Com a pretensão de melhorar o refinamento dos achados, optou-se por substituir os descritores anteriores pela expressão "novos letramentos", contudo, nenhum resultado foi encontrado no respectivo banco de dados. Após a verificação das produções de conhecimento nos bancos de dados examinados e, por conseguinte, a otimização dos resultados obtidos junto às tais fontes de pesquisa, decidiu-se pelo encerramento das investigações.

É importante destacar que foi selecionado o lapso temporal e geográfico para nortear o campo de investigação, contemplando as produções desenvolvidas nos últimos cinco (5) anos no estado do Paraná, tendo como marco referencial o ano de 2017. Visando a manutenção de uma ordem cronológica para o início da pesquisa, decidiu-se pela preservação da sequência das fontes selecionadas. Salienta-se que, pela ordem de seleção das fontes, as investigações preliminares se iniciaram nos bancos de dados da Capes, BDTD e, por fim, do periódico SciELO. As buscas nos bancos de dados tiveram por objetivo localizar, em um primeiro momento, as 'dissertações' e, posteriormente, as 'teses' e os 'artigos' publicados referentes ao assunto contemplado neste estudo.

Ao todo foram identificadas vinte e oito (28) publicações científicas realizadas em instituições públicas e privadas, entre teses, dissertações e artigos, no âmbito do estado do Paraná, que abordavam as práticas multiletradas instigadas no espaço escolar. A linha de corte se estabeleceu do contraste das leituras dos títulos, resumos e introduções dessas teses, dissertações e artigos, com o que se pretende investigar na pesquisa. As publicações científicas que se aproximaram da temática do presente estudo foram mantidas. No banco de dados da Capes foram identificadas seis (06) dissertações produzidas em instituições privadas, envolvendo os descritores selecionados, contudo não foi possível prosseguir com a busca no referido acervo, haja vista que a página apresentou mensagem de "erro", o que inviabilizou a continuidade da pesquisa em questão. Ressalta-se que a procura no referido banco de dados foi promovida em diferentes datas e horários, porém a informação de "erro" no acesso da referida página impossibilitou encontrar outros resultados, prejudicando, portanto, a busca de outras produções de conhecimento ora pretendidas.

O segundo banco de dados a ser investigado foi a BDTD. Durante as investigações no referido banco de dados, foram identificadas nove (09) produções em instituições públicas de ensino. Desse total, uma (01) tese foi publicada na Universidade Estadual do Oeste do Paraná e oito (08) dissertações foram produzidas em instituições públicas, distribuídas da seguinte forma: cinco (05) dissertações foram publicadas na Universidade Oeste do Paraná, duas (02) dissertações publicadas pela Universidade Tecnológica Federal do Paraná e uma (01) dissertação publicada na Universidade Estadual de Maringá. Não foi localizada nenhuma tese produzida em instituições privadas de ensino. Considerando a linha de corte dos assuntos tratados nas produções científicas localizadas, foram excluídas três (03) teses do quadro de avaliação por não se relacionarem com o objeto de pesquisa.

O terceiro banco de dados a ser investigado foi o periódico SciELO. Na ocasião, foram localizados 13 (treze) artigos que abordavam o assunto em pauta: "práticas docentes multiletradas". Após o levantamento dos dados, percebeu-se a carência de pesquisas que abordassem as práticas docentes multiletradas decorrentes do uso das tecnologias digitais da informação e comunicação, no ensino superior, no estado do Paraná. Diante dos resultados apurados nos bancos de dados envolvendo as produções científicas de teses, dissertações e artigos e considerando a revisão bibliográfica realizada nesta pesquisa, procurou-se organizar o acervo bibliográfico, assim como as demais informações extraídas dos bancos de dados para, posteriormente, contextualizá-las no âmbito da presente obra.

É oportuno frisar que das sondagens e leituras das teses, dissertações e artigos investigados nos bancos de dados ora selecionados, verificou-se que muito pouco se produziu a título de estudo envolvendo os multiletramentos no contexto de uso das tecnologias digitais da informação e comunicação, no ensino superior, no estado do Paraná. Com relação às produções científicas encontradas nos bancos de dados, pontua-se que as conclusões que nortearam a pesquisa apareceram da confrontação das leituras realizadas dos títulos, resumos e introduções das teses, dissertações e artigos.

As poucas teses e dissertações que abordam a temática tratada no livro em questão reforçam a relevância de um aprimoramento das práticas docentes multiletradas em sala de aula. Em algumas produções examinadas, verificou-se que parcela considerável de docentes, ao fazerem uso das tecnologias digitais no ambiente escolar, não ressignificaram as suas práticas. Outro ponto comum elencado durante a sondagem dessas produções acadêmicas produzidas nas instituições localizadas no estado do Paraná refere-se às fragilidades apresentadas pela comunidade escolar, de modo geral, no que tange ao acesso e à interação dos docentes com os artefatos tecnológicos.

Durante o exame dos resultados obtidos junto às fontes exploradas, verificou-se que parcela considerável de educadores apresentavam algumas fragilidades, quanto ao acesso de plataformas digitais, o que, em tese, inviabilizou o desenvolvimento das práticas multiletradas desses profissionais no ambiente escolar. A ausência de conhecimentos básicos de manuseio das diferentes tecnologias digitais da informação e comunicação também representou um aspecto preocupante do dia a dia de trabalho dos professores, de modo geral.

Ainda, observam-se que poucas soluções foram socializadas nas pesquisas averiguadas nos bancos de dados investigados, quanto às práticas docentes multiletradas no contexto de uso das tecnologias digitais, o que, de certo modo, limitou o campo de sondagem do pesquisador. Apesar da composição lacunosa dessas produções ora examinadas nos acervos digitais respectivos, é relevante pontuar que o uso das tecnologias digitais da informação e comunicação, no panorama da educação, ganhou maior proporção no contexto da crise pandêmica de Covid-19, ocasião em que, conhecidas tecnologias do grande público, por exemplo, smartphones, tablets, notebooks e computadores, foram ressignificados e, por conseguinte, passaram a ocupar posição de destaque no plano de aula de inúmeros estabelecimentos de ensino, no âmbito nacional e internacional.

Fazendo um mapeamento dos resultados obtidos junto às plataformas digitais ora investigadas, Capes, BDTD e SciELO, sem perder de vista o objeto de pesquisa, reparou-se que não se abordou, em nenhum dos achados, alguma produção que tratasse das práticas docentes multiletradas na perspectiva de uso das tecnologias digitais, no âmbito das universidades paranaenses. Conforme observado nas investigações realizadas nos bancos de dados em destaque, não houve qualquer produção de conhecimento que tratasse dos multiletramentos e das tecnologias digitais, no âmbito do ensino superior, razão pela qual se justifica a presente pesquisa com vista a lançar luzes sobre a relevância das práticas dos multiletramentos no meio acadêmico. Salienta-se que muitos estudos acerca das práticas docentes multiletradas mediadas pelo uso das tecnologias digitais foram identificados em outros estados, tais como Rio Grande do Sul, São Paulo, Rio de Janeiro, Goiás, Rio Grande do Norte, Ceara e Minas Gerais, porém, no estado do Paraná, o referido assunto em pauta não circula com tanto afinco, em termos de produção acadêmica, o que se mostra, no mínimo, curioso, para não dizer preocupante.

Contudo, diante dos resultados encontrados nos bancos de dados ora selecionados, quanto às eventuais lacunas constadas nas produções científicas e considerando que a intensificação do uso das tecnologias digitais da informação e comunicação se deu com o advento da crise epidemiológica de Covid-19, este estudo pretende contemplar a análise dos multiletramentos que cerceiam o saber-fazer docente no contexto de uso das tecnologias digitais, na universidade. Logo, vislumbra-se preencher as lacunas explicitadas nas produções científicas investigadas; apreender as práticas multiletradas na perspectiva de uso das tecnologias digitais da informação e comunicação e, por fim, aprofundar os estudos acerca dessa temática, cujo propósito é o de ampliar os horizontes na órbita de uma educação cada vez mais sintonizada com as diferentes tecnologias digitais.

1.5 Objetivos

Os objetivos subdividem-se em geral e específicos. O estabelecimento dos objetivos é importante para a condução das investigações pretendidas pelo pesquisador e precisam dialogar com a produção textual articulada no curso desta obra. Cada seção precisa abrir um diálogo com os objetivos propostos pelo cientista e refletir o teor dos estudos. Logo, os objetivos possibilitam a uma sustentação mais sólida e gradual do que está sendo analisado.

1.5.1 Objetivo geral

O objetivo geral decorre das reflexões que perpassam a pergunta de pesquisa, oportunizando maior inteligibilidade ao que se anseia investigar. Dessa forma, estabeleceu-se o seguinte objetivo central:

- Analisar os conceitos de tecnologia(s) e de multiletramentos na obra *Multiletramentos em teoria e prática: desafios para a escola de hoje.*

1.5.2 Objetivos específicos

O objetivo geral desdobra-se nos seguintes objetivos específicos:

- Explicitar o conceito de tecnologia(s);
- Discorrer sobre o conceito de multiletramentos;
- Relacionar os conceitos de tecnologia(s) e de multiletramentos na obra intitulada *Multiletramentos em teoria e prática: desafios para a escola de hoje;*
- Ampliar as discussões e reflexões sobre os conceitos de tecnologias e de multiletramentos, considerando a Pedagogia dos Multiletramentos.

Vale destacar que cada um dos objetivos mencionados anteriormente dialoga com uma seção apresentada no curso do referido livro.

Quadro 3 – Da correspondência das seções com os objetivos específicos

SEÇÃO	OBJETIVOS ESPECÍFICOS
2 – Conceito de tecnologia(s)	Explicitar o conceito de tecnologia(s);
3 – Letramento, letramento(s) e multiletramentos: aspectos históricos e conceituais	Discorrer sobre o conceito de multiletramentos;
4 – Práticas de multiletramentos na escola	Ampliar as discussões e reflexões sobre os conceitos de tecnologias e de multiletramentos, considerando a Pedagogia dos Multiletramentos;
6 – Práticas multimodais e multissemióticas no ambiente digital: reflexões para um aprendizado significativo	Relacionar os conceitos de tecnologia(s) e de multiletramentos na obra intitulada *Multiletramentos em teoria e prática: desafios para a escola de hoje*;

Fonte: o autor (2023)

Conforme se vislumbra no quadro anterior, a seção 2 ora intitulada de 'Conceito de tecnologia(s)' dialoga com o primeiro (1º) objetivo específico (explicitar o conceito de tecnologia(s). A seção 3 denominada 'Letramento, letramento(s) e multiletramentos: aspectos históricos e conceituais' abre diálogo com o segundo (2º) objetivo específico (discorrer sobre o conceito de multiletramentos). Já a seção 4 intitulada 'Práticas de multiletramentos na escola' corresponde ao quarto (4º) objetivo específico (ampliar as discussões e reflexões sobre os conceitos de tecnologias e de multiletramentos, considerando a Pedagogia dos Multiletramentos).

Por fim, a seção 6 ora denominada 'Práticas multimodais e multissemióticas no ambiente digital: reflexões para um aprendizado significativo', alinha-se ao terceiro (3º) objetivo específico (relacionar os conceitos de tecnologia(s) e de multiletramentos na obra intitulada *Multiletramentos em teoria e prática: desafios para a escola de hoje*).

1.6 A organização das seções

Para melhor situar ao leitor(a), no que tange ao conteúdo que será exibido nesta obra, optou-se por apresentar, sucintamente, cada uma das seções desenvolvidas ao longo deste trabalho, assim como estabelecer um breve descritivo do que será tratado em cada divisão. A pesquisa é composta por seis (06) seções teóricas e apresenta a seguinte distribuição organizacional:

1 'Introdução'; 2 'Conceito de tecnologia(s)'; 3 'Letramento, letramento(s) e multiletramentos: aspectos históricos e conceituais'; 4 'Práticas de multiletramentos na escola'; 5 'Percurso da pesquisa' e 6 'Práticas multimodais e multissemióticas no ambiente digital: reflexões para um aprendizado significativo'.

A primeira[9] seção, assim denominada *'Introdução'*, traz algumas considerações iniciais acerca do objeto de pesquisa analisado e uma breve contextualização do progresso tecnológico que permeia a sociedade moderna, tendo em vista os seus impactos nas produções textuais, escrita e oral. Posteriormente, aborda-se no curso desta obra a problematização que instigou a esse estudo; as justificativas de ordem pessoal, acadêmica e prática pelas quais se ancoram a presente investigação; a produção de conhecimento sobre as práticas multiletradas referentes ao uso das tecnologias digitais da informação e comunicação nas universidades paranaenses e os objetivos (geral e específicos) pretendidos no decorrer desta pesquisa.

A segunda seção, ora intitulada *'Conceito de tecnologia(s)'* aborda a definição de tecnologia, na concepção de Pinto (2005) e Mill (2018). No curso da seção, procura-se estabelecer a distinção entre 'técnica' e 'tecnologia', por meio do diálogo dos autores supramencionados com outros estudiosos que surgem na presente interlocução. Isso posto, à medida que os estudos se aprofundam e ganham terreno, outros teóricos e pesquisadores sobre o assunto passam a compor o coral de *vozes* reunidas em torno desta pesquisa. Já na seção 2.1, ora intitulada *'Definição de tecnologias digitais'*, procura-se traçar um entendimento mais abrangente sobre as TDIC e, por conseguinte, relacioná-las ao cenário da educação. Ainda, busca-se discorrer sobre os obstáculos enfrentados por especialistas e investigadores do assunto, na árdua tarefa de estabelecer um conceito específico que contemple as tecnologias digitais da informação e comunicação.

A terceira seção, assim denominada *'Letramento, letramento(s) e multiletramentos: aspectos históricos e conceituais'*, traz à tona as definições que cerceiam os termos 'letramento', 'letramento(s)' e 'multiletramentos', do ponto de vista de Pinto (2005), Lévy (2010), Mill (2018), Kalantzis; Cope e Pinheiro (2020) e Kersch; Coscarelli e Cani (2016), dentre outros *experts* que aparecem no curso da pesquisa.

---

[9] Conforme alteração aludida na norma NBR6024, não se utiliza mais a expressão 'capítulo' para se referir à divisão do trabalho científico, devendo, portanto, ser empregado o termo 'seção' para designar a organização das partes que compõem a respectiva produção acadêmica (Michielini; Silva, 2019).

Em tempo, a referida divisão trata dos aspectos históricos que envolvem a tais expressões, tendo em vista o esclarecimento da origem de cada palavra. A seção 3.1, assim denominada *Pedagogia dos (multi)letramentos: o design na construção de sentidos e as práticas sociais*, tem por meta discorrer sobre os estudos do Grupo de Nova Londres (1996), assim como aprofundar as investigações em torno dos diferentes designs. Ressalta-se que a seção em comento procura destacar os estudos que tratam da *Pedagogia dos Multiletramentos*. A teoria em voga nasceu da crítica realizada aos métodos grafocêntricos reproduzidos nos estabelecimentos educacionais. Visando romper com essa tradição obsoleta, de fragmentação do texto/discurso, o Grupo de Nova Londres (1996) propôs uma mudança radical na forma de contemplação dos letramentos que integram as produções textuais, verbais e não verbais, na modernidade.

A quarta seção, ora intitulada *Práticas de multiletramentos na escola*, aborda as possibilidades de trabalho com as produções textuais, escritas e orais, nas instituições de ensino, e, ainda, traz uma discussão acerca das práticas letradas que podem emergir do uso de distintas tecnologias digitais no ambiente escolar. O aporte teórico-bibliográfico para a construção dessa seção se fundamenta, principalmente, nos estudos de Kalantzis; Cope e Pinheiro (2020) e Rojo e Moura (2019). A seção 4.1, ora intitulada *O professor também precisa mudar? Olhar(es) para a identidade profissional docente*, chama a atenção para a necessidade de transformação das práticas do saber-fazer docente na seara da educação. Todavia, para que o educador ressignifique os seus letramentos e demais ações em sala de aula, é necessário que ele realize uma autoavaliação da sua formação, performance e dos caminhos percorridos, tendo em vista o uso das TDIC e o público de discentes que fazem parte de uma geração inclinada ao digital.

A quinta seção, ora intitulada *Percurso da pesquisa*, refere-se ao caminho realizado para a composição deste estudo, tendo como base de ancoragem a classificação da pesquisa, quanto a abordagem, natureza, objetivos, procedimentos técnicos utilizados, apresentação do material e leitura e decomposição do material e elaboração de categorias. Fomenta-se, nessa divisão, a necessidade de criação de categorias embasadas nas análises dos fragmentos extraídos da obra eleita, porém isso somente ocorrerá, de modo efetivo, na sexta seção.

Por fim, a sexta seção, ora intitulada *Práticas multimodais e multissemióticas no ambiente digital: reflexões para um aprendizado significativo*, apresenta um apanhado geral dos capítulos analisados na obra *Multiletramentos em teoria e prática: desafios para a escola de hoje*. Assim, para melhor situar o leitor(a) em relação aos assuntos que serão veiculados em cada divisão do livro analisado, procurou-se discorrer, de modo breve, sobre as partes selecionadas, com exceção do 5º e do 7º capítulo que não foram considerados pertinentes no referido exame, haja vista que o teor de tais divisões não coadunam com o objeto de pesquisa contemplado na presente obra.

Já na seção 6.1, assim denominada *'O agenciamento de vozes e as práticas colaborativas em sala de aula: reestruturando caminhos para um aprendizado multiletrado'*, aborda-se as categorias propriamente ditas que emergiram da leitura e análise dos capítulos da obra eleita. Após o exame das divisões que compõem o livro escolhido, chegou-se às seguintes categorias: **a) 'Práticas colaborativas de ensino – PCE'; b) 'Produções multimodais na escrita colaborativa'; c) 'Da metalinguagem à metarrepresentação: (re)criando significados' e d) 'A formação do ethos no contexto tecnológico das práticas multiletradas: (re)personalizando saberes para além dos muros da escola'.**

As categorias desenvolvidas visam a satisfação de três aspectos centrais elencados neste livro. O primeiro deles é o de responder à seguinte problemática: *'de que modo os conceitos de tecnologias e de multiletramentos são apresentados na obra ora intitulada Multiletramentos em teoria e prática: desafios para a escola de hoje?* O segundo aspecto pretendido com a criação das categorias é analisar os conceitos de tecnologia(s) e de multiletramentos na obra *Multiletramentos em teoria e prática: desafios para a escola de hoje*, organizada pelo **Professor Doutor Petrilson Pinheiro**, considerando o uso das TDIC no ensino superior. E o terceiro aspecto tencionado é o cumprimento dos objetivos específicos delineados neste trabalho, quais sejam: **a) explicitar o conceito de tecnologia(s); b) discorrer sobre o conceito de multiletramentos; c) relacionar os conceitos de tecnologia(s) e de multiletramentos na obra ora intitulada** *Multiletramentos em teoria e prática: desafios para a escola de hoje* e, por fim, **d) ampliar as discussões e reflexões sobre os conceitos de tecnologias e de multiletramentos, considerando a Pedagogia dos Multiletramentos.**

A seção 6.2, *'Aparando as arestas: impressões e reflexões sobre os resultados observados nas categorias analíticas'*, apresenta o arremate final dos estudos aqui realizados, tendo em vista a exposição dos dados obtidos a partir da análise dos capítulos que compõem a obra eleita *Multiletramen-*

tos em teoria e prática: desafios para a escola de hoje e, ainda, revela o ponto comum identificado nas *entrelinhas* das quatro (04) categorias aventadas em sede de esboço analítico. Inicialmente, os conceitos de tecnologia(s) e de multiletramentos são evidenciados nas atividades escolares apresentadas nos capítulos do livro em questão. Durante a leitura e interpretação dos fragmentos extraídos da referida obra, nota-se que a problematização, como condição impulsionadora dos debates e de *feedbacks*[10] entre os participantes do grupo, aparece nas quatro (04) divisões elaboradas.

Com isso, a capacidade inventiva dos educandos, as discussões, opiniões e, por conseguinte, o diálogo entre eles resultaram da problematização de ideias e de pensamentos entre os discentes e professores, evidenciando, dessa forma, a construção conjunta e gradual de conhecimentos que se ressignificaram nas ações dos participantes. Assim sendo, a seção tem por objetivo discorrer sobre a relação dos conceitos de tecnologia(s) e de multiletramentos com o conjunto de fragmentos extraídos da obra eleita e, por conseguinte, apresentar uma linha argumentativa que justifique a criação da quinta (5ª) categoria analítica.

---

[10] Nas palavras de Lima e Alves (2018, p. 456), "etimologicamente, o vocábulo *feedback* é criado ao unir o verbo *to feed* (alimentar) ao advérbio *back* (para trás, de volta). Esse termo é comumente traduzido para o português como retroalimentação [...]". Segundo os autores, no campo da educação, o referido termo *feedback*, pode ser descrito como qualquer forma de comunicação ou procedimento que tenha por finalidade informar o educando/aluno acerca da exatidão de uma resposta fornecida. Tratando-se de instruções assistidas por artefatos tecnológicos, por exemplo, o computador, o *feedback* representa o retorno informacional (automatizado ou programado) apresentado ao internauta.

2

CONCEITO DE TECNOLOGIA(S)

Estabelecer um conceito de *tecnologia* perpassa por uma reflexão mais abrangente que envolve a algumas distinções relevantes entre aquela expressão e o entendimento que norteia o termo *técnica*. No entanto, a definição pretendida em torno da palavra *tecnologia,* não se restringe a uma determinada dimensão sócio-histórica, haja vista que "as próprias bases do funcionamento social e das atividades cognitivas modificam-se a uma velocidade que todos podem perceber diretamente" (Lévy, 2010, p. 08).

Contudo, é notório para Coscarelli (2016) e Ribeiro (2021), que o crescimento tecnológico no seio da sociedade contemporânea, sobretudo, do digital, cada vez mais, reflete-se no âmbito da educação, seja nos espaços formais e/ou não-formais de aprendizagem. Porém, reflexões generalistas acerca do progresso tecnológico, que contemplem a específico lapso temporal, devem ser feitas com cautela, até mesmo porque "a tecnologia, embora afetada pelo social, não se limita a ele, pois tem sua própria história e especificidade" (Bertoldo; Mill, 2018, p. 597).

Quando se pensa no significado da palavra 'tecnologia', muitos equívocos acabam surgindo nas interpretações de seus interlocutores, sendo, inclusive, "[...] muito comum confundir tecnologia com técnica [...]" (Yamada; Manfredini, 2014, p. 77), dimensionando 'técnica' como uma disciplina isolada, razão pela qual torna-se imprescindível esclarecer o sentido e o alcance de tal vocábulo para o desenvolvimento humano. Ora, "[...] tanto a técnica quanto tecnologia encontram suas raízes semânticas e seus usos na palavra téchne e naquilo a que se referia" (Bertoldo; Mill, 2018, p. 599).

Debruçando-se nos estudos sobre o assunto em comento, verifica-se que a expressão 'técnica' é anterior ao vocábulo 'tecnologia', posto que somente "[...] no final do século XIX, a tecnologia surge como uma tentativa consciente de sistematização e organização do saber técnico [...]" (Pinto, 2005, p. 598). Já na Antiguidade, as pessoas se orientavam pelo "[...] raciocínio e habilidade racionais que seguiam princípios e regras de funcionamento" (Bertoldo; Mill, 2018, p. 599), e que coube à Modernidade dar continuidade a esse processo de sofisticação da técnica, refletindo-se em diferentes tecnologias criadas e aperfeiçoadas no contexto da humanidade. É preciso lembrar que "as tecnologias são tão antigas quanto a espécie humana. Na verdade, foi a engenhosidade humana, em todos os tempos, que deu origem às mais diferenciadas tecnologias" (Kenski, 2012, p. 15). No que tange à uma classificação da palavra *técnica*, Pinto (2005, p. 238) esclarece que:

> Pretender classificar as técnicas constitui tarefa tão impossível quanto classificar as ações humanas, físicas e mentais. A técnica é sempre um modo de ser, um existencial do homem, e se identifica com o movimento pelo qual realiza sua posição no mundo, transformando este último de acordo com o projeto que dela faz. Tendo de realizar-se a si mesmo, pois não encontra pronto e fixado o elenco de comportamentos invariáveis para lhe assegurarem a existência, obrigado a descobrir, na luta travada com a natureza, os meios de vencê-la, para subsistir, encontra tanto nos insucessos quanto nos limitados êxitos um conjunto de dados perceptivos que se converterão em representações corretas das condições exteriores. Com esses elementos, desde o degrau mais baixo do desenvolvimento cultural, das fases incipientes do processo de hominização, aprende a evitar a repetição de experiências negativas e a recolher das positivas os aspectos significativos que possibilitarão intentar outras, ainda mais complexas, mas também mais prometedoras de resultados melhores e originais.

Todo o *fazer técnico* que resulta em inventos, melhorias e aperfeiçoamentos, materiais e imateriais, implica em uma ação humana que possibilita transcrever o que está no papel e torná-lo real diante das necessidades sociais do seu tempo. É claro que o controle social, através do uso tecnológico, representava, obviamente, o poder de alguns em detrimento dos demais. Nas palavras de Kenski (2012, p. 15-16):

> O uso do raciocínio tem garantido ao homem um processo crescente de inovações. Os conhecimentos daí derivados, quando colocados em prática, dão origem a diferentes equipamentos, instrumentos, recursos, produtos, processos, ferramentas, enfim, a tecnologias. Desde o início dos tempos, o domínio de determinados tipos de tecnologias, assim como o domínio de certas informações, distingue os seres humanos. Tecnologia é poder. Na Idade da Pedra, os homens – que eram frágeis fisicamente diante dos outros

AS TDIC NO CENÁRIO DA EDUCAÇÃO: REFLEXÕES PARA A FORMAÇÃO UNIVERSITÁRIA CONTEMPORÂNEA

animais e das manifestações da natureza – conseguiram garantir a sobrevivência da espécie e sua supremacia, pela engenhosidade e astúcia com que dominavam o uso de elementos da natureza. A água, o fogo, um pedaço de pau ou o osso de um animal eram utilizados para matar, dominar ou afugentar os animais e outros homens que não tinham os mesmos conhecimentos e habilidades. A ação bem-sucedida de grupos "armados" desencadeou novos sentimentos e ambições em nossos ancestrais. Novas tecnologias foram sendo criadas, não mais para a defesa, mas para o ataque e a dominação. A posse de equipamentos mais potentes abriu espaço para a organização de exércitos que subjugaram outros povos por meio de guerras de conquista ou pelo domínio cultural. Um momento revolucionário deve ter ocorrido quando alguns primitivos deixaram de lado os machados de madeira e pedra e passaram a utilizar lanças e setas de metal para guerrear. O uso de animais adestrados – cavalos principalmente – mudou a forma de realizar um combate. Canoas e barcos a remo eram frágeis diante de caravelas e navios. Assim, sucessivamente, com o uso de inovações tecnológicas cada vez mais poderosas, os homens buscavam ampliar seus domínios e acumular cada vez mais riquezas.

Verifica-se no fragmento em destaque, que a capacidade inventiva sempre decorreu da técnica empregada por parte do ser pensante: o homem, conforme as suas pretensões, dado o contexto histórico em que se encontrava. Diante desse contexto, Pinto (2005, p. 239) ressalta que:

A técnica define uma expressão do processo de hominização e por isso nele se acha incluída, até o estágio atual. A técnica futura exprimirá o estado de aperfeiçoamento da essência humana que o homem terá adquirido com o correr do tempo. Só o homem, por ser dotado dos órgãos sensoriais e do sistema de reflexos condicionados requerido, torna-se capaz de desempenhar o tipo de ação que deve ser reconhecida como técnica, forma de atos vitais negada aos animais irracionais, que permanecem no nível da ação infratécnica. Toda ação humana tem caráter técnico pela simples razão de ser humana. Por este motivo vemos na técnica aquilo que chamamos "existencial", um traço distintivo da realidade do ser do homem. Ao usar o termo, porém, jamais o entendemos em sentido individual, mas exatamente com o valor oposto, o de designar uma nova atributiva do ser humano, que a adquire em razão do exercício social da existência. Por isso o conceito

> de "existencial" não tem para nós nem a mais remota afinidade com a noção homônima que figura nas filosofias chamadas "existencialistas". Contém sempre o caráter social, refere-se ao exercício do modo de ser do homem, compreendido em sua realidade social, materialmente condicionada pelas situações objetivas da vida, principalmente pelo trabalho.

A técnica "estabelece particularidades reveladoras da natureza objetiva da relação do homem, sempre singular, com o mundo, levando o agente a dar cunho pessoal a todo ato praticado" (Pinto, 2005, p. 240), refletindo-se, portanto, no desempenho tecnológico dele, dado o momento histórico em que se situa. Entretanto, "mesmo as ações de relacionamento mais comuns e repetidas são invenções e se revestem do traço existencial, típico da operação técnica, de solucionar uma contradição com a realidade" (Pinto, 2005, p. 240).

Outro equívoco reside em contemplar o tempo presente como sendo o inaugurador do crescimento tecnológico da humanidade, haja vista que "os vínculos entre conhecimento, poder e tecnologias estão presentes em todas as épocas e em todos os tipos de relações sociais" (Kenski, 2012, p. 17). É, no mínimo, uma insensatez, adotar tal ponto de vista, haja vista que a "[...] ausência de sensibilidade histórica" (Pinto, 2005, p. 233), possibilita a um equívoco sem precedentes, que induz o homem à uma reflexão superficial e enganosa da realidade.

Ademais, considerando o crescimento tecnológico na sociedade contemporânea, não se pode estabelecer como premissa maior que o atual momento, isolado das demais épocas, seja o detentor exclusivo da novidade, da capacidade de criação, dos artefatos engenhosos que decretaram e continuam a favorecer a modernização das ferramentas, modos e meios de evolução do conhecimento científico e das atividades profissionais.

Deve-se ter em mente que "[...] o imenso desenvolvimento atual resulta da acumulação histórica do saber e da prática social [...]" (Pinto, 2005, p. 234), até mesmo porque "o homem possui a necessidade de (re)afirmar suas teorias como meio de compreender o universo ao seu redor" (Frandaloso; Leite, 2022, p. 1443). Na concepção de Kenski (2012, p. 19) "as tecnologias invadem as nossas vidas, ampliam a nossa memória, garantem novas possibilidades de bem-estar e fragilizam as capacidades naturais do ser humano".

É por isso que Pinto (2005) ressalta que a memória histórica, voltada ao uso de diferentes tecnologias no âmbito da humanidade, necessita ser retomada, até mesmo para que não ocorram julgamentos equivocados que situem a existência de uma *era tecnológica* isolada no tempo e no espaço. A acumulação histórica do conhecimento sistematizado e o modo de utilização desse saber técnico é o que transforma a vida do homem e as suas práticas sociais na dinâmica da sua própria realidade existencial, direcionando-o para outros caminhos e fases de evolução. A esse respeito, Pinto (2005, p. 234) pontua que:

> O que aparece sob a figura da "explosão" de hoje contém em si a própria negação. Esta observação dialética deve servir a quem queira pensar com sobriedade, para justificar a conveniência de ser abolida de uma vez por todas a menção a esta e a várias outras "explosões", palavra predileta da consciência simplista atual, a ponto de se haver tornado um signo inconfundível dessa mentalidade elementar. Toda época teve as técnicas que podia ter. A humanidade, especialmente em tempos mais próximos, sempre acreditou em cada momento estar vivenciando uma fase de esplendor, na qual simultaneamente figuravam vozes que, em nome dos sagrados valores humanos, amaldiçoavam a "explosão tecnológica" a que assistiam. É difícil imaginar-se mais profunda impressão do que a causada nos contemporâneos pela "explosão tecnológica" da era das descobertas marítimas, do surgimento da imprensa, das novas teorias astronômicas subvertendo o significado do céu. A nós parecem agora efeitos naturais do crescimento da cultura, e ninguém hoje em dia se comove com elas.

Observa-se, porém, que, diante de uma sociedade cada vez mais imersa no contexto tecnológico, "novas maneiras de pensar e de conviver estão sendo elaboradas no mundo das telecomunicações e da informática" (Lévy, 2010, p. 07). Nesse caso, é perceptível "[...] que as novas tecnologias transformaram a sociedade e os indivíduos, interferindo diretamente no seu desenvolvimento" (Marques, 2016, p. 109), sendo de vital importância a compreensão do que seja conhecido e/ou entendido por 'tecnologia'.

Por esse ângulo, Bertoldo e Mill (2018, p. 598) esclarecem que "tecnologia, técnica e arte têm raiz etimológica comum, derivada da palavra grega τέxvn (téchne), traduzida para o latim como ars (arte), significando habilidade, destreza ou ofício e qualquer atividade que siga regras ("padrões de meios-fins") [...]", apta a modificar o mundo natural em um mundo artificial. De outra banda, considerando um viés mais amplo da definição da expressão 'tecnologia', Bertoldo e Mill (2018, p. 596) acentuam que:

> Muito amplamente, é possível definir tecnologia como aquilo que põe em movimento a realidade (humana e não humana), levando-a a produzir ou a trazer à existência continuamente

aquilo que não existia, por meio de entidades como matéria, energia, informação, forma, estrutura, leis, procedimentos, processos, regras, disposição, intensão, conhecimento, projeto etc. Tomado assim, o mundo humano (artificial, dependente da mente e convencional) é um processo tecnológico a mais da realidade quando comparado ao não humano (natural, independente da mente e factual), igualmente ininterrupto, aberto, modal e resistente à definição. Embora com poder causal aparentemente distinto, essas realidades interagem e se conciliam. Por isso, dicotomias como natural/artificial e material/imaterial, muitas vezes utilizadas para ilustrar o significado de tecnologia, ocultam o possível fato de o homem ser naturalmente um ser tecnológico, bem como dificulta a percepção de que ele é também fabricador de bens imateriais como número, método, informação e projeto (forma ou modelo pensado).

Conforme exposto por Bertoldo e Mill (2018), estabelecer uma definição de 'tecnologia' também não se revela uma tarefa fácil, até mesmo porque tal expressão é permeada de diferentes representações, o que oportuniza, por si só, uma vasta gama de possibilidades interpretativas no âmbito social. Contudo, Bertoldo e Mill (2018, p. 596) argumentam que "a escolha por um sentido mais restrito de tecnologia implica, obviamente, a seleção de categorias que possam adequadamente explicar esse fenômeno". Naturalmente que a referida seleção implica em deixar de lado a outros componentes que poderiam ser relevantes, bem como categorias que, eventualmente, poderiam ser, em tese, descobertas e investigadas. Buscando restringir a amplitude conceitual do vocábulo 'tecnologia', Bertoldo e Mill (2018, p. 596-597) asseveram que:

> Sendo assim, a tecnologia é habilidade, conhecimento e objetos (meios e procedimentos racionais) que ampliam a capacidade do homem de manipular e transformar o mundo em que vive. Tecnologia é destreza, astúcia e habilidade prática racional, possibilitada pelo conhecimento que permite ao homem criar os objetos (meios, ferramentas, procedimentos, sistemas e artefatos) necessários à organização, à manipulação e à transformação de matéria, energia e informação segundo sua intenção e seu objetivo. Os objetos criados ou inventados distinguem-se essencialmente dos entes naturais e da ação moral, se forem considerados a intencionalidade e o poder causal humano intrínseco. Os meios materiais e imateriais (ferramentas, dispositivos, máquinas, métodos, procedimentos, processos) e os produtos desses meios (tradi-

> cionalmente, os objetos como matéria informada, fabricados pela habilidade do artesão ou os objetos imateriais, como alguma técnica social ou ferramenta matemática, por exemplo) são guiados pelo conhecimento ou estão em comunhão com ele. Tecnologia é conhecimento, ou seja, é modelo ou projeto que preexiste no intelecto do artesão e que pode ser avaliado pela adequação das soluções alcançadas. Concerne ao inventar de que modo vem a ser o que não existia e, atento à demanda do usuário e à exigência do contexto, é o estudar (teorizar) a matéria e a forma que, expressas pelo projeto e pelo desenho (seu momento mais acabado), tornam possível fazer, produzir e fabricar de que modo vem a ser.

Estabelecer um conceito que contemple os caracteres do conceito 'tecnologia' exige, obviamente, um recorte sócio-histórico, por parte do pesquisador e, por conseguinte, uma ação reflexiva que milite em torno de uma "[...] rede de relações pela qual a mensagem será capturada, a rede semiótica que o interpretante usará para captá-la" (Lévy, 2010, p. 72). Realça-se, ainda, que, em inúmeras situações do cotidiano, o objetivo da tecnologia acaba sendo "[...] confundido de forma equivocada com a utilização de equipamentos eletrônicos" (Yamada; Manfredini, 2014, p. 77). É errôneo pensar que o conceito de 'tecnologia' se remete, tão somente, ao uso de aparatos eletrônicos. Reiteradamente, "[...] a tecnologia é confundida ora com os aparatos produzidos pelo homem, ora com a dimensão prática da produção de algo" (Bertoldo; Mill, 2018, p. 603) prejudicial aos seres humanos. No entendimento de Kenski (2012, p. 24):

> Essa visão literária e redutora do conceito de tecnologia – como algo negativo, ameaçador e perigoso – deixa aflorar um sentimento de medo. As pessoas se assustam com a possibilidade de que se tornem realidade as tramas ficcionais sobre o domínio do homem e da Terra pelas "novas e inteligentes tecnologias". Tecnologia, no entanto, não significa exatamente isso. Ao contrário, ela está em todo lugar, já faz parte das nossas vidas. As nossas atividades cotidianas mais comuns – como dormir, comer, trabalhar, nos deslocamentos para diferentes lugares, ler, conversar e nos divertimos – são possíveis graças às tecnologias a que temos acesso. As tecnologias estão tão próximas e presentes que nem percebemos mais que não são coisas naturais. Tecnologias que resultaram, por exemplo, em lápis, cadernos, canetas, lousas, giz e muitos produtos, equipamentos e processos que foram planejados e construídos para que possamos ler, escrever, ensinar e aprender.

Não se pode querer responsabilizar o avanço tecnológico, assim como todos os produtos decorrentes de suas potencialidades, pelos fatos e acontecimentos que envolveram o mau uso de dispositivos técnicos nas empreitadas violentas e sanguinárias de determinadas pessoas, grupos ou Nações, no curso civilizatório. Aliás, a tecnologia sempre auxiliou ao homem nas mais distintas épocas de sua existência. E, conforme foi assimilando essa interface, ele foi percebendo o sentido e o alcance das benesses proporcionadas pelo conhecimento científico e pelas incontáveis descobertas que marcaram e, ainda, impactam a sua vida no tempo presente.

Por isso o conceito de tecnologia é muito mais abrangente e vai muito além da própria noção de civilização, até mesmo porque "[...] a tecnologia não é algo novo, mas pode ser entendida como tão antiga quanto o próprio homem" (Yamada; Manfredini, 2014, p. 77). Em atenção ao exposto, Kenski (2012, p. 20) pontua que:

> Na origem da espécie, o homem contava simplesmente com as capacidades naturais de seu corpo: pernas, braços, músculos, cérebro. Na realidade, podemos considerar o corpo humano, e sobretudo o cérebro, a mais diferenciada e aperfeiçoada das tecnologias, pela sua capacidade de armazenar informações, raciocinar e usar os conhecimentos de acordo com as necessidades do momento. Um grande salto evolutivo para a espécie humana ocorreu quando, diferenciando-se dos outros primatas, o homem começou a andar ereto, liberando as mãos para a realização de atividades úteis à sua sobrevivência. Com a capacidade de raciocinar e as mãos livres para criar, o homem inventou e produziu ferramentas e processos para sua sobrevivência em qualquer tipo de meio ambiente. Essa competência, porém, seria inútil se o homem vivesse isolado. A reunião em grupos e bandos garantiu maior poder diante dos desafios impostos pela natureza. A fragilidade do homem, diante das outras espécies, era superada por sua inventividade e pela capacidade de agregação social. As ferramentas eram criadas e utilizadas em grupo. Técnicas de construção, utilização e aperfeiçoamento delas constituiriam acervos preciosos na composição da cultura de um determinado povo e seriam transmitidas e aperfeiçoadas pelas gerações seguintes.

Conforme se vislumbra no posicionamento de Yamada e Manfredini (2014) e Kenski (2012), o termo 'tecnologia' se confunde com a história de evolução do ser humano, sendo, portanto, relevante a compreensão dessa interface para melhor identificar as distintas fases tecnológicas, já vivencia-das pelo sujeito, ao longo do seu percurso de *descobertas* e de *conquistas* no seio da humanidade. Outrossim, Pinto (2005) argumenta que a definição de *tecnologia* atravessa por quatro (04) significados principais. Na tentativa de classificar as acepções que cerceiam a análise da expressão *tecnologia*, o autor salienta que o primeiro significado etimológico da expressão 'tecnologia' recai no aspecto teórico que contempla a ciência, o estudo da técnica e as noções de artes, habilidades, profissões e a capacidade de produção de algo.

Isso posto, percebe-se que a *tecnologia* surge com valor imprescindível e pontual de *logos da técnica*. No que diz respeito ao segundo significado do vocábulo 'tecnologia', o referido termo implica na legítima e simples 'técnica'. Pinto (2005) argumenta que esse segundo significado que envolve o termo 'tecnologia' é o que se reflete, com mais facilidade, no cotidiano, razão pela qual o homem médio faz uso de tal expressão para se referir aos assuntos do dia a dia. Ainda, segundo o entendimento do estudioso, a terceira classificação contempla, de fato, o conceito propriamente dito de *tecnologia*, entendendo-se por um conjunto de todas as técnicas à disposição da sociedade, em qualquer contexto histórico de sua evolução. Deve-se deixar claro que tal conceito se aplica, tanto para as civilizações do passado, quanto para as gerações presentes na modernidade. O quarto significado da expressão 'tecnologia' se ampara, basicamente, na contemplação ideológica da técnica.

Segundo Bertoldo e Mill (2018) e Pinto (2005), todos esses caracteres que visam a classificar o termo 'tecnologia' são considerados essenciais no estabelecimento do conceito atual de 'tecnologia', porém, tal classificação não se apresenta como tarefa fácil, conforme o que já foi explicitado no início desta seção, haja vista que "o desenvolvimento tecnológico de cada época da civilização marcou a cultura e a forma de compreender a sua his-tória" (Kenski, 2012, p. 20). Da mesma maneira, inúmeros pesquisadores confundem a ambas as expressões 'técnica' e 'tecnologia'. Os estudiosos e demais *experts* do assunto "[...] preferem aplicar-se a descrever a história dos inventos pelos quais o homem veio se afirmando no seio do mundo natural" (Pinto, 2005, p. 241).

É por isso que "a evolução social do homem confunde-se com as tec-nologias desenvolvidas e empregadas em cada época. Diferentes períodos da história da humanidade são historicamente reconhecidos pelo avanço tecnológico correspondente" (Kenski, 2012, p. 21). Conforme pondera Kenski (2012), os marcos temporais relacionados às 'Idades da Pedra',

'Ferro' e do 'Ouro' equivalem ao período histórico e social em que foram inventadas as *novas tecnologias* para um melhor uso dos recursos naturais. Objetivava-se, portanto, uma vida mais saudável. Essa preocupação ainda é manifesta nos dias atuais. É por isso que "o avanço científico da humanidade amplia o conhecimento sobre esses recursos e cria permanentemente "novas tecnologias", cada vez mais sofisticadas" (Kenski, 2012, p. 21), com a finalidade de proporcionar condições mais dignas de existência do homem.

Foi justamente desse propósito de bem-estar social que, diversas tecnologias inauguraram outras épocas e acontecimentos que se somaram às experiências já obtidas pelos homens, no movimento de suas vivências. Prova disso foi a criação da linguagem oral, escrita e digital, cada qual relevante para o aprimoramento das comunidades humanas. Tratando-se da linguagem oral, Kenski (2012, p. 28) aduz o seguinte:

> A mais antiga forma de expressão, a linguagem oral, é uma construção particular de cada agrupamento humano. Por meio de signos comuns de voz, que eram compreendidos pelos membros de um mesmo grupo, as pessoas se comunicavam e aprendiam. A fala possibilitou o estabelecimento de diálogos, a transmissão de informações, avisos, notícias. A estruturação da forma particular de fala, utilizada e entendida por um grupo social, deu origem aos idiomas. O uso regular da fala definiu a cultura e a forma de transmissão de conhecimentos de um povo. Essa oralidade primária, que nomeia, define e delimita o mundo a sua volta, cria também uma concepção particular de espaço e de tempo.

Sendo uma das primeiras tecnologias criadas pelo homem, a linguagem oral era utilizada para a transmissão de informações entre os sujeitos, viabilizando, dessa forma, o estreitamento do diálogo entre eles. Posteriormente, outros recursos foram adotados com vista ao aprimoramento da prática leitora. Ao refletir sobre o assunto, Ribeiro (2017, p. 127) preceitua que:

> Na história do alfabeto, da escrita e da leitura, é possível verificar que o desenho da letra, a maneira de grafar certas palavras e os espaços em branco entre elas, assim como o desenvolvimento da leitura silenciosa, foram recursos desenvolvidos com a prática, na busca de outras formas de ler e de novas maneiras de dispor da leitura.

Em que pese às incontáveis transformações ocorridas no ato de ler e, por conseguinte, no surgimento de outros "[...] suportes para escrita e leitura [...]" (Ribeiro, 2017, p. 127), fato é que a ideia central em torno da ação leitora pouco se alterou com o passar do tempo. Segundo o entendimento de Kenski (2012, p. 29):

> Na atual e "nova" sociedade oral, é também pelo apelo à afetividade, mais do que à razão, que se pretende fixar informações. Em programas de rádio e televisão, o apelo à repetição e à memorização de músicas, *jingles* e falas de personagens ficcionais tem como meta a apresentação de ideias, informações, valores e comportamentos que permanecem. Em um ritual muito semelhante ao que ocorria nas rodas em torno da fogueira nos grupos primitivos, as pessoas se sentam em torno da televisão para se informar e se distrair. Locutores e artistas assumem papéis importantes na formação de opinião dos ouvintes e espectadores.

Na concepção de Kenski (2012), o que se vê é uma repetição das práticas anteriores, mas, com *suportes* e *arranjos* diferenciados que abrem espaços para se pensar em outras alternativas de uso da oralidade. Em igual sintonia com Kenski (2012), Ribeiro (2017, p. 129) aduz que "todas as novas formas de ler parecem vilãs de um tempo sem calor, quando, na verdade, são apenas novas possibilidades para algo que já se fazia e já se fez na história das interfaces de leitura, interfaces homem/objeto de leitura". Esse quadro de reproduções e de continuidade das práticas anteriores também pode ser notado na escola. Nas palavras de Kenski (2012, p. 29):

> Na escola, professores e alunos usam preferencialmente a fala como recurso para interagir, ensinar e verificar a aprendizagem. Em muitos casos, o aluno é o que menos fala. A voz do professor, a televisão e o vídeo e outros tipos de "equipamentos narrativos" assumem o papel de "contadores de histórias" e os alunos, de seus "ouvintes". Por meio de longas narrativas orais, a informação é transmitida, na esperança de que seja armazenada na memória e aprendida. A sociedade oral, de todos os tempos, aposta na memorização, na repetição e na continuidade.

Esse ciclo é, sistêmica e diariamente, reproduzido nas fileiras estudantis, o que reforça a urgência de transfiguração do espaço escolar e, logicamente, dos métodos e fórmulas que integram as estratégias de ensino nas universidades brasileiras. A segunda tecnologia inventada pelo homem diz respeito à linguagem escrita. Diante desse registro histórico, Kenski (2012, p. 29) argumenta que "a criação e o uso da escrita como tecnologia de comunicação surgem quando os homens deixam de ser nômades e passam a ocupar de forma mais permanente um determinado espaço [...]", com a intenção de fixar moradia.

Aos poucos, esses agrupamentos humanos foram percebendo que a comunicação estabelecida com os outros povos precisava ser registrada e devidamente codificada em superfícies materiais como, por exemplo, nas paredes das cavernas, madeiras e, mais tarde, em papéis. Em consonância com o exposto, Kenski (2012, p. 30) assegura que:

> Os primeiros registros gráficos do pensamento humano foram encontrados em materiais como paredes de cavernas, ossos, pedras e peles de animais. Muitos outros materiais foram utilizados como suporte para a escrita antes da invenção do papel. Os egípcios criaram um tipo especial de papel chamado *papiro* que, pelo seu uso generalizado, acabou por também denominar o tipo de documento que nele era escrito. Nos papiros eram registrados documentos funerários, legais, administrativos e literários que, milhares de anos depois, foram encontrados pelos arqueólogos em escavações e ofereceram a base de informações sobre a vida no antigo Egito.

Ainda, Kenski (2012, p. 31) complementa que:

> A partir da escrita se dá a autonomia da informação. Já não há necessidade da presença física do autor ou do narrador para que o fato seja comunicado. Por outro lado, as informações são muitas vezes apreendidas de acordo com o contexto em que se encontra o leitor. A análise do escrito, diante do calor do momento em que o texto foi produzido, é realizada com base na compreensão de quem o lê. Essa separação entre tempos e espaços de escrita e leitura gera versões e interpretações diferenciadas para o mesmo texto.

Todavia, o estudioso reconhece que esse fenômeno que abrange a performance da escrita e a sua consequente materialização em variados *suportes*, contribuiu para o estabelecimento de uma hierarquia social entre aqueles que dominavam os complexos códigos da escrita, daqueles outros que não haviam se apropriado dos signos e de suas representações no mundo fático. O domínio da escrita passou a ser considerado um mecanismo de *poder* e de *pressão*. Dessa forma, muitas pessoas passaram a ser pressionadas para que frequentassem às escolas para aprenderem a ler e a escrever para que, assim, recebessem certificados e diplomas. Tais documentos legitimariam, por assim dizer, a pessoa naquela estrutura social.

Após avaliar essa forma de dominação através do uso efetivo da linguagem escrita, é possível tecer algumas perguntas sobre o assunto em tela: 'será que esse mecanismo de controle e de pressão não estaria ativo nos dias de hoje'? 'E a quem interessa a manutenção desse processo de exclusão social'? 'O que é possível fazer para interromper o funcionamento desse ciclo de discriminação em desfavor das pessoas iletradas, analfabetas'? Tais indagações não excluem outras que, porventura, podem surgir das reflexões, aqui, suscitadas. Ademais, Kenski (2012, p. 31) assegura que:

> A tecnologia da escrita, interiorizada como comportamento humano, interage com o pensamento, libertando-o da obrigatoriedade de memorização permanente. Torna-se, assim, ferramenta para a ampliação da memória e para a comunicação. Em seu uso social, como tecnologia de informação e comunicação, os fatos da vida cotidiana são contados em biografias, diários, agendas, textos e redações. Como tecnologia auxiliar ao pensamento, possibilita ao homem a exposição de suas ideias, deixando-o mais livre para ampliar sua capacidade de reflexão e apreensão da realidade.

A criação da escrita foi e continua sendo um fator importante para o estabelecimento relacional da comunicação entre os sujeitos na contemporaneidade. O ato de registrar no papel o som das palavras, formando com elas uma gama diversificada de frases e textos representa, de toda sorte, uma "[...] práxis fundamental [...]" (Vázquez, 2007, p. 228) de materialização dos códigos e dos signos no mundo civilizado. A terceira linguagem se refere ao digital. Segundo o posicionamento de Kenski (2012, p. 31-32), essa linguagem:

> [...] articula-se com as tecnologias eletrônicas de informação e comunicação. A linguagem digital é simples, baseada em códigos binários, por meio dos quais é possível informar, comunicar, interagir e aprender. É uma linguagem de síntese, que engloba aspectos da oralidade e da escrita em novos contextos. A tecnologia digital rompe com as formas narrativas circulares e repetidas da oralidade e com o encaminhamento contínuo e sequencial da escrita e se apresenta como um fenômeno descontínuo, fragmentado e, ao mesmo tempo, dinâmico, aberto e veloz. Deixa de lado a estrutura serial e hierárquica na articulação dos conhecimentos e se abre para o estabelecimento de novas relações entre conteúdos, espaços, tempos e pessoas diferentes. A base da linguagem digital são os *hipertextos*, sequências em camadas de documentos interligados, que funcionam como páginas sem numeração e trazem

> informações variadas sobre determinado assunto. Vai depender da ação de cada pessoa o avanço nas informações disponíveis, aprofundando e detalhando cada vez com maior profundidade o nível de informações sobre determinado assunto. Para alguns, é possível "navegar" nas páginas e ter uma ideia superficial sobre o tema em uma leitura rápida, de apenas cinco minutos, por exemplo. Se houver mais interesse, é possível clicar em sequência nas páginas e aprofundar as informações sobre o assunto, até quando se achar que já é suficiente.

Essa terceira linguagem representada pelo 'digital', pelos 'artefatos eletrônicos' e 'plataformas virtuais', revolucionou o modo de divulgação, aquisição e de compreensão do texto/discurso. O registro do som das letras, das palavras, dos textos, dos desenhos, das cores, se dá de modo instantâneo, podendo, inclusive, ocorrer o *remixe*, a *recombinação* dos elementos que compõem a mensagem, o texto verbal e não-verbal. O hipertexto, enquanto alicerce de sustentação da linguagem digital, facilita o acesso do usuário ao texto, tornando-se uma ferramenta eficiente e objetiva do ponto de vista das escolhas realizadas pelo indivíduo. Ao falar sobre o assunto em voga, Ribeiro (2017, p. 139) explica que "[...] navegar por um texto não é algo restrito ao suporte eletrônico, como a tela, por exemplo, mas refere-se ao percurso que o leitor pode fazer em determinado objeto de leitura (texto, gráfico, legenda, sumário, índice), de acordo com suas escolhas [...]". Comungando do entendimento de Ribeiro (2017), Kenski (2012, p. 32-33) reforça que:

> Hipertextos e hipermídias reconfiguram as formas como lemos e acessamos as informações. A facilidade de navegação, manipulação e a liberdade de estrutura estimulam a parceria e a interação com o usuário. Ao ter acesso ao hipertexto, você não precisa ler tudo o que aparece na tela para depois seguir em frente. A estrutura do hipertexto permite que você salte entre os vários tipos de dados e encontre em algum lugar a informação de que precisa. Com a hipermídia, acessam-se informações em uma variedade enorme de formatos. É possível assistir a um vídeo, ver imagens de vários ângulos, fotos, desenhos, textos, sons, poesias; enfim, hipertextos e hipermídias realizam sínteses e se articulam. Mas é você que dá os saltos entre os muitos tipos de informação disponíveis e define o caminho que mais lhe interessa para aprender.

O diferencial dessa linguagem digital é a rapidez com que a informação chega até ao seu destinatário, mas, não se limita apenas a isso, haja vista que as "[...] redes digitais interativas favorece outros movimentos de virtualização que não o da informação propriamente dita. Assim, a comunicação continua, com o digital, um movimento de virtualização iniciado há muito tempo pelas técnicas antigas [...]" (Lévy, 2010, p. 51), que marcaram o percurso evolutivo da humanidade. É claro que tantas outras vantagens são identificadas ao se cogitar no alcance do virtual, e, nas incontáveis interfaces estabelecidas com os seres humanos e suas preferências. Dentre as vantagens oriundas do uso dos suportes eletrônicos, Soares (2016, p. 142) expõe que:

> É importante, nesse contexto, reconhecer que a representação e a comunicação recorrem a uma multiplicidade de modos, os quais contribuem para a construção do significado. Isso significa que diversos recursos (visuais, falados, gestuais, escritos, tridimensionais, entre outros) são utilizados de forma articulada, dependendo do domínio da representação, em diferentes contextos, concorrendo para a geração de sentido.

É por isso que o uso, cada vez mais constante, dos *artefatos digitais,* possibilita a um envolvimento ainda maior entre o ser *humano* e a *máquina,* e, isso, favorece para que uma gama variada de linguagens contribua, decisivamente, para a formação de sujeitos conscientes, interativos, inseridos na cultura do virtual. Para uma melhor visualização das fases que caracterizaram o progresso da sociedade civil organizada, optou-se por exibir a seguinte figura ilustrativa:

Figura 1 – Fases tecnológicas

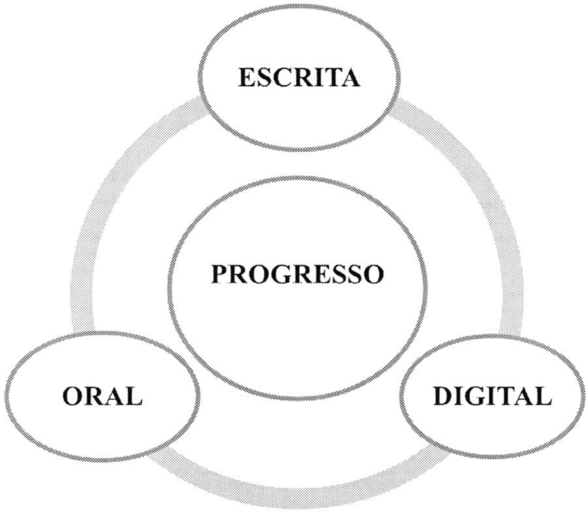

Fonte: o autor (2023)

A figura em destaque faz referência às três principais fases tecnológicas que desencadearam mudanças profundas e imprescindíveis para o progresso de toda a sociedade humana. Cada época evolutiva corresponde a um grau de aperfeiçoamento social que ressignificou os valores, as culturas e os comportamentos dos sujeitos/aprendentes ao longo de suas experiências, primeiro consigo, e depois com o(s) 'outro(s)'.

Assim, "de acordo com as teorias linguísticas mais atuais, o jogo da leitura só ocorre porque, além de saber decodificar a notação alfabética, o leitor também é capaz de fazer inferências e de conjugar à leitura seu hipertexto pessoal [...]" (Ribeiro, 2017, p. 132). Por sua vez, "a escrita, aqui, é, em princípio, considerada uma tecnologia de registro de som (no caso do alfabeto greco-romano, se nos concentrarmos na notação desenvolvida por povos ocidentais) e a leitura torna-se uma tecnologia desenvolvida pelo homem [...]" (Ribeiro, 2017, p. 126) para decodificar palavras e frases inseridas em textos e mensagens. Dessa forma, "[...] à medida que o leitor refina sua capacidade de ler e o escritor refina sua escrita, o produtor e pesquisador de suportes também cria novos meios de publicação e leitura" (Ribeiro, 2017, p. 132), o que implica na criação e aperfeiçoamento das "[...] tecnologias digitais [...]" (Coscarelli, 2016, p. 14). Isso posto, Matias (2016, p. 171) realça o seguinte:

> Com os avanços tecnológicos e a ampliação do acesso ao mundo digital, é comum que se configurem novos gêneros textuais que atendam às necessidades das pessoas e das instituições sociais. Da mesma forma, também é constante a criação e a evolução de ferramentas que permitam um melhor armazenamento e veiculação das informações, que se propagam em velocidade cada vez maior no meio virtual.

Contudo, muitos autores que se lançam no campo da pesquisa, se esquecem que a "[...] técnica, seja a de um procedimento operatório, manual ou mental, seja a consubstanciada numa máquina fabril, está vinculada a exigências sociais de produção, sentidas pela comunidade e resolvidas pelo gênio individual" (Pinto, 2005, p. 241), ou seja, desde os tempos que remetem à Antiguidade, havia um distanciamento entre o 'homem' e a 'técnica'. Tal distanciamento é o resultado da falta de conhecimento das massas populacionais sobre o assunto e do processo de exclusão socioeconômico presente em cada porção de tempo. Acerca do exposto, Pinto (2005, p. 251) revela que:

> Ao longo da história, porém, por obra do gênio inventivo individual, foi-se constituindo a ciência, foram sendo decifrados os mistérios da natureza, até que nas épocas moderna

> e contemporânea a acumulação do conhecimento levou ao espantoso surto de progresso técnico, pondo à disposição de todos os homens os bens e os recursos possibilitados pelo saber e pela indústria, até então apanágio de ínfimas minorias. Assim sendo, não se justifica mais o abismo que separava o homem e a técnica. A suprema imposição moral e humanista dos dirigentes de nossos dias consiste em aproximar o homem e a técnica, em fazer as massas ingressarem na "era tecnológica", para benefício ou, mais do que isso, para a "salvação" delas.

Conforme se verifica nos dias de hoje, o processo tecnológico se multiplica e se materializa na criação de diferenciadas formas, modos e meios de uso daquilo que já existe, enquanto produto elaborado pela *práxis humana*, corporificado no atendimento de um número, cada vez maior, de pessoas. Assim sendo, conforme o entendimento de Kenski (2012, p. 22):

> [...] o surgimento de um novo tipo de sociedade tecnológica é determinado principalmente pelos avanços das tecnologias digitais de comunicação e informação e pela microeletrônica. Essas novas tecnologias – assim consideradas em relação às tecnologias anteriormente existentes -, quando disseminadas socialmente, alteram as qualificações profissionais e a maneira como as pessoas vivem cotidianamente, trabalham, informam-se e se comunicam com outras pessoas e com todo o mundo.

Não se trata de mera adequação de *meios* e *fins*, isto é, o uso das tecnologias digitais é um sintoma claro e objetivo de que houve uma mudança epistemológica de comportamentos e, ao mesmo tempo, uma desconstrução de valores até então intocáveis do ponto de vista do conhecimento tradicional e vertical. O desenvolvimento de uma tarefa qualquer, um exercício, ou, até mesmo o cumprimento de uma determinada meta, mediante o emprego de tecnologias virtuais sofisticadas, representa, de toda sorte, a otimização das forças de trabalho e dos valores decorrentes desse uso, porém, não se restringe a isso. A (re)construção da imagem dos usuários consolida-se no modo como tais artefatos digitais são utilizados. Ao fazer uso dos recursos tecnológicos, o indivíduo agrega valor às suas ações, enquanto *consumidor digital*, ocasião em que tais efeitos passam a moldar o seu agir, nas mais variadas áreas do saber.

Portanto, "a economia, a política e a divisão social do trabalho refletem os usos que os homens fazem das tecnologias que estão na base do sistema produtivo em diferentes épocas. O homem transita culturalmente mediado pelas tecnologias que lhe são contemporâneas [...]" (Kenski, 2012, p. 21). Ao transitar pelas complexas instâncias da vida, conectado às infindáveis interfaces do digital, o homem transforma o seu modo de pensar, sentir, agir e de reagir. Isso acontece porque "o desejo de conquistar o terreno fértil da inventividade e de provar, cientificamente, a pertinência de algo no mundo cognoscitivo, reforça a sua cultura patrimonialista do 'dever-ser' deôntico que não se limita ao tempo e espaço" (Frandaloso; Leite, 2022, p. 1443). Com o passar do tempo, as experiências se afirmam e se ajustam às pretensões alçadas pelos mesmos, dado o momento histórico em que os sujeitos se encontram/reconhecem/articulam no universo virtual.

No âmbito educacional, ressalta-se que "a tecnologia tornou a comunicação fácil e ágil; e a interação, imediata, o que resultou no desenvolvimento de programas, projetos colaborativos" (Marques, 2016, p. 118), todavia, o desafio maior das universidades volta-se à apropriação e incorporação das diversificadas tecnologias no processo de ensino e de aprendizagem do alunado. A esse respeito, Cani e Coscarelli (2016, p. 22) esclarecem que:

> A escola precisa participar dessa mudança proporcionando aos alunos não somente experiências conscientes e reflexivas de multiletramentos, mas também o desenvolvimento das potencialidades que emergem das novas tecnologias, edificando um conhecimento de forma colaborativa. O que se espera é que os alunos possam orientar suas aprendizagens para uma autonomia em práticas fora das salas de aula. Nesse sentido, a formação dentro das escolas precisa contribuir para o desenvolvimento desse cidadão e, para isso, é preciso repensar o ensino e a aprendizagem em virtude da presença de novos alunos que, por sua vez, exigem novos professores.

A escola possui papel central nas mudanças que podem ser promovidas no aprendizado do alunado, devendo a comunidade acadêmica se mobilizar em torno de outras estratégias de ensino que ultrapassem a própria dinâmica da sala de aula. Cada vez mais cedo, inúmeras crianças, adolescentes e adultos, estão tendo o contato com uma gama variada de aparatos tecnológicos modernos, tais como, 'smartphones', 'tablets', 'computadores' e 'notebooks', razão pela qual tais artefatos não representam qualquer novidade aos mesmos. Nesse viés, Matias (2016, p. 167) salienta que:

> Diante da facilidade cada vez maior de acesso às Tecnologias de Informação e Comunicação (doravante TICs), é comum que se escute, em diferentes segmentos da sociedade, a afir-

mação de que crianças e adolescentes, cada vez mais cedo, conseguem interagir com muita facilidade no meio tecnológico. Também é de senso comum afirmar, inclusive, que as crianças "nascem sabendo" usar a grande diversidade de aparelhos que viabilizam a interação virtual. O que nasce, na verdade, é uma geração que não tem a tecnologia como novidade, mas sim como parte integrante de seu mundo. Nesse contexto, é impossível que a escola, instituição responsável pela formação intelectual desses indivíduos, trate o uso das TICs como uma inovação, quando seu acesso e uso são comuns entre os novos cidadãos. Dessa forma, agregar o letramento digital ao currículo e promover atividades em que o uso das ferramentas disponíveis no mundo virtual colabore com a construção do conhecimento é crucial para o processo de ensino-aprendizagem.

Diante de tal contexto, adverte-se que os estabelecimentos educacionais não podem conceber as tecnologias digitais como algo que figure no campo da *novidade*, posto que, para parcela significativa de alunos, diferenciados aparelhos eletrônicos já fazem parte do cotidiano deles, em suas ações corriqueiras e demais vivências. Logo, Matias (2016, p. 169) adverte que:

[...] não se trata apenas de equipar as escolas com máquinas modernas e garantir uma boa conexão de internet. Antes de qualquer tipo de investimento, é necessário pensar no diferencial que se quer alcançar, em termos de ensino, com o uso de diferentes ferramentas tecnológicas. Em outras palavras, é preciso que se tenha plena segurança de que isso melhorará o que o professor faria com o quadro e o giz, ou com uma simples aula expositiva. O computador deve gerar mais interesse pelas atividades, por parte dos alunos, assim como proporcionar mais interação. Deve facilitar o trabalho do professor, sem ferir a qualidade do ensino e, portanto, não pode ser usado com o simples intuito de mostrar que a escola está inserida no mundo da tecnologia.

Para que as práticas docentes multiletradas, mediadas pelo uso das tecnologias digitais da informação e comunicação, favoreçam aos multiletramentos, tanto dos educadores, quanto dos discentes, é necessário que o professor, no seu saber-fazer, use tais equipamentos tecnológicos com intencionalidade pedagógica, durante todo o processo que cerceia o ato de *ensinar* e o de *aprender* do estudante. Segundo o que expõe Matias (2016, p. 169):

É importante ressaltar que computadores são instrumentos. Por isso, assemelham-se a procedimentos metodológicos. Assim, se o professor não repensa os fundamentos que embasam sua prática, o uso do computador na sala de aula passará a exercer o papel antes exercido por outro instrumento, como o quadro e o giz. Em outras palavras, não é necessário apenas investir em tecnologias na escola. É preciso, acima de tudo, repensar metodologias e ter consciência dos benefícios do uso crítico, colaborativo e construtivo das TICs na escola. Afinal de contas, o produto do trabalho pedagógico é o conhecimento e é nele que se deve investir. Nele e em toda e qualquer prática que esteja a serviço de sua real aquisição e internalização.

Enfim, a escola, enquanto agência de letramentos, deve oportunizar todas as condições necessárias para que ocorra a articulação entre os diversificados saberes, com as diferentes ferramentas de interação, verbal e não-verbal, ressignificando as intencionalidades voltadas ao campo do processo educacional. A utilização de recursos digitais, ancorada nas práticas docentes multiletradas, possibilita novos modos de produção textual, escrito e oral, assim como diferenciadas formas de comunicação e de aprendizado entre os falantes, inaugurando, dessa forma, uma pedagogia voltada aos "[...] multiletramentos [...]" (Kalantzis; Cope; Pinheiro, 2020, p. 353).

O emprego, por si só, da tecnologia no espaço escolar, não garante o *ineditismo*, tampouco, "a aprendizagem[11] significativa [...]" (Freitas; Pinto; Ferronato, 2016, p. 87) que tanto se espera entre os sujeitos/aprendentes. É preciso que o educador se aproprie das funcionabilidades do equipamento e use-os de modo pedagógico, articulado e criativo, procurando, sempre, dialogar com as necessidades do seu público: os universitários. Na mesma esteira de entendimento, Vázquez (2007, p. 227-228) esclarece que:

O aparecimento de instrumentos mais aperfeiçoados modifica o tipo de relação entre o homem e a natureza e, nesse sentido, é um índice revelador do desenvolvimento de sua força de trabalho e de seu domínio sobre a natureza. O poder

---

[11] A teoria da aprendizagem significativa foi criada pelo psicólogo estadunidense David Ausubel (1918-2008). Conforme exposto por Freitas; Pinto e Ferronato (2016, p. 86), a teoria de Ausubel "[...] considerava que a aprendizagem precisa fazer sentido para o aluno e, para isso, o conhecimento e as novas informações devem interagir com conceitos já existentes na estrutura cognitiva". Para o estudioso, o ato de 'aprender significativamente' consistia na expansão e no aperfeiçoamento dos conhecimentos prévios do aluno e, a partir desse aprimoramento, o sujeito seria capaz de acessar e associar conteúdos novos. Todavia, segundo Ausubel, a aprendizagem significativa somente aconteceria por meio da observância de duas condições: a) o assunto ministrado precisa contemplar a um potencial revelador para o estudante e; b) o aprendiz necessita estar interessado em assimilar e ligar o conhecimento transmitido de modo compacto e não imposto.

> de mediação do instrumento estendeu-se e elevou-se com
> a introdução da máquina até chegar à automatização com
> a qual o homem fica separado radicalmente do objeto da
> produção. Mas quaisquer que sejam os instrumentos de que
> se valha para transformar a matéria conforme seus fins, é sem
> dúvida o homem quem os usa e fabrica; e é ele, em última
> instância, que, ao se fazer valer deles, atua sobre as matérias
> e as transforma de acordo com suas necessidades.

O uso dos suportes digitais reclama uma consciência crítico-reflexiva dos 'meios' e dos 'fins' objetivados no espaço formal de aprendizagem. Obviamente que isso implica na mudança de postura e de concepção do educador na exposição de conteúdos, e, no modo como pretende disseminar as informações em sala de aula. Contudo, se houver o entendimento desse profissional de que é possível empregar, didaticamente, os aparatos tecnológicos para o fomento de diferenciadas situações de ensino e de aprendizagem no ambiente escolar, tendo em vista o estímulo das práticas colaborativas e multimodais entre os educandos, certamente que o conhecimento decorrente dessa sincronização entre as *tecnologias digitais/ saber-fazer docente/práticas multiletradas,* será ressignificado e dimensionado para outras instâncias do *saber/aprender* e/ou *aprender/saber.*

2.1 Definição de tecnologias digitais

Estabelecer uma definição razoável que contemple as tecnologias digitais é tão relevante e necessário quanto compreender a mecânica de sua dimensão para o/no mundo civilizado, haja vista que "esta maneira de interpretar logicamente os engenhos e mecanismos, cibernéticos ou não, revela finalmente sua plena significação dialética ao unir a prática, a saber, a constituição material da máquina, as condições de funcionamento [...]" (Pinto, 2005, p. 120-121), ao plano existencial, tendo como princípio ativo o interesse humano em larga escala, seja na esfera nacional e/ou internacional.

Logo, não é difícil de perceber que o aprimoramento dos instrumentos de trabalho, seja no perímetro urbano ou no meio rural, está relacionado à capacidade inventiva do homem de criar artefatos/suportes/mecanismos que possibilitem a plena satisfação de suas necessidades sociopolíticas, econômicas e culturais. À medida em que as exigências se tornam mais complexas e ousadas por parte dos homens, outros equipamentos são projetados e passam a circular na sociedade, dado o momento histórico em que se encontram na linha do tempo. Ante o exposto, Pinto (2005, p. 120) explica que:

Não se tratando de objetos naturais, sua razão de ser não está nelas mesmas, mas em outro, aquele que as inventa e realiza, certamente concebendo-as previamente a título de finalidade que, quando se concretizar, virá satisfazer uma carência. A dialética define a máquina na perspectiva da gênese dela, no processo histórico da sociedade que estimula a criação do engenho porque suscita no pensamento do animal humano a concepção da possibilidade de utilizá-lo para resolver uma contradição com a natureza. Assim, nascendo para servir de solução de uma contradição humana, a máquina, e em forma mais simplificada os utensílios e ferramentas, vem carregada de uma contradição interna que se resolverá pela substituição por outra, mais perfeita, imaginada para superar as deficiências do tipo anterior. Esta é a raiz do caráter contraditório de todo maquinismo, a que frequentemente fazemos alusão, e se observa na descrição da história de um determinado ramo de sucessivos maquinismos votados à mesma atividade funcional. Ao surgir como recurso pelo qual o homem soluciona uma contradição com a natureza, a máquina recebe do agente humano, ao realizar as intenções dele, o caráter histórico, as determinações dialéticas pertencentes originalmente à ação do homem sobre o mundo.

Nesse diapasão, verifica-se no excerto acima que a necessidade de criação humana estaria condicionada a contradição desse sujeito com a origem constitutiva de todos os elementos naturais. Dessa maneira, como meio de superação das angústias históricas que impingem a toda forma de sofrimento, o homem busca, criativamente, obter o domínio absoluto sobre os seus inventos e, por conseguinte, minimizar os sentimentos adversos que fazem parte da sua própria condição existencial, posto que "o homem nada projeta senão para preencher uma exigência individual" (Pinto, 2005, p. 120). Impulsionado pelo desafio de triunfar sobre os seus *medos* e *receios*, ele se submete a "[...] cada vez mais à natureza, contudo sai sempre vencedor porque utiliza forças naturais mais poderosas, que descobre, a fim de vencer as resistências e dificuldades com que no momento se depara" (Pinto, 2005, p. 161). Através dessa ânsia por padrões e resultados, o sujeito visa a estabelecer, mediante a sua capacidade inventiva, a outras ferramentas que correspondam às suas reais expectativas. Porém, Pinto (2005, p. 161) esclarece que:

A solução vista por um lado, aquele em que habitualmente a consideramos, o lado em que a apreciamos a partir de nós mesmos, aparece como uma vitória e um triunfo da técnica, porque de fato por este ângulo a natureza se mostra vencida

> e o homem, vencedor. Mas, se observarmos pelo ponto de vista oposto, a natureza revela-se vencedora, porquanto a ação humana, ao destruir uma oposição, vencer um impedimento, tem de apelar para o aproveitamento de novos e maiores recursos naturais, seja na utilização de propriedades dos corpos, alguns até então desconhecidos, seja na obtenção de fontes de energia, até então insuficientes. Ao chamar em seu auxílio novos poderes que a natureza física ocultava no seu seio, o homem supera realmente o obstáculo momentâneo, realiza o projeto imediato, mas se torna efetivamente mais dependente da natureza em geral, numa salutar relação que dialeticamente se transmuta na contrária. Nesse movimento de descoberta e apropriação incessantes, o homem acrescenta novas substâncias, novas energias ao conjunto de elementos naturais, de que não poderá mais prescindir. Segundo este ângulo de visão, conquista maior domínio, à custa de se deixar cada vez mais dominar. Tal situação tem valor de uma lei de ferro e dela não se pode eximir, pois constitui a lei da sua evolução enquanto ser biológico que desafiou a natureza sem contar com outras armas senão as que ela própria lhe forneceu, mas encontrou os meios de produzir um novo tipo de força, capaz de transformar o mundo, o pensamento racional.

Trata-se de uma dominação temporária que conduz a civilização moderna ao otimismo demasiado, haja vista que "o engano apontado poderia ser chamado a crença na espontaneidade da máquina. Significa aceitá-la na materialidade imediata que exibe, sem levar em conta o pensamento nela incorporado" (Pinto, 2005, p. 73). Logo, não se pode querer controlar as especificidades de cada elemento pertencente ao meio ambiente. A lógica de criação da tecnologia deve encontrar guarida na conscientização das etapas de aprimoramento do objeto, e, nas substâncias derivadas desse aperfeiçoamento. Sendo uma contradição existente entre o *espírito humano* e a *técnica*, compete àquele compreender o sentido e direção do seu invento, sem perder de vista o aspecto temporal da criação.

É desse contexto de transmutação dos signos constitutivos da natureza com a realidade humana que surgem as *tecnologias digitais*, sendo esta, mais uma contradição que encampa o período industrial e pós-industrial. A complexidade das relações humanas exigiu outras interfaces comunicacionais que facilitassem a produção industrial, de modo mais célere e eficaz, no mercado de consumo. Em igual sintonia, Ribeiro (2017, p. 88) complementa que:

> A máquina desafia aquele que a utiliza, fazendo com que o homem se reveja, mude suas posturas e se eduque. Ao mesmo tempo, o homem percebe a necessidade de criar e de ampliar o instrumento, buscando novas formas de trabalho que aumentem sua capacidade e sua possibilidade de se desenvolver. A técnica permite ao homem postar-se diante de uma situação de maneira flexível, analisando situações, aproveitando de maneira criativa os casos fortuitos, conferindo sentido a mensagens ambíguas, formulando ideias novas.

Isso possibilitou com que a natureza inventiva do homem fosse mobilizada para pensar em outras alternativas que se sobressaíssem no plano material, o que culminou com a conversão das técnicas anteriores em artefatos diferenciados, capazes de romper com as barreiras físicas em um curto espaço de tempo. Esse progresso tecnológico desencadeou a outras formas de (re)pensar a incidência dos elementos naturais na criação de manufaturas e demais bens de consumo, haja vista que, no viés capitalista, "o trabalho humano tem de ser obrigatoriamente regulado para ser eficaz" (Pinto, 2005, p. 121). Dessa forma, "as máquinas são fabricadas para aliviar o trabalho humano, o que em larga margem conseguem, embora com frequência pela transferência de uma forma de trabalho a outra" (Pinto, 2005, p. 91).

Sendo assim, uma das formas eficientes de controle da produção manufatureira pelo/no setor industrial é a automatização de todo o sistema de produção através do emprego de máquinas de alta performance técnica. É por essa razão que "são criadas, portanto, intencionalmente para que o homem se submeta a elas, no sentido positivo [...]" (Pinto, 2005, p. 91-92) de concentração das forças produtivas e de um melhor (re)aproveitamento da matéria-prima utilizada. Essa sinergia impregnada na automação dos processos industriais e nos meios de produção favoreceu para que outras ferramentas fossem desenvolvidas para acelerar o crescimento tecnológico, sem que, com isso, fossem deixados de lado os avanços obtidos no passado.

Posteriormente, com "o desenvolvimento da infraestrutura técnica do ciberespaço abre a perspectiva de uma interconexão de todos os mundos virtuais" (Lévy, 2010, p. 148) e, dessa forma, outros experimentos passam a elevar a capacidade industrial à patamares significativos no planeta. Esse avanço não se restringiu, tão somente, ao aspecto mercantil, ou seja, a ocupação do espaço virtual representa, na atualidade, "[...] o principal laço de comunicação, de transações econômicas, de aprendizagem e de diversão das sociedades humanas" (Lévy, 2010, p. 148). Em sintonia com o ponto de vista de Lévy (2010), Kenski (2012, p. 33) assegura que:

> A convergência das tecnologias de informação e comunicação para a configuração de uma nova tecnologia, a digital, provocou mudanças radicais. Por meio das tecnologias digitais é possível representar e processar qualquer tipo de informação. Nos ambientes digitais reúnem-se a computação (a informática e suas aplicações), as comunicações (transmissão e recepção de dados, imagens, sons etc.) e os mais diversos tipos, formas e suportes em que estão disponíveis os conteúdos (livros, filmes, fotos, músicas e textos). É possível articular telefones celulares, computadores, televisores, satélites etc. e, por eles, fazer circular as mais diferenciadas formas de informação. Também é possível a comunicação em tempo real, ou seja, a comunicação simultânea, entre pessoas que estejam distantes, em outras cidades, em outros países ou mesmo viajando no espaço. Uma imensa e complexa rede de meios de comunicação, instalada em quase todos os países do mundo, interliga pessoas e organizações permanentemente. Um único e principal fenômeno tecnológico, a internet, possibilita a comunicação entre pessoas para os mais diferenciados fins: fazer negócios, trocar informações e experiências, aprender juntas, desenvolver pesquisas e projetos, namorar, jogar, conversar, enfim, viver novas vidas, que podem ser partilhadas em pequenos grupos ou comunidades, virtuais.

Portanto, o surgimento de *artefatos tecnológicos digitais* representa, de toda a sorte, o aprimoramento das técnicas anteriores, assim como a reestruturação dos meios de produção, com base no processamento de informações e comunicações que norteiam a dimensão do eletrônico. Logo, a velocidade e eficiência com que se dá a interconexão dos sujeitos no "[...] metamundo virtual [...]" (Lévy, 2010, p. 148), possibilitou a uma maior competitividade, dialogicidade e integração de múltiplos esforços, na oferta de produtos e serviços que fossem do interesse da sociedade global. Considerando todo o exposto, Bertoldo; Salto e Mill (2018, p. 617) aduzem que:

> O acrônimo TI (tecnologia da informação) e seu correlato mais atual TIC (tecnologias de informação e comunicação) – em inglês, IT (information technology) e ICT (information and communication technology), respectivamente – referem-se

às novas realidades tecnológicas e aos seus contextos de emergência, respectivamente, à revolução da informação e à revolução da comunicação.

Segundo o que expõem Bertoldo, Salto e Mill (2018), os acrônimos TI e TIC comportam a três (03) interpretações possíveis. Para os autores, TI cerceia uma definição mais ampla, caracterizada por um conjunto de tecnologias que envolve o alfabeto, o número, o dígito, a impressão, o telégrafo, o rádio, a televisão, o telefone e uma gama diversificada de aparatos, dispositivos, aplicativos e sistemas de organização, que oportunizam o armazenamento, a manipulação e a transmissão, analógica ou digital, de informações codificadas pelos mais variados métodos de controle desenvolvidos pelo homem. Já a TIC abarca a uma interpretação mais abrangente e complexa do que a TI. Para eles, a TIC, em uma perspectiva mais ampliada, envolve a integração de setores, como por exemplo, as telecomunicações e as mídias (audiovisuais e escritas), com o campo da tecnologia da informação e comunicação. Tais setores estariam vinculados, estruturalmente, pelas tecnologias digitais (interfaces, linguagens de programação, protocolos de comunicação, mediadores ou tradutores de informação, computadores), cuja conversão se daria em uma única via ou meio (sofisticadas arquiteturas de rede como a internet).

Dentro dessa concepção global do conceito das TIC, situa-se, ainda, o ciberespaço e, em especial, os múltiplos apetrechos, meios e computadores, assim como os serviços relacionados às tecnologias de informação e comunicação, como, por exemplo, as mensagens, a voz, o correio, a telefonia, o 'Short Message Service – (SMS)', o áudio, o vídeo, a webconferência, o hipertexto e a hipermídia, com interfaces integradas que contemplam o recebimento, o armazenamento, a manipulação e a transmissão de informações na modalidade digital. Contudo, Bertoldo; Salto e Mill (2018, p. 618) enfatizam que:

> [...] tanto a TI quanto as TIC são tecnologias cumulativas (por exemplo, o surgimento da escrita não eliminou a oralidade), que alteram significativamente a natureza do pensamento, a forma de se relacionar com a informação e construir conhecimento e que desequilibram e reorganizam as forças do mercado de produção e consumo da informação e do conhecimento. Ademais, a rigor, desde os primeiros usos, esses acrônimos TI e TIC já nascem como tecnologias digitais, ou seja, como tecnologias digitais de informação (TDIs) e tecnologias digitais de informação e comunicação (TDICs). No entanto, existem diversas aplicações mais alargadas desses acrônimos que não se limitam ao formato digital.

Por serem tecnologias que se associam entre si, as 'TI' e as 'TIC' contribuíram, indiscutivelmente, para potencializar as múltiplas linguagens que norteiam os 'novos' textos/discursos. Entretanto, Bertoldo; Salto e Mill (2018) advertem que tais acrônimos não se restringem à dimensão do virtual, razão pela qual podem ser aplicados em outras situações, dado o caso concreto. Com a chegada, na década de 1950, de uma *nova tecnologia* que prometia revolucionar o mundo dos negócios, surgiu outra interpretação possível para as TI. Segundo o entendimento dos estudiosos, o acrônimo TI poder-se-ia ser definido como sendo sinônimo de computador e/ou de redes de informação, isto é, semelhante a um conjunto de ações voltadas ao auxílio do homem, cujo intuito era o de apresentar soluções para os infindáveis problemas, através de aparatos e aplicativos, bancos de dados e redes que viabilizassem a manipulação, o acesso, a análise e o gerenciamento de vultosas quantidades de informações.

Naquela ocasião, acreditava-se que a TI poderia resolver aos diversos óbices decorrentes do crescimento desenfreado das grandes instituições, entre elas, do sistema de comunicação. Outra vertente que ilustrou a uma provável definição de TI, adveio dos estudos envolvendo os processos biológicos de reprodução e de seleção. Através dessa concepção, a evolução era compreendida como sendo, ora um aspecto biológico, ora um fenômeno computacional. Nessa perspectiva, a TI era definida "[...] como um novo paradigma [...]" (Bertoldo; Salto; Mill, 2018, p. 618), que tinha como meta a compreensão das formas de organização e de reprodução da vida. Nesse diapasão, Bertoldo; Salto e Mill (2018, p. 619-620) ainda esclarecem que a TIC seria:

> [...] por natureza informação e comunicação, surge da revolução da informação e da comunicação e refere-se amplamente aos novos e mais efetivos meios de produção e troca de conhecimento, de promoção da educação e da pesquisa, de organização e manejo de dados, informação e conhecimentos. O rápido e acelerado crescimento das TICs, desde o final do século XX, provocou profundas mudanças na sociedade. Algumas teorias procuram caracterizar essa sociedade que emerge como "sociedade da informação" e, também, como "sociedade pós-industrial" ou "sociedade do conhecimento". Entre os produtos tecnológicos concebidos pelo homem nessa sociedade, o computador (máquina de processar informação, por excelência) destaca-se na atualidade, assumindo papel fundamental em quase todos os setores da vida humana.

> Guardadas as devidas proporções, ele pode ser comparado em importância à revolução provocada pelos moinhos, pelos tipos móveis, pelos teares, pelas máquinas a vapor e, também, pela automação possibilitada pelo controle e pela utilização das energias eólica, hídrica, calorífica e, por analogia, informacional, a mais nova forma de energia estocável e disponível para os mais diferentes fins.

Cada invento marcou a realidade socioeconômica, histórica e cultural de cada comunidade humana, seja no passado ou no presente, e, isso, implicou, também, no estabelecimento de uma *nova* racionalidade técnica que, aos poucos, avançou e redefiniu os termos, expressões e comportamentos dos seres humanos. É por isso que "o conceito de novas tecnologias é variável e contextual. Em muitos casos, confunde-se com o conceito de inovação" (Kenski, 2012, p. 25).

Considerando a rapidez com que o crescimento tecnológico incute outras formas de *pensar* e de *agir* das pessoas, torna-se, praticamente, impossível e variável o estabelecimento de uma linha temporal que delimite o que *'é'* ou *'pode ser'* designado como *novo*, tendo por base os conhecimentos, apetrechos e dispositivos que surgiram na sociedade civil. E isso aconteceu porque "a técnica não virtualiza apenas os corpos e as ações, mas também as coisas. Antes que os seres humanos houvessem aprendido a entrechocar pedras de sílex acima de uma pequena acendalha, eles só conheciam o fogo presente ou ausente" (Lévy, 2011, p. 75), no entanto, depois da invenção e domínio das técnicas que envolvem a produção de chamas, o elemento *fogo* passou a ser concebido virtualmente.

Em que pese essa dificuldade no estabelecimento de um limite temporal que sirva de centro de gravidade para separar aquilo que é novo daquilo que não é, Kenski (2012, p. 25) pondera que "o critério para a identificação de novas tecnologias pode ser visto pela sua natureza técnica e pelas estratégias de apropriação e de uso" com que os homens se valem de tais equipamentos na realização das suas tarefas, diuturnamente. Ainda, Kenski (2012, p. 25) salienta que:

> Ao falarmos em novas tecnologias, na atualidade, estamos nos referindo, principalmente, aos processos e produtos relacionados com os conhecimentos provenientes da eletrônica, da microeletrônica e das telecomunicações. Essas tecnologias caracterizam-se por serem evolutivas, ou seja, estão em permanente transformação. Caracterizam-se também

> por terem uma base imaterial, ou seja, não são tecnologias materializadas em máquinas e equipamentos. Seu principal espaço de ação é virtual e sua principal matéria-prima é a informação. Pense com seria a sua vida – e a de qualquer pessoa – se não tivéssemos as tecnologias nos ajudando a realizar as nossas atividades diárias. Eu não poderia agora, por exemplo, estar me comunicando com você, contando essa longa história de relacionamentos bem-sucedidos entre os homens e as tecnologias.

Diante do posicionamento de Kenski (2012) e dos demais autores e, considerando o percurso até aqui realizado nesta seção, é perfeitamente factível vislumbrar a dois aspectos que se sobressaem no decorrer dos estudos que envolvem o uso da tecnologia e sua efetivação no seio da humanidade: o primeiro deles é que não se pode estabelecer um conceito integral e acabado de *tecnologias digitais*, e, o segundo, é que uma parcela considerável de teóricos, pesquisadores, estudiosos e cidadãos, confunde o termo *tecnologia* como sendo sinônimo de *artefatos/dispositivos/suportes* digitais.

As diferentes pistas encontradas e exploradas ao longo desta obra, em especial aquelas apresentadas nesta seção, auxiliam na identificação de um equívoco muito recorrente, cometido por um grupo expressivo de pessoas, ao tentarem traçar, delimitar e esquadrinhar uma definição que contemple as tecnologias digitais da informação e comunicação. Acontece que muitas pessoas, entre elas, alguns experts e teóricos do assunto, acabam situando no mesmo patamar semântico os termos 'tecnologia(s)' e 'tecnologias digitais da informação e comunicação', como se representassem a mesma coisa. Então, na busca desenfreada por explicações que alimentem o *espírito* desprovido do senso investigativo, o homem, na sua fragilidade cognitiva, e, principalmente, na sua pressa que não leva à lugar algum, ao aceitar as conjecturas destoantes e significações imprecisas, desabrigadas de validade científica, deixa-se alienar pelo comodismo de outras 'vozes' que apenas ecoam sem rumo ou direção. É um 'ouvir' sem sentido, isto é, uma dislexia do agir intelectual que se contempla pela inexatidão do raciocínio daquele que 'fala' e que 'pensa'. Agindo dessa forma, aventura-se no fértil terreno do ócio e se engana, vindo a confundir a tantos outros com a sua interpretação enganosa. Ora, conforme explica Kenski (2012, p. 23):

> O conceito de tecnologias engloba a totalidade de coisas que a engenhosidade do cérebro humano conseguiu criar em todas as épocas, suas formas de uso, suas aplicações. Mais adiante, vou me dedicar a conceituar tecnologia. Neste

> momento, quero apenas mostrar que existem muitas tecnologias ao nosso redor que não são máquinas. Os exemplos mais próximos são as próteses – óculos e dentaduras – e os medicamentos. Fruto de descobertas para as quais contribuem os estudos de muitos cientistas das mais diversas áreas, são tecnologias que ajudam a espécie humana a viver mais e melhor. Da mesma forma, existem outras tecnologias que não estão ligadas diretamente a equipamentos e que são muito utilizadas pela raça humana desde o início da civilização. A linguagem, por exemplo, é um tipo específico de tecnologia que não necessariamente se apresenta através de máquinas e equipamentos. A linguagem é uma construção criada pela inteligência humana para possibilitar a comunicação entre os membros de determinado grupo social. Estruturada pelo uso, por inúmeras gerações, e transformada pelas múltiplas interações entre grupos diferentes, a linguagem deu origem a diferentes idiomas existentes e que são característicos da identidade de um determinado povo, de uma cultura.

Segundo o entendimento de Kenski (2012), o gênero *tecnologia* não se confunde com a espécie *tecnologia digital*, sendo esta, portanto, uma visão progressista, decorrente da primeira que é muito mais abrangente e complexa. Portanto, a palavra *tecnologia* não é sinônimo de 'digital', 'virtual', 'artefato', 'mídias digitais', 'cibercultura', 'ciberespaço' ou 'metamundo'. Afim de lançar luzes sobre o assunto em deslinde, Lévy (2010, p. 115) menciona que:

> O desenvolvimento do digital é, portanto, sistematizante e universalizante não apenas em si mesmo, mas também, em segundo plano, a serviço de outros fenômenos tecnossociais que tendem à integração mundial: finanças, comércio, pesquisa científica, mídias, transportes, produção industrial etc. Por outro lado, o significado último da rede ou o valor contido na cibercultura é precisamente a universalidade. Essa mídia tende à interconexão geral das informações, das máquinas e dos homens.

Nota-se no enunciado acima que o formato *digital* tem por objetivo facilitar a conexão de pessoas, em diferentes partes do mundo. A tecnologia é transformada em texto/som/imagem e, posteriormente, transportada para o ambiente virtual, ocasião em que é direcionada, convertida e acessada em mídias digitais e demais suportes sofisticados que mantém com ela um elo/interface de transposição de códigos, logaritmos e signos. Entretanto, Kenski (2012, p. 21) explana que:

> A evolução tecnológica não se restringe a penas aos novos usos de determinados equipamentos e produtos. Ela altera comportamentos. A ampliação e a banalização do uso de determinada tecnologia impõem-se à cultura existente e transformam não apenas o comportamento individual, mas o de todo o grupo social. A descoberta da roda, por exemplo, transformou radicalmente as formas de deslocamento, redefiniu a produção, a comercialização e a estocagem de produtos e deu origem a inúmeras outras descobertas.

O crescimento da ciência não se limita, apenas, ao invento de requintados *artefatos digitais*, mas, também, inaugura a *cultura do virtual* e impõe a redefinição do comportamento do indivíduo, enquanto ser singular, com ênfase ao coletivo. Da mesma forma, tais equipamentos favorecem a interação e a conexão dos usuários da rede com outras pessoas e lugares, o que motiva a sociabilidade de informações, expertises, produtos e serviços entre os envolvidos. Em consonância ao exposto, Kenski (2012, p. 28) sustenta que:

> O avanço tecnológico das últimas décadas garantiu novas formas de uso das TICs para a produção e propagação de informações, a interação e a comunicação em tempo real, ou seja, no momento em que o fato acontece. Surgiram, então, as novas tecnologias de informação e comunicação, as NTICs. Nessa categoria é possível ainda considerar a televisão e, mais recentemente, as redes digitais, a internet. Com a banalização do uso dessas tecnologias, o adjetivo "novas" vai sendo esquecido e todas são chamadas de TICs, independentemente de suas características. Cada uma, no entanto, tem suas especificidades.

Dessa forma, a (r)evolução "[...] da comunicação eletrônica e dos sistemas de informação propicia uma crescente dissociação entre a proximidade espacial e o desempenho das funções rotineiras: trabalho, compras, entretenimento, assistência à saúde, educação, serviços públicos [...]" (Castells, 2020, p. 479), entre outros. Não é à toa que, cada vez mais, determinadas tecnologias se tornam mais comuns entre as pessoas. Um bom exemplo disso é a televisão e o computador. Não obstante, Santos (2017, p. 152) chama a atenção para o seguinte:

> O computador é parte do cotidiano das pessoas. Está presente na farmácia, no supermercado, na padaria da esquina, nas escolas, e, até em lares carentes, ele já força entrada como de imprescindível domínio, se se quiser uma colocação rápida

> no mercado de trabalho. O que temos o privilégio de presenciar não é o surgimento de uma máquina de escrever sofisticada, mas sim, de uma tecnologia que vem instaurando novas formas de comunicação e o aperfeiçoamento das já existentes. Entre as novas formas de comunicação, podemos citar as várias formas de interação *on-line*, tais como listas de discussão, cursos *on-line*, e-conferências, *e-mail* e *chat* [...].

A interface digital foi elaborada para facilitar a vida do homem em suas necessidades diárias, sendo, portanto, uma maneira de fazer chegar até ao usuário da rede, toda e qualquer espécie de informação, produto e/ou serviço pretendido. E o meio pensado para o translado e propagação dessas informações, produtos e serviços é o *artefato eletrônico*, também conhecido pelo senso comum de *tecnologias digitais da informação e comunicação*. Ademais, tais dispositivos digitais originaram-se do poder inventivo e da capacidade criativa do ser humano de modificar a natureza das substâncias e adequá-las ao seu viver. Na mesma esteira de raciocínio, Pinto (2005, p. 472) assevera o seguinte:

> A concepção que supõe a evolução do "espírito" à parte do desenvolvimento de suas operações no mundo objetivo e da prática social define um artefato filosófico pertencente a teorias idealistas, de grande voga num passado ainda recente, mas exemplos típicos de pura especulação imaginativa. Na prática da ação produtiva é que o "espírito" se vai constituindo em operações racionais subjetivas que refletem a lógica objetiva das transformações do mundo, abrangendo um número sempre maior de aspectos da realidade, armazenando-os sob forma de ideias que contêm a relação com as antecedentes e com as circunstâncias que as condicionam. Por isso servem para construir uma imagem geral da realidade onde será possível discernir ou inventar novas maneiras de agir, que se trasladarão para o plano prático sob o aspecto de técnicas ou instrumentos de fabricação de bens materiais.

Com "a mudança das formas de trabalho, porque nelas se incluem as tecnologias, pertence à faixa cultural da realidade social, mas em virtude da ação recíproca entre elas, forma e essência atuam igualmente como fatores preparatórios da futura substituição da essência" (Pinto, 2005, p. 422), o que propícia com que outros instrumentos sejam criados para a satisfação dos interesses humanos, posto que a natureza constitutiva de cada elemento, mantém com o seu criador, uma relação dialética de contradição. Trata-se de forças atuantes e contrárias que incidem sobre um mesmo objeto de desejo.

Assim, o homem tenta vencer a resistência de composição da *matéria* que, aos poucos, vai cedendo e se ressignificando no mundo factual. Ao impingir a sua ação/método sobre a matéria-prima, o homem também modifica a essência daquele insumo. Não se trata de um mero deslocamento de forças atuantes sobre o objeto, mas, sim, de uma transformação do produto natural, do substrato, em algo útil, que agregue valor para a comunidade humana. Em igual sentido, Vázquez (2007, p. 225) explica que:

> Como toda atividade propriamente humana, a atividade prática que se manifesta no trabalho humano, na criação artística ou na práxis revolucionária é uma atividade adequada a fins, cujo cumprimento exige – como mostramos – certa atividade cognoscitiva. Mas o que caracteriza a atividade prática radica no caráter real, objetivo, da matéria-prima sobre o qual se atua, dos meios ou instrumentos com que se exerce a ação e de seu resultado ou produto. Na atividade prática, o sujeito age sobre uma matéria que existe independentemente de sua consciência, e das diferentes operações ou manipulações exigidas para sua transformação. A transformação dessa matéria – sobretudo no trabalho humano – exige uma série de atos físicos, corpóreos, sem os quais não se poderia levar a cabo a alteração ou destruição de certas propriedades.

Ao penetrar nas camadas que compõem a matéria, o homem, através do uso de distintas técnicas, altera a propriedade original do objeto e modifica-o, tendo em vista as potencialidades do referido invento e a sua destinação funcional no plano físico. Acompanhando o entendimento de Vázquez (2007), Lévy (2010, p. 190) expõe que:

> A técnica, mesmo a mais moderna, é toda constituída de bricolagem, reutilização e desvio. Não é possível utilizar sem interpretar, metamorfosear. O ser de uma proposição, de uma imagem, ou de um dispositivo material só pode ser determinado pelo uso que dele fazemos, pela interpretação dada a ele pelos que entram em contato com ele. E os turbulentos operadores da história das técnicas não param de interpretar e de desviar tudo aquilo de que tomam posse para fins diversos, imprevisíveis, passando sem cessar de um registro a outro. Esta mobilidade é ainda mais evidente para a técnica contemporânea do que para a das sociedades de evolução lenta, ainda que o menor dos objetos técnicos já seja algo arrancado do domínio natural, ou do uso precedente, para ser reinterpretado, torcido em outro uso.

> Nenhuma técnica tem uma significação intrínseca, um "ser" estável, mas apenas o sentido que é dado a ela sucessiva e simultaneamente por múltiplas coalizões sociais. Talvez houvesse uma "essência da técnica", mas esta se confundiria com uma capacidade superior de captar, de desviar, de interpretar aquilo que está no núcleo da antropogênese. Não são, portanto, a objetivação, a conexão mecânica entre a causa e o efeito, ou o desdobramento cego de um "sistema técnico" pretensamente inumano que melhor qualificam a técnica, mas sim a formigante atividade hermenêutica de inúmeros coletivos.

Além do mais, é preciso compreender que todo e qualquer invento traz consigo uma racionalidade material e objetiva, impregnada de sentidos, meios e modos de utilização, nas diversas áreas do conhecimento, haja vista que "o homem nada projeta senão para preencher uma exigência individual" (Pinto, 2005, p. 120) que aflige o seu ser. Assim, conforme se verifica nas palavras do autor, os *suportes tecnológicos* criados e/ou aperfeiçoados pelo homem, são destinados a um fim específico e se justificam na medida em que proporcionam os resultados esperados a curto, médio e longo prazo. De sorte que a evolução da técnica representa, portanto, uma sofisticação racional/cultural/ética do sujeito com o meio social em que se encontra e se estabelece, enquanto ser pensante. Assim sendo, Pinto (2005, p. 423-424) alude que:

> As transformações que atualmente lhe modificam a natureza são as de ordem cultural, tendo por base as mudanças no regime de produção dos bens, são aquelas que concebe primeiramente em caráter de finalidades, às quais depois condiciona sua ação efetiva. A significação do trabalho conserva-se sempre a mesma e consiste na resolução de uma contradição vital, mas o modo graças ao qual se realiza varia com a espantosa escala de sucessão e aperfeiçoamento das técnicas por nós conhecidas. Se o primitivo resolvia a contradição com o meio, configurada na necessidade de capturar alimentos e obter condições de conforto, pelo emprego de um instrumento de sílex, e se hoje resolvemos a mesma contradição com o auxílio de dispositivos cibernéticos e entregamos a direção de nossa produção a máquinas computadoras, nada mudou essencialmente quanto ao fato de haver em todos esses casos trabalho humano. O que distingue é ter o homem evoluído no processo cultural, passando da etapa na qual sua máxima criação intelectual resumia-se no machado de pedra para a

> atual, em que viaja ao espaço cósmico, sintetiza alimentos e entrega a maquinismos controladores a direção dos engenhos produtivos. Em qualquer dos casos a essência humana está representada pela exigência de trabalhar. Significando o crescente, e hoje vertiginoso, incremento do trabalho o constante aumento da racionalidade na representação da realidade material no cérebro do homem, compreende-se o ridículo de falar de "decadência da razão", de "perda da racionalidade", justamente agora quando a vemos adquirir um ritmo nunca antes observado, tão vigoroso impulso. Nunca o homem será mais racional do que quando estiver cercado de máquinas efetivamente a seu serviço, desde que, por uma aberração do sistema de convivência social, não seja ele quem esteja subordinado a elas.

A automação do maquinário, por exemplo, é o reflexo da racionalidade humana que, articuladamente às necessidades sociais, movimentou-se em cada época e procurou esculpir na matéria-prima, uma forma, um sentido e uma razão de ser, tendo em vista uma efetividade própria e inerente aos meios de produção. Ao se debruçar nas diferentes etapas que marcaram as civilizações — do passado e do presente — percebe-se que o domínio de técnicas e de habilidades sempre esteve relacionado às condições de existência dos seres humanos e na cultura comportamental de suas gerações. Prova disso é o trânsito do homem pela história, deslocando-se da 'Idade da Pedra' para a 'Idade do Ferro', 'Bronze' e, assim, sucessivamente, até chegar na Era da "[...] tecnologia da informação [...]" (Castells, 2020, p. 95) e, por conseguinte, no emprego das TDIC nas instituições educacionais.

Entretanto, nunca é demais lembrar que o uso de equipamentos digitais, nos estabelecimentos escolares, prescinde do efetivo acompanhamento do docente e de uma finalidade didática que (re)oriente os estudantes no percurso de aprendizagem. Nesse diapasão, Ribeiro (2017, p. 94) chama a atenção para o seguinte:

> A máquina precisa do pensamento humano para se tornar ferramenta auxiliar no processo de aprendizado. É necessário integrá-la às mais diversas atividades, pois ela pode ser entendida enquanto instrumento de expansão do pensamento. Que sirva para envolver os estudantes em projetos práticos, desafiadores e que estimulam o raciocínio humano. Hoje, o papel da escola é ensinar a pensar, preparando o aluno para lidar com situações novas, problematizando, discutindo e tomando decisões. Sobretudo, cabe à educação resgatar o

> homem de sua pequenez, ampliando os horizontes, buscando outras opções, tornando as pessoas mais sensíveis e comunicativas. Ao se pensar o processo pedagógico mediado pela tecnologia, não se pode esquecer que a centralidade da ação deve estar nos sujeitos, e não na técnica. Esse é um fato de ordem primitiva; é preciso ver primeiro as potencialidades do indivíduo; a máquina é apenas um instrumento. Deve-se preocupar com a emancipação do sujeito, favorecendo o desabrochar de seu potencial. A tecnologia só tem validade se for subordinada ao homem. É preciso um olhar para além da técnica, verificando-se o sujeito com seus problemas; e, diante disso, reconhecer a tecnologia enquanto saber importante e que está a serviço do homem para o atendimento de suas necessidades.

Sendo assim, o emprego das TDIC, no meio acadêmico, deve levar em consideração a dois aspectos relevantes para a obtenção do sucesso que se espera em sala de aula e fora dela: a) desencadear, no universitário, uma maior autonomia e criatividade na realização de exercícios e; b) explorar as potencialidades desse estudante ao longo da sua jornada formativa. É por isso que a 'máquina', enquanto 'artefato de auxílio' do homem, não pode ser caracterizada como sendo superior ao seu criador. Ela é necessária e fundamental para a elevação do desempenho acadêmico, contudo, ainda assim, é imprescindível a atuação do ser humano/docente na instrumentalização dos mecanismos que compõem tais *suportes digitais*, e, no acompanhamento desse estudante ao longo da sua jornada formativa.

Por mais sofisticada e evoluída que ela (a máquina) seja, o homem sempre estará no centro das intervenções, não porque seja dotado de estado de ânimo e/ou de sentimentos, mas, porque, ele entra em contradição com a sua própria natureza, e, isso, lhe motiva a criar outros instrumentos que visam a superar as suas angústias, preocupações e expectativas. É por isso que "a construção de saberes exige uma intencionalidade pedagógica que deve nortear as ações promovidas pelo professorado em sala de aula. Suas práticas podem mobilizar uma gama maior de habilidades e competências nos alunos [...]" (Frandaloso; Leite, 2022, p. 850). Na mesma direção, Pinto (2005, p. 428-429) explica que:

> A crença em que as máquinas cibernéticas superaram o homem e o dispensam, com isso perdendo o caráter de mediações culturais, resulta primeiramente da impressão visual da emergência automática dos resultados de seu funcionamento, e secunda-

> riamente da consagração que receberam ao serem carregadas pela mecânica e pela termodinâmica, enquanto termo técnico, de um sentido inteiramente alheio ao significado filosófico aqui discutido, sem, contudo, em nada contrariá-lo. Nas ferramentas simples e nas máquinas elementares a conjunção delas com o trabalho faz ver a clara distinção entre o agente e o instrumento. Com a progressiva complicação das máquinas, porém, a presença do agente manejante ou controlador foi se tornando menos conspícua, menos próxima e aparentemente menos necessária, até por fim desaparecer do campo de visão imediata nos computadores, aparelhos de registro, controle e outros engenhos cibernéticos. Mas o processo não muda de essência, pois o homem está sempre presente, coloca-se no centro dele, não porque, conforme se ouve dizer, só ele tenha vida psíquica, esteja sujeito a estados de ânimo, entre outros o de furor, que vários cibernéticos também descobrem nos computadores nas chamadas "crises emocionais" que simplesmente dizem observar, mas pela simples razão de o homem entrar em contradições com a natureza, devendo resolvê-las pelo melhor meio que conseguir inventar.

Em se tratando do campo da educação, observa-se que "as tecnologias da informação e do conhecimento devem proporcionar a comunicação entre os homens, criadores e beneficiários do progresso tecnológico, acreditando-se na possibilidade de interagir com a realidade, procurando entendê-la" (Ribeiro, 2017, p. 95), haja vista que a intencionalidade de seu uso, na esfera universitária, está relacionada aos efeitos dela decorrentes aos seus usuários.

Isso ocorre porque "o homem, criador das máquinas e das técnicas, nada faz senão valer-se das propriedades dos corpos e das forças naturais para construí-las. Se não o fizesse corporificando nelas essas propriedades e forças, jamais passariam do plano da fantasia [...]" (Pinto, 2005, p. 430). Ao valer-se das propriedades inerentes e dispostas nos artefatos tecnológicos, o profissional da educação, ao fazer a (re)leitura das funcionabilidades que norteiam tais equipamentos, deve adequá-los aos princípios que regem o seu modo de apresentação de informações/conteúdos/saberes perante os sujeitos/aprendentes, no ambiente acadêmico. Ressalta-se que essa sincronização de esforços e ajustes se dará com a prática, gradualmente, no dia a dia. Portanto, segundo o entendimento de Simon (2013, p. 71):

> O que deve ser enfatizado a respeito de uma determinada tecnologia cultural, o que lhe dá uma especificidade particular, é seu status como um aparato de semiose. Em outras palavras,

> uma tecnologia cultural tenta colocar em efeito um processo organizado e regulado de produção de significados. Como um "aparato", trata-se de um dispositivo produtivo ao mesmo tempo material e abstrato. É material em sua corporificação concreta de formas particulares de distribuição e exibição de inscrições simbólicas que podem assumir a forma de informações, questões e/ou instruções visuais e textuais. É abstrato em sua especificação de um conjunto de práticas de significação que – através da linguagem, da imagem, do gesto e da ação – tentam estruturar e governar o enquadramento daquilo que pode ser conhecido. Estou enfatizando particularmente aqui o fato de que as tecnologias culturais tentam organizar e regular a produção do significado. Esta ênfase na intenção e não no efeito é deliberada. Enquanto empregadas como um esforço para constituir o trabalho da semiose, as tecnologias culturais não podem inscrever ou garantir o significado.

Independentemente das denominações atribuídas às 'tecnologias digitais da informação e comunicação', se 'artefato digital', 'suporte midiático', 'equipamento tecnológico' ou "[...] tecnologias culturais [...]" (Simon, 2013, p. 70), tais expressões não se confundem com o significado e com a amplitude do vocábulo 'tecnologia(s)', já explicitado ao longo deste estudo. Nas palavras de Simon (2013), o 'aparato eletrônico' seria, apenas, um meio de (re)produção de multissemioses e de facilitação da aprendizagem, tendo na figura humana, a sua identidade pedagógica e, por conseguinte, a sua lógica de existência e funcionamento. Em igual sintonia com o posicionamento de Simon (2013), Ribeiro (2017, p. 96-97) arremata dizendo que:

> Assim, tem-se na tecnologia, não só quando a serviço da educação, a possibilidade de fazer as pessoas dialogarem e interagirem, numa vivência de comunicação, vendo no próximo alguém que tem algo a dizer. A serviço da educação, as novas tecnologias devem servir como mediação pedagógica a partir de um projeto educativo, num diálogo efetivo com a realidade. É preciso, pois, promover canais de comunicação, potencializando a capacidade de leitura e escrita do aluno, socializando sua produção, avaliando os usos. É chegada a hora de o ser humano exercer as características que o distinguem como ser racional, emocional e sensitivo, considerando seu posto de privilégio no mundo. Suas descobertas cada vez mais fantásticas, assombrosas e aceleradas permitem-lhe estender seu poder sobre o meio ambiente que

> o rodeia. Contudo, ressalta-se que essas descobertas só têm sentido se usadas para interagir, dando significado e qualidade social à relação com o próximo. O homem é autor de toda a parafernália tecnológica; ela é sua criatura; portanto, cabe somente ao homem assumir a responsabilidade de seu futuro e de suas obras.

Logo, "as criações de novos modos de representação e de manipulação da informação marcam etapas importantes na aventura intelectual humana" (Lévy, 2010, p. 162), posto que "a nova lógica das redes interfere nos modos de pensar, sentir, agir, de se relacionar socialmente e adquirir conhecimentos. Cria uma nova cultura e um novo modelo de sociedade" (Kenski, 2012, p. 40). Entretanto, Pinto (2005, p. 365) enfatiza que:

> Sem a compreensão dialética do processo da racionalidade, o desenvolvimento da tecnologia fica entregue a si mesmo, plana solto no espaço, sem história e sem raízes, e por isso sem razão suficiente. A razão suficiente da técnica encontra-se no comportamento humano de desvendamento das propriedades do mundo, atitude existencial que, configurada por abstração numa entidade psicológica, recebe o nome de "razão", mas na verdade constitui-se pela práxis vital, e, portanto, social, dessa mesma técnica, em suas manifestações pregressas. A razão é o que a razão fez. Mas não sendo um ente anímico, imaterial, exige um sujeito que a tenha realizado, e este é o homem, e um modo pelo qual foi constituída, e este é a técnica. Desmorona assim a concepção vulgar da tecnologia, mesmo aquela que a ligasse, sem a correta percepção lógica, à prática corrente de atos úteis.

A lógica de implementação das tecnologias digitais, nos estabelecimentos de ensino, reside na *harmonização* e *sincronização* do ambiente de interação estabelecido entre os usuários/consumidores da rede virtual, assim como no aprimoramento dos letramentos digitais dos universitários, de modo geral. Com relação aos letramentos digitais, Galindo (2019, p. 59) faz a seguinte ressalva:

> [...] se há um letramento no contexto social especificamente relacionado à escrita e à leitura em seus diversos modos de apresentação da linguagem (multimodalidade), há também um certo letramento digital no contexto social das novas tecnologias. Destacam-se, contudo, aqueles que apresentarem melhor desempenho no uso das tecnologias numa sociedade de cibercultura como a atual.

Sendo assim, Galindo (2019, p. 59) complementa que:

> Dessa forma, o letramento digital requer domínio de leitura e escrita não somente de textos escritos, mas envolve outras modalidades da língua como áudio, vídeo, imagens, cinestesia (movimento das mãos, por exemplo, para digitar teclado, usar o mouse, mudar uma página, abrir um arquivo etc.). Logo, essa variação de modos em que a linguagem se apresenta, constitui-se a multimodalidade. O letramento digital, dessa maneira, conjuga-se a uma consciência multimodal para dar significados a cores, formas, tamanhos não somente dos textos, mas de todos os elementos imagético-visuais que permeiam as telas dos computadores.

Conforme se verifica no excerto acima, o letramento digital envolve a múltiplas linguagens que devem ser apropriadas pelo acadêmico no momento em que for elaborar/ler/interpretar os signos insertos nas produções textuais, verbais e não-verbais. Não se trata de mera assimilação de *controles, telas* e *teclados*, mas, de uma adequada intelecção/entrosamento entre o funcionamento dos dispositivos móveis digitais e a sua interface voltada ao ato de aprender, haja vista os princípios e valores éticos que norteiam a aprendizagem nos estabelecimentos de ensino. Refletindo amplamente sobre o assunto, Gomes (2016, p. 153) frisa que:

> Cada vez mais, o acesso e o domínio das TICs constituem uma condição do desenvolvimento pessoal e profissional do cidadão, e já se pode constatar o distanciamento entre os que conhecem e os que desconhecem a linguagem digital. Considerando a relação sujeito-meio durante o processo de aprendizagem em ambiente digital, observa-se que o uso da mídia digital pode promover saltos qualitativos no desenvolvimento do pensamento humano, que em inúmeras situações exige o emprego de raciocínio abstrato e inferências lógicas de maneira mais rápida e eficaz do que outros ambientes de aprendizagem.

É justamente por esse motivo que "a escola não pode ficar à margem das tecnologias, e esse despertar para o uso crítico e construtivo das TICs deve ocorrer [...]" (Gomes, 2016, p. 152), inclusive, nos bancos universitários. Ora, "a aceleração da mudança, a virtualização, a universalização sem fechamento são tendências de fundo, muito provavelmente irreversíveis, que devemos integrar a todos os nossos raciocínios e todas as nossas decisões" (Lévy, 2010, p. 206), mesmo porque, conforme pontua Kenski (2012, p. 126):

> A característica dessa nova forma de ensinar é a ampliação de possibilidades de aprendizagem e o envolvimento de todos os que participam do ato de ensinar. A prática de ensino envolvida torna-se uma ação dinâmica e mista. Mesclam-se nas redes informáticas – na própria situação de produção/aquisição de conhecimentos – autores e leitores, professores e alunos. A formação de "comunidades de aprendizagem", em que se desenvolvem os princípios do ensino colaborativo, em equipe, é um dos principais pontos de alteração na dinâmica da escola.

A escola de hoje reclama a mudanças estruturais, conceituais e tecnológicas. Ela precisa estar consciente do seu compromisso social, enquanto agência de letramentos, com vista à melhor 'ensinar', 'orientar' e 'direcionar' aos seus frequentadores — os educandos —, não somente para o enfrentamento do mercado de trabalho e/ou para o exercício da cidadania, mas, também, para lidar com os percalços da vida, nas mais variadas superfícies e áreas do viver. Quando se fala em fazer uso de artefatos eletrônicos nas bancadas acadêmicas, não significa dizer que os espaços de aprendizagem devem estar adornados com equipamentos ultramodernos, de última geração. A ideia não é tornar o homem, prisioneiro da técnica, mas, fazê-lo agenciador de *outros caminhos*, a partir do uso, consciente e didático, de aparatos virtuais, durante a sua jornada de formação acadêmica e humana. Nesse ínterim, Pinto (2005, p. 223-224) pondera que:

> O domínio teórico da técnica pelo homem liberta-o da servidão prática à técnica, que vem sendo, crescentemente, o modo atual de vida pelo qual é definido e reconhecido. Com o desenvolvimento de técnicas cada vez mais complexas, e, portanto, exigindo o relacionamento da consciência com um amplo círculo da realidade, nos dados materiais e também na trama do processo social, a atitude cognoscitiva do técnico que, por ora compõe na melhor das eventualidades toscos ensaios de teorização, na quase totalidade ingênuos, conforme não podia deixar de ser, irá se transformando qualitativamente. Por força da alteração do caráter das relações estabelecidas com o mundo, esclarece-se e assume posições críticas. Por sua vez, a consciência do pensador será forçada a desprender-se das abstrações idealistas em que tradicionalmente se formou e a moldar-se aos suportes objetivos, refletindo-os com a simultânea percepção desse reflexo, ou seja, irá se convertendo em autoconsciência. Ora, os suportes, no mundo de hoje, são o sedimento de técnicas

> e objetos artificiais que recobrem a superfície da realidade
> física e social com que o homem tem contato. Deste modo,
> o pensamento, ao tentar elaborar a compreensão do mundo,
> tem de fazê-lo entendendo por "mundo" cada vez mais o
> conjunto de objetos artificiais, filhos da técnica, que lhe estão
> ao alcance da mão e, por essa via, da reflexão. Não são mais
> a pedra, ou os astros que cintilam no firmamento em sua
> presença bruta de coisas naturais, nem mesmo os outros seres
> vivos, inclusive os semelhantes, mas os aparelhos fabricados
> tecnicamente que suscitam a admiração e abrem o caminho
> para as reflexões gerais destinadas a explicar ao homem a
> realidade de si mesmo.

Portanto, nas palavras de Pinto (2005), os fenômenos naturais são substituídos pelos métodos de criação do homem. O ser humano passa a ser o elemento articulador/agenciador da técnica e procura utilizá-la para o seu aprimoramento pessoal/profissional, considerando, evidentemente, uma consciência lógica e racional daquele objeto. Em outras palavras, Kenski (2012, p. 33) aduz que:

> A linguagem digital, expressa em múltiplas TICs, impõe
> radicais nas formas de acesso à informação, à cultura e ao
> entretenimento. O poder da linguagem digital, baseado no
> acesso a computadores e todos os seus periféricos, à internet,
> aos jogos eletrônicos etc., com todas as possibilidades de
> convergência e sinergia entre as mais variadas aplicações
> dessas mídias, influencia cada vez mais a constituição de
> conhecimentos, valores e atitudes. Cria uma nova cultura e
> uma outra realidade informacional.

A esse despeito, nota-se que a mudança tão esperada na educação, tendo em vista o uso das tecnologias digitais na seara universitária, deverá contemplar, igualmente, o local onde tais aprendizados serão (re)produzidos, concentrados e, consequentemente, disseminados, afinal de contas, "[...] os gêneros digitais não devem passar por despercebidos em espaços de aprendizagem, principalmente da língua materna. A escola também é um espaço que deva favorecer o contato com as ferramentas tecnológicas para que os alunos possam adquirir [...]" (Galindo, 2019, p. 58) a outros conhecimentos relevantes, tanto para a vida escolar, quanto para a convivência na esfera social. A sala de aula, tradicional, apagada, impregnada do discurso deôntico do dever-ser, precisa sair de cena para que seja inaugurado um ambiente tecnológico, inspirador, que desperte no estudante o interesse de querer estar naquele lugar, não somente para *aprender*, mas, também, para *ensinar*, compartilhar ideias, críticas, sugestões e aprendizados com os demais sujeitos/aprendizes.

Conforme acentua Galindo (2019, p. 58), "as práticas pedagógicas que incluam as Tecnologias Digitais da Informação e Comunicação (TDIC) permitem não somente uma atualização pedagógica na práxis docente quanto constitui formas de letramentos utilizando as novas tecnologias e seus recursos". Nesse viés, "[...] ao explorar as múltiplas linguagens, o aluno tem a oportunidade não só de reconhecer os diversos modos de que a sociedade se utiliza para representar o mundo, mas a oportunidade de reconhecer-se como parte integrante desse mundo [...]" (Santos; Cruz, 2019, p. 76), sendo capaz de analisar, com coerência e criticidade, os fatos e demais acontecimentos que permeiam a sua vivência.

Portanto, é chegada a hora de *abrir a caixa preta* da educação e rediscutir a função social do espaço escolar e dos seus métodos, tendo em vista o pleno desenvolvimento social dos sujeitos/aprendizes.

3

LETRAMENTO, LETRAMENTO(S) E MULTILETRAMENTOS: ASPECTOS HISTÓRICOS E CONCEITUAIS

Falar de letramento(s) requer um mergulho na história, nas origens da própria escrita e da leitura, em diferentes épocas e momentos da humanidade. A codificação e decodificação de signos ensejou a inúmeros avanços sociais, políticos e culturais ao homem, de modo geral. Ressalta-se que tais operações envolvendo a compreensão da escrita e da leitura, bem como da composição do texto/discurso foi e, continua sendo, imprescindível para o desenvolvimento das comunidades humanas.

Observa-se, contudo, que o caminho que conduz o sujeito/aprendente às práticas letradas se encontra em gradual ascensão, com a (res) significação dos signos, modos de intelecção e, por conseguinte, de utilização dos atos de escrita e de leitura no universo processual educativo, haja vista que "a escrita é uma tecnologia ou artefato, desenvolvida para modos específicos de pensar e de estar no mundo, que permeia diferentes culturas, de diferentes maneiras. Isso tem grande relevância para o processo de ensino e aprendizagem de leitura e escrita [...]" (Kalantzis; Cope; Pinheiro, 2020, p. 35) na sociedade humana. A escrita, por muito tempo, representou o interesse principal de numerosos povos na construção de significados, seja para expressar a relação de poder perante outras civilizações, praticar o comércio e/ou para o exercício de crenças. Isso posto, Rojo (2009, p. 61) ressalta que:

> Podemos datar as primeiras escritas da época das cavernas, onde os povos nômades deixavam grafados em suas paredes pictogramas que, enquanto desenhos, representavam, com suas propriedades concretas, animais, ações, perigos existentes no entorno. Esses pictogramas eram motivados pelas características dos objetos representados [...].

Compartilhando do mesmo raciocínio de Rojo (2009), Kalantzis; Cope e Pinheiro (2020, p. 43) destacam que:

> O surgimento da escrita impactou os modos como os seres humanos viviam e pensavam, pois, durante a maior parte de sua existência, a escrita foi uma maneira de manter a propriedade e a riqueza, uma ferramenta da burocracia estatal para comunicar regras e um meio de exercer poder religioso.

Posteriormente, "[...] uma nova fase, então, começou na história da escrita a partir da invenção da imprensa, por Gutenberg, em 1450, estendendo-se a até mais ou menos o final do século XIX. Com isso, a leitura e a escrita alfabéticas se tornaram uma forma de registrar e ordenar o mundo [...]" (Kalantzis; Cope; Pinheiro, 2020, p. 44), tendo em vista à manutenção de uma lógica social de educação massificada. Diante da complexidade que envolve os atos de *escrita* e de *leitura*, bem como das ações que cerceiam a codificação e decodificação dos signos presentes na oralidade e nos textos/ discursos, o processo de alfabetização passou a estabelecer um diálogo relevante com as necessidades educacionais dos aprendentes. Nesse viés, Kalantzis; Cope e Pinheiro (2020, p. 20) pontuam que:

> A escrita já foi a principal maneira de construir significados em diferentes épocas e lugares. Cada vez mais, os modos grafocêntricos de significado podem ser complementados ou substituídos por outras formas de cruzar o tempo e a distância, como gravações e transmissões orais, visuais, auditivas, gestuais e outros padrões de significado. Isso quer dizer que uma pedagogia voltada ao ensino de leitura e escrita precisa ir além da comunicação alfabética, incorporando, assim, a essas habilidades tradicionais as comunicações multimodais, particularmente aquelas típicas das novas mídias digitais.

Observa-se que o aprendizado das operações básicas de alfabetização, envolvendo a escrita, a leitura e o cálculo, serviu a um determinado público de pessoas, em um dado contexto social, cultural, econômico e político, o que não significa dizer que não foi importante para aquele momento histórico. Entretanto, devido à complexidade das relações sociais e, por conseguinte, das múltiplas vozes que permeiam a relação linguística entre os falantes, notou-se que os modos de compreensão dos atos de escrita, leitura e de interpretação textual/discursiva, reclamaram outras habilidades e competências dos aprendentes no cotidiano.

Segundo Kalantzis; Cope e Pinheiro (2020, p. 21), "[...] todo esse processo de alfabetização formou o desenvolvimento de indivíduos em um certo sentido e para um tipo particular de sociedade". Contudo, nas palavras desses autores, essa concepção tradicional que cerceia o processo de alfabetização é insuficiente e restringe o desempenho do aluno nos dias atuais, posto que o conhecimento acompanha a realidade social desse aprendiz. Logo, aquele formato tradicional de alfabetização se modificou com o passar do tempo. Considerando todo o exposto, Kalantzis; Cope e Pinheiro (2020, p. 21) argumentam que:

> O processo de alfabetização tradicional envolve a relação fonema-grafema, em que o ato de escrever se constitui em tradução dos sons da fala para as imagens simbólicas da escrita, e o ato de ler, em decodificação dos significados das palavras escritas. Ao centrar-se, portanto, em certas formalidades, como a ortografia e a gramática "corretas", esse processo privilegia uma forma particular de fala e escrita da língua a ser mantida como a "norma' inquestionável ou a forma "educada". Nessa visão, os alunos leem para apreciar o estilo da "boa escrita", primeiro como "leitores" de textos básicos escolares até chegarem aos textos canônicos que tenham "valor literário. Nesse sentido, ler significa compreender significados que foram pensados, de maneira direta e linear, como algo intrínseco aos textos, seguindo conforme a intenção e os significados atribuídos pelos seus autores ("aquilo que o autor quer dizer").

Dessa forma, Kalantzis; Cope e Pinheiro (2020) observam que os conhecimentos e demais habilidades adquiridas no processo de alfabetização, precisavam ser convalidadas em avaliações de múltipla escolha, competindo ao aluno a demonstração de que compreendeu o texto/discurso e que tais respostas apresentadas pelos discentes corresponderiam às expectativas do professorado.

No entanto, "[...] a herança proveniente desse processo de aquisição de leitura e escrita não pode ser considerada adequada para atender às necessidades relacionadas às práticas de letramentos atuais" (Kalantzis; Cope; Pinheiro, 2020, p. 22). Assim sendo, diante da complexidade dos textos/discursos que emergiram das práticas sociais e das distintas possibilidades de composição da escrita nos meios impressos e digitais, foi cunhado, na década de 1980, o termo *letramento*. A referida expressão passou a disputar o espaço com o conceito de alfabetização. Ante o exposto, Rojo e Moura (2019, p. 12) observam que:

> A partir do final dos anos 1980 e na década de 1990, o conceito de alfabetização, assim como o de alfabetismo, passa a dividir espaço e a contrastar com outro – o de

letramento – nos saberes que circulam tanto no ambiente acadêmico quanto no ensino de língua portuguesa nos anos iniciais. Com eles, os professores desses níveis de ensino (e de outros) passam a ter de conviver e, por vezes, de se debater, porque a distinção entre os termos nem sempre foi clara e cristalina. Ao contrário, por vezes, é muito confusa e varia quase de autor para autor.

Devido a coexistência dos termos *alfabetização* e *letramento*, muitos docentes e pesquisadores, que compõem o cenário educacional, passaram a confundir tais conceitos e a fomentar interpretações equivocadas a respeito de cada instituto. Dessa forma, com o intuito de esclarecer a distinção entre ambos os vocábulos, Rojo (2009, p. 98) expõe que:

> [...] o termo alfabetismo tem um foco individual, bastante ditado pelas capacidades e competências (cognitivas e linguísticas) escolares e valorizadas de leitura e escrita (letramentos escolares e acadêmicos), numa perspectiva psicológica, enquanto o termo letramento busca recobrir os usos e práticas sociais de linguagem que envolvem a escrita de uma ou de outra maneira, sejam eles valorizados ou não valorizados, locais ou globais, recobrindo contextos sociais diversos (família, igreja, trabalho, mídias, escola etc.), numa perspectiva sociológica, antropológica e sociocultural.

Nessa toada, em que pese as similitudes que envolvem ambos os conceitos, fato é que tais expressões revelam significados distintos. Conforme acentuado por Rojo e Moura (2019, p. 13), "[...] se a alfabetização abrange a capacidade de interpretar, compreender, criticar, ressignificar e produzir conhecimento e se envolve também o desenvolvimento de novas formas de compreensão e uso da linguagem [...]", o *letramento* envolve as práticas letradas — escrita e leitura — em outras superfícies, agregando à produção verbal e não-verbal, outros significados. Na concepção de Monteiro (2018, p. 28), a expressão *alfabetização* significa o seguinte:

> No sentido amplo, o processo de alfabetização conduz o aluno para a leitura das produções textuais, permite a interação na sociedade com crítica e a participação ativa. Já no sentido restrito, prática a codificação das letras (escrita) e decodificação das letras (leitura). Apropria-se da tecnologia da (de)codificação, leitura e escrita de forma mecânica, sem reagir, ao realizar leitura dos diversos gêneros discursivos e de outras manifestações verbais.

A expressão *letramento* ampliou o sentido e a compreensão da palavra *alfabetização*, posto que tal terminologia "[...] engloba as práticas sociais e, consequentemente, as interações entre os indivíduos" (Monteiro, 2018, p. 29). Nessa linha de raciocínio, Rojo e Moura (2019, p. 16) esclarecem que o referido termo *letramento* foi "usado pela primeira vez no Brasil como tradução da palavra inglesa 'literacy', no livro de Mary Kato, no Mundo da escrita, de 1986 [...]". Ainda, nas palavras de Rojo e Moura (2019, p. 16):

> [...] o termo letramento busca recobrir os usos e práticas sociais de linguagem que envolvem a escrita de uma ou de outra maneira, sejam eles socialmente valorizados ou não, locais (próprios de uma comunidade específica) ou globais, recobrindo contextos sociais diversos (família, igreja, trabalho, mídias, escola etc.), em grupos sociais e comunidades culturalmente diversificadas. Difere, portanto, acentuadamente, tanto do conceito de alfabetização quanto do de alfabetismo(s).

Enquanto o processo de alfabetização prevê uma "[...] ação de se apropriar do alfabeto, da ortografia da língua que se fala" (Rojo; Moura, 2019, p. 15), o letramento passou a contemplar a "[...] uma visada socioantropológica [...]" (Rojo; Moura, 2019, p. 16), com vista à ampliação das práticas relacionadas com a escrita e com a leitura, possibilitando, dessa forma, múltiplas interações entre os sujeitos do discurso na situação comunicativa.

Ora, "a leitura e a interpretação dependem das interações com as peculiaridades do texto e do contexto" (Monteiro, 2018, p. 29). O vaivém entre as práticas de leitura e da escrita permite com que outras interpretações possam aparecer na relação comunicativa entre os sujeitos. Assim, compartilhando do mesmo entendimento exposto por Rojo e Moura (2019), Kalantzis; Cope e Pinheiro (2020, p. 23-24) aduzem o seguinte:

> [...] enquanto a alfabetização, por exemplo, envolve regras e sua aplicação apropriada, os letramentos abrangem, mormente, as formas de lidar com os desafios de ser confrontado com um tipo de texto desconhecido e ser capaz de procurar pistas sobre o seu significado sem a barreira de se sentir alienado por ele e/ou excluído dele; implicam também o entendimento de como funciona um texto para que se possa participar de seus significados (engajar-se em suas próprias regras particulares); abarcam ainda como elaborar o contexto particular e os propósitos do texto (e aqui é possível encontrar mais pistas sobre seu significado para o comunicador e para si

> próprio); envolvem maneiras de ver e pensar (representação) tanto quanto construir mensagens significativas e eficazes (comunicação); por fim, letramentos dizem respeito a como lidar com a comunicação em um contexto não familiar e aprender com seus sucessos e fracassos, enquanto se navega por novos espaços sociais e se encontram novas linguagens.

Visando ao reconhecimento da "[...] variedade e diversidade de práticas de leitura e escrita nas sociedades [...]" (Rojo; Moura, 2019, p. 16), cunhou-se, em meados da década de 1980, o conceito de **letramento** em substituição ao termo **alfabetização**. Em função dessa interpretação mais complexa das práticas letradas decorrentes da participação do indivíduo no contexto social, bem como das múltiplas linguagens estabelecidas por esses sujeitos no texto/discurso, acrescentou-se ao termo letramento a letra 's'. Dessa maneira, Rojo e Moura (2019, p. 16) pontuam que:

> Numa sociedade urbana moderna, as práticas diversificadas de letramento são legião. Por isso, o conceito passa ao plural: letramentos. Podemos dizer que praticamente tudo o que se faz na cidade envolve hoje, de uma ou de outra maneira, a escrita, sejamos alfabetizados ou não. Logo, é possível participar de atividades e práticas letradas sendo analfabeto: analfabetos tomam ônibus, olham os jornais afixados em bancas e retiram o Bolsa Família com cartões bancários. No entanto, para participar de práticas letradas de certas esferas valorizadas, como a escolar, a da informação jornalística impressa, a literária, a burocrática, é necessário não somente ser alfabetizado como também ter desenvolvido níveis mais avançados de alfabetismo (habilidades e capacidades de compreensão, interpretação e produção de textos escritos). E é justamente participando das diversas práticas letradas que se desenvolvem ou constroem esses níveis mais avançados de alfabetismo.

Nesse ínterim, verifica-se que as "práticas de letramento ou letradas é, pois, um conceito que parte de uma visada socioantropológica. Tem-se de reconhecer que elas são variáveis em diferentes comunidades e culturas" (Rojo; Moura, 2019, p. 17). Assim sendo, esse reconhecimento é imprescindível para a construção de outros significados sociais, posto que as múltiplas práticas do cotidiano se representam e são mobilizadas nas profusas formas de interação e comunicação com o meio e, principalmente, com o 'outro' que integra o discurso, potencializando, ainda mais, a outras expressões e gestos comunicativos entre os falantes. Partindo da premissa de que o letramento está presente nas relações dialógicas estabelecidas pelos indivíduos, assim como nas interações desses sujeitos com o habitat em que se encontram, ressalta-se que o conceito de *letramento* deve ser compreendido nas diferentes ações do dia a dia, desde as práticas mais simples e rudimentares, até aquelas mais complexas endossadas pelo uso do intelecto.

Essa mudança de percepção de **letramento** para **letramentos** levou em consideração os múltiplos contextos sociais que florescem das mais variadas formas de atuação do homem no cotidiano. Nesse diapasão, "como são muito variados os contextos, as comunidades, as culturas, são também muito variados as práticas e os eventos letrados neles circulantes" (Rojo; Moura, 2019, p. 18). Com isso, o conceito de **letramento** passa a ser concebido no plural, haja vista os diferentes acontecimentos que norteiam a vida do homem na estrutura social, econômica, política, cultural, educacional e, assim, por diante. Vale lembrar que "[...] os eventos de letramento de que participamos, as práticas letradas que conhecemos são fruto de uma longa história da escrita e dos impressos" (Rojo; Moura, 2019, p. 18).

Conforme acentuado por Rojo e Moura (2019), o aprimoramento dos meios de produção e de distribuição da escrita, oportunizou a alteração dos textos e, por conseguinte, dos letramentos, evidenciando, como efeito, a diluição das diferentes formas de linguagens e de letramentos. Debruçando-se sobre as mudanças promovidas pelas práticas letradas na produção textual, Rojo e Moura (2019, p. 19) observam que:

> [...] os textos/discursos produzidos, ao saírem dos escritos-impressos e passarem a contar com novas mídias como meios de distribuição, circulação e consumo, como a transmissão radiofônica ou fonográfica, as imagens televisivas e cinematográficas e, posteriormente, maneiras de o receptor-consumidor registrar e reproduzir por sua conta e a seu gosto as mensagens – como fitas K7, VHL, CDs e DVDs - em plena cultura das mídias, não somente os meios, mas também as mensagens se alteram, podendo, aos poucos, passar a combinar múltiplas linguagens que não somente a oral e a escrita, mas também imagens estáticas e em movimento, músicas e sons variados.

Rojo e Moura (2019) revelam que esse processo se iniciou com a escrita e perpassou pelos letramentos, que influenciou os textos/discursos. Posteriormente, tais práticas letradas confluíram para as múltiplas linguagens, até culminar nos multiletramentos e, portanto, resultar nas práticas multiletradas. Sob esse ângulo, Kalantzis; Cope e Pinheiro (2020, p. 46) evidenciam que:

> No final do século XX e início do século XXI, temos viven-
> ciado transformações na maneira como nos comunicamos,
> fruto de mudanças nas tecnologias de comunicação, na relação
> entre a escrita e outros modos de construção de significa-
> dos, nas maneiras pelas quais as diferenças linguísticas são
> negociadas e na acessibilidade crescente a novos meios de
> comunicação.

O desenvolvimento tecnológico, a "[...] complexidade dos relaciona-mentos [...]" (Lévy, 2011, p. 86) pessoais, o modo de percepção e emprego dos meios de comunicação, verbal e não-verbal, assim como "os movimentos entre o oral e o escrito que conhecemos até o momento atual demonstram não uma oposição, mas um contínuo entre os modos de utilização dessas linguagens" (Frade, 2017, p. 76), instigando, dessa forma, para as múltiplas formas de interação e de práticas imbricadas em uma "[...] pedagogia dos letramentos [...]" (Kalantzis; Cope; Pinheiro, 2020, p. 151).

Dessa maneira, "a internet e as tecnologias de informação e comunica-ção não só modificaram a função do gênero textual, mas também ampliaram seus recursos multimodais e as formas de interação entre os interlocutores" (Marques, 2016, p. 118). Com o fito de buscar estabelecer a um conceito de multiletramentos, Ferraz e Cunha (2018, p. 463) esclarecem que "numa acepção ampla, os multiletramentos referem-se a práticas multiletradas e multissemióticas, em sua complexidade e inter-relação, presentes na sociedade altamente semiotizada e globalizada, nas mais variadas formas de construção de significados". Na mesma esteira de raciocínio, Rojo e Moura (2019, p. 23) argumentam que:

> [...] o termo "multiletramento" remete a duas ordens de sig-
> nificação: a da multimodalidade e a das diferenças socio-
> culturais. Isso quer dizer: estamos diante de um conceito
> que não se traduz diretamente. Multiletramentos = muitos
> tipos de letramentos que poderiam estar ligados à recepção
> e produção de textos/discursos em diversas modalidades
> de linguagem, mas que remetem a duas características da
> produção e circulação dos textos/discursos hoje – a mul-
> tissemiose ou multimodalidade, devidas em grande parte
> às novas tecnologias digitais e à diversidade de contextos e
> culturas em que esses textos/discursos circulam.

Alude-se que o referido conceito **multiletramentos** foi cunhado "[...] pelo New London Group (NLG) – Grupo de Nova Londres –, formado por teóricos das áreas de linguística e educação dos Estados Unidos, da Grã-Bretanha e da Austrália, países com grandes conflitos culturais" (Ferraz; Cunha, 2018, p. 463). Na ocasião, o referido grupo se reuniu em 1994, na cidade de Nova Londres, New Hampshire, Estados Unidos, para discutir os problemas que afetavam o sistema de ensino anglo-saxão, ocasião em que foi elaborado o documento conhecido por manifesto programático.

O objetivo de criação desse documento tinha por base o debate de ideias e a problematização em torno da crescente diversidade linguístico-cultural decorrente da economia globalizada e da multiplicidade de canais de comunicação que impactaram o campo do saber. Conforme destacam Ferraz e Cunha (2018, p. 463), os multiletramentos se concretizam "[...] com base em textos multimodais, multiculturais e multilinguísticos, que proporcionam novas leituras e novas inter-relações entre leitor, texto, mensagem, portador".

De acordo com Oliveira e Dias (2016, p. 82), a característica da 'modalidade' se estabelece a partir de uma "[...] diversidade de recursos semióticos [...]" que se inserem nos textos, sejam eles impressos ou digitais. As práticas de leituras e de escritas de textos, combinadas entre si na dinâmica com o elemento sonoro, visual, espacial e o gestual, oportuniza diversas outras formas de interação entre leitor/produtor, com vários meios/interlocutores (interfaces, mídias, textos, discurso, outros usuários), viabilizando produções textuais mais amplas, de maneira mais "[...] multimodal e dialogal" (Ribeiro, 2021, p. 163), que atendam a uma linguagem mais colaborativa e, ao mesmo tempo, híbrida. Nota-se que "essa nova conjuntura (multi)interativa e multiletrada conduz à ideia de uma pedagogia dos multiletramentos" (Ferraz; Cunha, 2018, p. 464). Portanto, Ferraz e Cunha (2018, p. 464) destacam que:

> A pedagogia dos multiletramentos propõe ampliar o foco da linguagem verbal para diferentes modos semióticos que, combinados, podem criar significados diversos. De base crítica, a pedagogia dos multiletramentos, concebida como um novo projeto de letramento educacional, aponta para a necessidade de a escola reconfigurar seus projetos pedagógicos, a fim de considerar a diversidade cultural e linguística do mundo globalizado, pondo em ação práticas situadas e transformadoras que levem em conta os letramentos emergentes, as identidades multifacetadas, a diversidade étnica e o pluralismo cívico no âmbito da cidadania.

A interação das práticas docentes multiletradas mediadas pelo uso de diferentes tecnologias digitais da informação e comunicação no ambiente escolar, promete desencadear a outras formas de assimilação do conhecimento e, por conseguinte, oportunizar o aparecimento de variadas construções textuais atreladas em uma multimodalidade cultural e linguística que potencialize as formas de *ensinar* e de *aprender*, em um viés mais colaborativo e dinâmico. Após todo o exposto, Cani e Coscarelli (2016, p. 45) ressaltam que:

> [...] a incorporação de novas propostas teórico-metodológicas, outros meios de interpretação de textos, a relevância dos recursos semióticos para a educação e a formação dos profissionais da educação para lidar com a perspectiva da compreensão crítica da cultura visual precisam ser discutidos, reconhecendo-se a necessidade de suas implicações discursivas nos ambientes de aprendizagem. Precisamos auxiliar nossos alunos a perceberem como ler os textos, considerando as linguagens que compõem esses materiais, a fim de formar uma geração que irá valer-se, sabiamente, dos multiletramentos.

A proposta dos multiletramentos deve ser contemplada por parte do corpo docente, em suas atividades escolares, porém, é necessário que o educador se aproprie de outros elementos multissemióticos que estão atrelados ao seu saber-fazer para, em um segundo momento, desenvolver as suas práticas multiletradas em uma perspectiva mais colaborativa, híbrida e intencional perante o alunado. Conforme expõe Lévy (2010, p. 108) "é preciso pensar as mutações do som e da imagem em conjunto com as do hipertexto [...]", em um cenário mais receptivo às diferentes formas de *ensinar* e de *aprender*. Na mesma esteira de raciocínio, Ferraz e Cunha (2018, p. 464-465) acentuam que:

> A pedagogia dos multiletramentos envolve novas práticas de letramento, as quais possibilitam aos indivíduos, como produtores ativos de sentido, potencializar o uso que já fazem de recursos tecnológicos (do impresso ao digital), visando à construção colaborativa de conhecimento. Essa proposta surge como dimensão de uma pedagogia socialmente justa e produtiva, que chama a atenção para a urgência de articular os estudos de letramentos com o contexto educacional, bem como para a necessidade de a escola, em nome de uma nova ética e uma nova estética, considerar a multimodalidade e a diversidade cultural dos povos da sociedade atual, no espaço escolar, a fim de construir propostas de ensino e de aprendizagem que contemplem a linguagem interativa,

> transgressiva, híbrida, colaborativa, fronteiriça, mestiça, e que não discriminem o uso desta ou daquela tecnologia, mas que as tornem todas como recursos para produção de sentidos, baseada em práticas híbridas, fronteiriças e no novo ethos que elas implicam.

As tecnologias, de modo geral, devem ser utilizadas em uma dinâmica mais criativa e colaborativa nos estabelecimentos educacionais, no sentido de ressignificar as práticas do saber-fazer docente, cuja intencionalidade não deve se restringir à mera transmissão de mensagens ou de informações, mas, antes, levar em consideração o patrimônio cultural, linguístico e de outros conhecimentos que podem ser desenvolvidos em uma dimensão mais (multi)interativa, com reflexos significativos no processo de *ensino* e de *aprendizagem*.

Essas (multi)interações estão presentes em inúmeras atividades que são promovidas no espaço escolar e que são contempladas em uma ordem de discurso que permeia as ações educacionais. Uma ordem do discurso decorre de "[...] situações interativas que extrapolam atividades linguístico-textuais, tendo em vista a inclusão de diversas linguagens e recursos na prática discursiva" (Ferraz; Cunha, 2018, p. 465).

Contudo, a ausência de contextualização de tais práticas escolares, por parte do corpo docente, em um viés mais interdisciplinar e participativo, impede com que o conhecimento seja mobilizado para o desenvolvimento de outras descobertas e representações no campo do saber. Em atenção ao exposto, Ferraz e Cunha (2018, p. 465-466) argumentam que:

> Como conjunto de práticas discursivas associadas a uma instituição ou a um domínio social, a ordem do discurso inclui, em seu bojo, diversas práticas de letramentos (exemplo: a ordem do discurso nas universidades inclui práticas discursivas como leitura, seminários, encontros de pesquisa, escrita de artigos, livros, conferências etc.). Os multiletramentos, além de se constituírem por essas diversas ordens do discurso, também abarcam um hibridismo cultural, pelo aumento da interação entre as fronteiras culturais e linguísticas dentro da sociedade.

O uso das tecnologias digitais da informação e comunicação, no processo educacional, deve otimizar os meios pelos quais ocorre, atualmente, a construção do conhecimento, sendo necessário que o educador (re)pense as suas práticas de ensino e (re)signifique-as, no dia a dia, no seu agir docente, em suas interações, verbais e não- verbais, com os alunos, no relacionamento com os demais professores e no seu modo de desenvolver as atividades escolares.

Faz-se necessário que o docente se aproprie de outras ferramentas cognitivas de aperfeiçoamento de suas habilidades profissionais e aplique-as no ambiente de sala de aula, de modo a contribuir com a compreensão de outros significados imbricados no processo de conhecimento, até mesmo porque a missão precípua dos educadores, de modo geral, é "[...] empoderar semioticamente todas as pessoas [...]" (Ribeiro, 2021, p. 141). Esse empoderamento deve ser mobilizado no espaço escolar e, ao extrapolar os muros da escola, alcançar a outras pessoas que estejam inseridas nos espaços informais de aprendizagem.

3.1 Pedagogia dos (Multi)letramentos: o design na construção de sentidos e as práticas sociais

Sem dúvida o homem representa a maior criação dentre todos os demais seres que povoaram e que, ainda, habitam o planeta Terra. Com o passar do tempo, ele aprendeu a conviver em *tribos/grupos/comunidades* e se apropriou de distintas estratégias para o cultivo do solo, exploração da natureza e de toda a fonte de água existente para a satisfação das suas necessidades pessoais. Ele, também, inventou armas rústicas para se defender de ataques e invasões de outros povos. Posteriormente, com o domínio das técnicas de fogo, caça e da pesca, ele expandiu as suas áreas de influência por toda a circunscrição dos continentes formados a partir da separação da Pangeia.

Entretanto, foi por meio da escrita e da oralidade que o sujeito desbravou a outros territórios e conheceu o seu verdadeiro potencial, passando a ocupar diferentes espaços físicos pelo mundo a fora. Tradicionalmente, o ato de escrever sempre trouxe à tona a *expertise* dos letrados — marca registrada daqueles que sabiam ler e interpretar o *som* e a *grafia* das palavras estampadas no papel. A oralidade sempre permaneceu renegada a um segundo plano. A esse respeito, Kalantzis; Cope e Pinheiro (2020, p. 209) ponderam que:

> No final das contas, escrever é saber lidar com textos escritos corretamente. Na leitura, é o padrão formal da escrita que nos dá uma indicação bastante aproximada dos sons da língua, e não o contrário, o que é proveniente de uma lógica

cultural mais ampla em uma sociedade que, pelo menos nos últimos séculos, privilegiou a escrita sobre a fala e os demais modos de significação.

No entanto, a partir da década de 1990, os textos sofreram notórias transformações que resultaram no surgimento de distintas (multi)semioses em torno dos efeitos pretendidos. Acontece que a utilização de modernos artefatos digitais ampliaram a multimodalidade dos textos e o uso multiforme da língua, nas mais variadas paisagens comunicacionais. Com efeito, Kalantzis; Cope e Pinheiro (2020, p. 186-187) fazem alusão ao seguinte:

> [...] considerando as comunicações em geral, os meios de representação se expandiram enormemente nas últimas décadas, mais significativamente com o surgimento da mídia digital. Essa é a consequência, em parte, de uma série de transformações ao longo do século XX nos meios de produção e reprodução de significado, começando pela fotografia e seus derivados, e passando também pela telefonia e pelas possibilidades de gravação de som. No entanto, tem havido uma aceleração substancial do ritmo de mudança desde a aplicação generalizada das tecnologias digitais a partir do início do último quarto do século XX. Nesse contexto, novos letramentos emergem, centrados nas possibilidades dessas novas tecnologias para a expressão híbrida e multimodal. Até meados do século passado, havia uma separação mais marcada entre o modo escrito, materializado pela impressão tipográfica (tipografia), e o modo visual, impressão de imagens (litografia). No entanto, a partir de então, a composição de fotos e a fotolitografia começaram a aproximar texto e imagem na página impressa. Com as tecnologias digitais, imagem e texto se tornam ainda mais interligados e uma mídia multimodal verdadeiramente integrada emerge. A partir de meados da década de 1990, a *World Wide Web* leva isso ainda mais longe com a sobreposição de textos, ícones e imagens, e o uso extensivo de metáforas espaciais e arquitetônicas associadas à navegação pela rede. Essas tecnologias também incluem a capacidade de sobrepor o áudio porque, em última análise, o som também pode ser transformado no mesmo material gravável digitalmente por meio de codificações binárias. O efeito de todas essas mudanças ao longo do último meio século tem sido, entre outras coisas, o de reduzir o lugar privilegiado da língua escrita na cultura ocidental e, progressivamente, tornar outros modos mais relevantes para a construção de significado.

Com isso, o texto escrito passou a contemplar, em seu bojo, a uma gama diversificada de elementos remixados, recombinados, imagéticos, pictográficos, gestuais, espaciais, simbólicos, estáticos, visuais, sonoros, cinematográficos, artísticos, dentre outros, na construção de sentidos. Ao analisarem a composição dos *novos* textos e as estruturas deles decorrentes, os integrantes do Grupo de Nova Londres (NLG)[12] levaram em consideração os aspectos relacionados à multiculturalidade, multimodalidade e, principalmente, a emergência das tecnologias digitais da informação e comunicação no mundo civilizado. Em relação aos membros integrantes do Grupo de Nova Londres (NLG), Rojo (2012, p. 12-13) informa que eram:

> [...] em sua grande maioria originários de países em que o conflito cultural se apresenta escancaradamente em lutas entre gangues, massacres de rua, perseguições e intolerâncias, seus membros indicavam que o não tratamento dessas questões em sala de aula contribuía para o aumento da violência social e para a falta de futuro da juventude. Além disso, o GNL também apontava para o fato de que essa juventude – nossos alunos – contava já há quinze anos com outras e novas ferramentas de acesso à comunicação e à informação e de agência social, que acarretavam novos letramentos, de caráter multimodal ou multissemiótico.

Instigados pelas modificações afetas ao campo do letramento praticado naquela época, o grupo composto por professores e pedagogos, sob a regência de Bill Cope e Mary Kalantzis, decidiu investigar a estrutura dos textos e os impactos dessas produções no cenário mundial. Em 1994, o selecionado de intelectuais do 'New London Group (NLG) – Grupo de Nova Londres', ao se reunir na cidade de Nova Londres, New Hampshire, Estados Unidos, procurou problematizar as práticas letradas grafocêntricas escolares através da propositura de "[...] uma pedagogia direcionada para os multiletramentos, que tentasse explicar o que ainda era importante em abordagens tradicionais de leitura e escrita, complementando-as com conhecimento do que é novo e distintivo nos modos como as pessoas [...]"

---

[12] O Grupo de Nova Londres (NLG) é composto por dez (10) integrantes: **Courtney Cazden**, Universidade de Havard (EUA); **Bill Cope**, Universidade de Tecnologia, Sydney, e James Cook University of North Queensland (Austrália); **Norman Fairclough**, Universidade de Lancaster (Reino Unido); **James Gee**, Universidade de Clark (EUA); **Mary Kalantzis**, Institute of Interdisciplinary Studies, James Cook University of North Queensland (Austrália); **Gunther Kress**, Universidade de Londres (Reino Unido); **Allan Luke**, Universidade de Queensland (Austrália); **Carmen Luke**, Universidade de Queensland (Austrália); **Sarah Michaels**, Universidade de Clark (EUA) e **Martin Nakata**, School of Education, James Cook University of North Queensland (Austrália).

(Kalantzis; Cope; Pinheiro, 2020, p. 19) constroem significados e se comunicam nas mais variadas paisagens tecnológicas. Ao se debruçar sobre o assunto em deslinde, Baptista (2016, p. 66) destaca que:

> O termo multiletramentos, proposto pelo Grupo de Nova Londres (doravante, GNL), e, consequentemente, a pedagogia assim conhecida teve sua origem relacionada à insatisfação de pesquisadores e docentes com respeito ao modo por meio através do qual estavam sendo consideradas as práticas de letramento em seus âmbitos locais. Reunidos em 1994, em Nova Londres, New Hampshire, Estados Unidos, integrantes de vários países discutiram a situação da pedagogia de letramento, preocupados com as mudanças sociais e os impactos das tecnologias de comunicação e informação nas práticas letradas. Daí, o surgimento de uma proposta diferenciada, concretizada no manifesto intitulado A *Pedagogy of Multiliteracies – Designing Social Futures* (Uma pedagogia dos multiletramentos – desenhando futuros sociais). Desse modo, a pedagogia dos multiletramentos emergiu como alternativa para suplantar as restrições dos letramentos tradicionais, caracterizados por serem monolinguísticos e monoculturais, ao contrário dos multiletramentos, definidos como multissemióticos e multiculturais.

Já Oliveira (2019, p. 08) enfatiza que "o propósito original do GNL foi discutir questões de base do que fazer em Pedagogia de Letramento, considerando as diferentes experiências nacionais e culturais". Os estudos teriam se concentrado em três (03) focos: 'ambiente de trabalho', 'espaços públicos' e a 'dimensão da vida social em comunidade'. Ainda, Oliveira (2019, p. 08) expõe que:

> O que movia o GNL no final do século XX era a busca de uma prática educacional que pudesse responder aos prenúncios do novo século que se avizinhava com os impactos da globalização e das tecnologias. A proposta, portanto, foi denominar *Pedagogia dos Multiletramentos* a uma visão pedagógica em construção para atender às novas demandas sociais, culturais e econômicas numa sociedade de forte ênfase tecnológica e de diversidades.

Nesse viés, Oliveira (2019) defende que a justificativa de uso da nomenclatura *multiletramentos* teria ocorrido sob dois pontos de vista: **a)** multiplicidade dos canais de comunicação e de mídia e retirar ponto e vírgula **b)** diversidade cultural e linguística. O autor destaca que o fundamento que embasa, em tela, a diversidade linguística, refere-se às distinções culturais e aos seus hibridismos, aos grupos e subgrupos que se misturam pela globalização, influenciando, dessa forma, os costumes locais e os discursos que se aglutinam entre si.

Quanto ao segundo argumento, a justificativa se ancora no emprego de tecnologias emergentes, também denominadas de *digitais*. Em 1996, os estudiosos do 'Grupo de Nova Londres (NLG)' publicaram o documento ora intitulado de *Manifesto Programático*. A esse respeito, Rosa (2016, p. 49) assevera que:

> Nesse manifesto, eles ressaltam mudanças advindas da globalização e da difusão das tecnologias digitais. O crescimento da diversidade linguística e cultural é atribuído à globalização e as novas tecnologias que trouxeram novas mídias e diferentes canais de comunicação. Diante disso, surge o termo Multiletramentos cujo nome remete a multiplicidade de modalidades comunicativas: áudio, imagem, escrita, movimento. Assim, os Novos Estudos do Letramento poderiam ser atualizados com o prefixo Multi, para acompanhar as mudanças sociais constatadas naquele momento.

Ora, tais mudanças constatadas pelo Grupo de Nova Londres (NLG), quanto às produções textuais, escritas e orais, oriundas da aquisição dos letramentos, sobreveio, mais intensamente, com o uso de aparatos eletrônicos móveis, o que teria motivado o desenvolvimento dos letramentos digitais nos/dos *leitores/escritores*, assim como de outras práticas multiletradas que se tornaram relevantes para a aprendizagem do sujeito, no tempo passado e na atualidade.

Ademais, em que pese a utilização, cada vez mais acentuada, dos recursos tecnológicos por parte dos *usuários/consumidores/editores*, agregaram-se à composição dos textos, outros elementos pertencentes à comunicação não-verbal, o que evidenciou, por óbvio, uma ruptura daquela visão obsoleta de texto/discurso, mecanicamente, reproduzida nas instituições de ensino. Nessa senda, percebe-se que o referido manifesto teria inaugurado, de modo mais efetivo, o debate em torno da **Pedagogia dos Multiletramentos**.

Conforme esclarece Baptista (2016, p. 66), "[...] a *pedagogia dos multiletramentos* emergiu como alternativa para suplantar as restrições dos *letramentos* tradicionais, caracterizados por serem *monolinguísticos* e *monoculturais*, ao contrário dos *multiletramentos*, definidos como *multissemióticos* e *multiculturais*". É interessante notar que o termo cunhado pelo NLG (1996), assim denominado **multiletramentos**, não se confunde com o conceito de **letramentos múltiplos**. Conforme destaca Rojo (2012, p. 13):

> Diferentemente do conceito de letramentos (múltiplos), que não faz senão apontar para a multiplicidade e variedade das práticas letradas, valorizadas ou não nas sociedades em geral, o conceito de multiletramentos – é bom enfatizar – aponta para dois tipos específicos e importantes de multiplicidade presentes em nossas sociedades, principalmente urbanas, na contemporaneidade: a multiplicidade cultural das populações e a multiplicidade semiótica de constituição dos textos [...].

A ideia de constituição da referida expressão levou em consideração "[...] a multiculturalidade característica das sociedades globalizadas e a multimodalidade dos textos por meio dos quais a multiculturalidade se comunica e informa" (Rojo, 2012, p. 13). Logo, na análise de Baptista (2016, p. 66-67):

> Houve, portanto, uma dilatação do escopo da pedagogia do *letramento*, centrado em práticas *monolinguísticas*, *monomodais* e *grafocêntricas*, com a admissão das emergentes no complexo contexto cultural e linguístico da contemporaneidade, notadamente *multimodais* e *plurissemióticas*, plurais e diversificadas, tanto quanto à sua constituição quanto à sua divulgação e difusão. Por conseguinte, a *pedagogia dos multiletramentos* considera a complexa natureza da comunicação humana, caracterizada por práticas cada vez mais *multimodais*, *multissemióticas* e *multiculturais*.

Ainda, convém destacar que a contribuição da *Pedagogia dos Multiletramentos* não se restringe, tão somente, ao texto/discurso, ou aos letramentos digitais, mas, vai muito além disso. Ora, "na pedagogia dos multiletramentos, todas as formas de significação, incluindo a língua, são consideradas como processos dinâmicos de transformação e, não processos de reprodução [...]" (Kalantzis; Cope; Pinheiro, 2020, p. 177).

Da mesma forma, "a aprendizagem não se reduz à instrumentação técnica nem faz do aluno um simples receptor de um currículo preestabelecido" (Kenski, 2012, p. 73), isto é, trata-se de um movimento ativo de reverberação de *múltiplos significados* e olhares relacionados ao ato de experienciar o *novo*. Nesse contexto, Kalantzis; Cope e Pinheiro (2020, p. 177) realçam que:

> [...] os construtores de significado não usam apenas o que lhes foi dado, mas também criam e recriam signos, transformando significados. As aplicações pedagógicas dessa mudança na concepção que subjaz o significado são enormes, pois uma pedagogia dos multiletramentos requer que conheçamos

> o papel central da agência no processo de construção de significado. Por meio desse conhecimento, busca-se, assim, criar uma pedagogia mais produtiva, relevante, inovadora, criativa e até emancipadora. Nesse sentido, o trabalho com letramentos na escola não se reduz a habilidades e competências, mas visa contribuir para formar alunos que sejam *designers* ativos de significado, com sensibilidade aberta às diferenças, à solução de problemas, à mudança e à inovação. A lógica da pedagogia dos multiletramentos reconhece, portanto, que a construção de significado é um processo ativo e transformador, o que parece ser mais apropriado para o mundo atual de mudanças e diversidades.

A lógica difundida na *razão de ser* da Pedagogia dos Multiletramentos dialoga muito mais com as expectativas do tempo presente, do que, em relação às instituições educacionais contempladas no passado. Isso não significa dizer que a universidade atual seja melhor e/ou pior em relação àquelas outras que funcionaram em outros períodos. Não se trata de estabelecer um juízo de valor, mas, de perceber, nas entrelinhas, os aspectos processuais que influenciam, direta e indiretamente, a vida social do educando e, consequentemente, vislumbrar o leque de opções que favorecem ao aprendizado interdisciplinar e significativo dele. Diante do exposto, Rosa (2016, p. 48) assegura que:

> [...] o letramento é algo que se constrói: o sujeito passa pelo nível da decodificação, após interpretação de práticas sociais, une com seus diversos conhecimentos, até chegar a algum tipo de letramento institucionalizado. Destacamos que o processo pode não se dar nessa ordem. É possível que um sujeito já domine as práticas sociais sem necessariamente saber o código linguístico.

Não se trata, portanto, de uma receita *pronta e acabada*, tampouco se refere a um *método secreto* e *milagroso*, porém, visa-se, através da *Pedagogia dos Multiletramentos*, enfatizar a *originalidade*, a *criatividade*, o *conhecer* e o *apreciar*, com base nas práticas colaborativas de ensino e nas distintas multissemioses e multimodalidades que encampam as produções textuais na atualidade. Nesse diapasão, Kalantzis; Cope e Pinheiro (2020, p. 178) alegam que:

> [...] podemos criar experiências de aprendizagem através das quais os alunos possam desenvolver conhecimento e estratégias para ler o novo e o desconhecido quando o encontram.

> Por essa visão, não é possível prever as regras de significado no próximo espaço social que se encontram, mas pode-se aprender a procurar padrões, a negociar o imprevisível, a começar a interpretar *designs* de significado que, em princípio, talvez não façam sentido. A pedagogia dos multiletramentos tem como objetivo desenvolver essas habilidades e sensibilidades, primeiro formulando a pergunta sobre a forma e a função do *design*, ou como os significados são construídos diferentemente para propósitos distintos, e, então, como são transformados pelos interesses particulares do comunicador e pelos intérpretes de seus enunciados.

Nota-se, portanto, que outros letramentos passam a compor as ações multiletradas dos sujeitos/aprendentes, como, por exemplo, o acadêmico, o crítico e o literário. Tudo isso é fruto de reiteradas práticas sociais construídas e vivenciadas pelo homem, o que enseja o estabelecimento de *designs*. Em consonância com o exposto, Kalantzis; Cope e Pinheiro (2020, p. 173) comentam que:

> Vivemos em um mundo de designs: padrões de significado disponíveis para nós na forma de nossa herança cultural e ambiental, que se traduzem em convenções de linguagem, imagens, sons, gestos, toques e espaço. Ouvimos, vemos e sentimos esses designs, pois vivemos com eles desde que nascemos. Aprendemos a usá-los para criar significado para nós mesmos e para interagir com os outros. Os designs estão disponíveis para nós como recursos de construção de significado, constituindo-se, ao mesmo tempo, em significados no mundo (o "sentido" ou a ordem no universo que torna as experiências coerentes) e em significados para o mundo (os significados que fazemos do mundo em nossa "construção de sentido" ou interpretação).

A partir da compreensão dos diferentes designs, a construção dos *significados/significantes* passa a repercutir no texto escrito e oral. Essas características identificam, cada vez mais, uma civilização humana globalizada, tecnológica, multissemiótica e multimodal. Por isso, os contornos dessa *nova* escrita exigem outras formas e sentidos de (re)produção do conhecimento. No entendimento de Teixeira e Litron (2012, p. 168):

> Isso ocorre em virtude da diversificação da circulação da informação, da diminuição das distâncias espaciais – tanto em termos geográficos como em termos culturais -, da diminuição das distâncias temporais e, finalmente, da multiplicidade dos modos de significar que a tecnologia evidencia inten-

samente. As práticas de linguagens na contemporaneidade exigem novas reflexões no processo de ensino da leitura, já que novas são as relações multiculturais entre o que é local e global, valorizado e não valorizado; novas são as formas de circulação dos textos e as situações de produção de discursos; novos são os gêneros e as ferramentas de leitura-escrita.

Já na concepção de Santos e Cruz (2019, p. 76):

[...] os diferentes recursos semióticos começam a tomar parte da composição do texto, e são analisados como elementos que também contribuem para a produção de sentidos e, logo, para a construção da argumentação. A leitura eficaz dos recursos multissemióticos nas práticas sociais de comunicação concebe um encontro crítico e reflexivo, entre o leitor/ouvinte e o texto, um encontro fundamentado no diálogo, na percepção das informações e ideias propagadas, relacionando-as com os contextos de uso, avaliando-as como válidas ou não para a construção de significados.

Ainda, Santos e Cruz (2019, p. 76) acrescentam que:

Uma prática pedagógica baseada na concepção de que os sentidos do texto podem ser construídos por meio das relações entre os elementos que o constituem e da interação do leitor com esse texto é, portanto, necessária, pois auxilia a entender o funcionamento dos textos aos quais somos expostos diariamente, fundamentados não apenas em seu conteúdo, mas também em como, onde, para quem e com que objetivo são expressos.

Assim sendo, os "projetos de aprendizagem, ensino e avaliação de letramentos precisam levar em conta essas mudanças, se quiserem manter uma conexão vital com a vida cotidiana das pessoas em nosso mundo contemporâneo" (Kalantzis; Cope; Pinheiro, 2020, p. 187).

Com isso, o uso de aparatos digitais na elaboração de textos, verbais e não- verbais, redefine outras lógicas, maneiras, desenhos e layouts de apreciação do texto/discurso, o que inspira a uma prática alicerçada no *design de sentidos*, sem perder de vista as interações e diálogos ao redor das ações multiletradas que demandam cooperação, colaboração, autonomia e senso crítico-reflexivo dos envolvidos. Observa-se, contudo, que as pessoas, de modo geral, não estão preparadas para decifrarem a essa *nova lógica* de significados que, hodiernamente, compõem a produção textual, escrita e oral, articulada a partir do *digital*. Conforme assinalado por Ribeiro (2017, p. 88):

> A realidade dinâmica e virtual se apresenta de diferentes formas, nos mais diferentes estilos de texto. A leitura é um bem cultural que possibilita interação com esta realidade. Contudo, os seres humanos não foram alfabetizados formalmente para um tipo de leitura de imagens audiovisuais, marca da tecnologia atual. Esse texto, hoje, ainda é para pessoas privilegiadas. A grande maioria não o domina.

Todavia, a construção de significado em torno das produções textuais forjadas no ambiente eletrônico ocorre quando "[...] inserimos os significantes juntos em um sistema coerente, que corresponde mais ou menos aos sentidos do mundo de nossos significados experienciados, ou ao significado" (Kalantzis; Cope; Pinheiro, 2020, p. 167).

Foi justamente com esse propósito de observar os significados das produções textuais que o Grupo de Nova Londres (1996) procurou articular a teoria dos letramentos ao contexto social presenciado, ensejando, assim, uma *nova* forma de apreensão dos elementos figurantes na composição textual. Inaugurava-se, portanto, uma *Pedagogia dos Multiletramentos* preocupada com a multiculturalidade e multimodalidade na comunicação verbal e não-verbal. Conforme apontado por Kalantzis; Cope e Pinheiro (2020, p. 181-182):

> Na teoria dos multiletramentos, identificamos sete modos de significação: escrito, visual, espacial, tátil, gestual, auditivo e oral. A multimodalidade é a teoria de como esses modos de significado estão interconectados em nossas práticas de representação e comunicação. Usamos um estratagema que chamamos de análise do design para descrever essas interconexões, assim como usamos o termo design para contornar as limitações do termo "gramática", frequentemente associado de forma muito restrita ao letramento da "letra" e a uma estruturação tradicional de estudar línguas (fonologia, morfologia e sintaxe). Por mais que tentemos separar o modo escrito para lidar com o letramento na abordagem didática – aprender a ler e escrever na perspectiva tradicional -, toda representação e toda comunicação são intrinsicamente multimodais. Por exemplo, o uso da escrita pressupõe um estágio de visualização e de conversa sobre o que se está escrevendo, seguido por um estágio de toque e movimento da caneta no papel ou de digitação do texto em um computador, o que é também um processo visual, tátil e linguístico. Durante a leitura, o mesmo acontece: a pessoa rerrepresenta significados em um discurso interno silencioso, imagina visualmente como

> as coisas são na escrita e conversa consigo mesma sobre pensamentos tangenciais causados por sua interpretação do que está lendo. Em cada caso, o que se representa para si mesmo nunca é exatamente o mesmo que aquilo que está escrito, passando por uma troca de um modo para outro, que é parte integrante dos processos de rerrepresentação e transformação de nossos designs de significado.

Conforme se vislumbra na leitura do excerto acima, nota-se que os sete (07) modos de significação, que caracterizam a multimodalidade, determinam os sentidos através da posição e justaposição dos signos na comunicação, escrita e oral. A combinação de diferentes elementos entre si estabelece outros significados e, por conseguinte, inaugura a cultura da *multimodalidade/hibridização/mutação* de formas e conteúdo. Ora, Kalantzis; Cope e Pinheiro (2020, p. 182) salientam que:

> Essa alternância de um modo para outro é justamente o que nos ajuda a representar significados, a comunicar e a aprender – ainda que consideremos apenas o domínio da leitura e da escrita alfabéticas -, uma vez que nos auxilia, entre outras coisas, a visualizar algo em uma imagem, bem como a descrever a imagem em palavras. É por isso que, em vez de lidar apenas com letramento da "letra" (no singular), nosso foco na abordagem dos multiletramentos é o dos "letramentos" (no plural), que pressupõe a criação de significados como processos multimodais de representação e comunicação, que são multimodais.

O avanço acadêmico reclama um conhecimento multiletrado, amplo e mais intencional, que priorize a construção de significados através das práticas multimodais. A alternância de modos e concepções intelectuais enriquece o ato de escrita e a oralidade. Nesse viés, os signos e demais caracteres, ao se (re)combinarem e se mesclarem entre si, assumem diferentes formas. A composição atual nunca se repete e, isso, favorece para que distintos significados sejam construídos nas comunicações verbais e não-verbais. Isso acontece porque pode haver uma (re)combinação entre os elementos, desencadeando, dessa forma, a outros sentidos que repercutirão em um *novo produto* (prática transformada).

Esse *novo produto* se constrói a partir da *integração/associação/remixagem* com outros significantes. E, nesse movimento dialético com a escrita e oralidade, variados significados surgem e endossam as multissemioses contidas nas práticas multimodais e multiletradas. Tendo em vista a intenção de melhor ilustrar os elementos que podem ser *(re)combinados/mesclados/ remixados* entre si, para a produção multissemiótica de outros sentidos, verifica-se a seguinte figura:

Figura 2 – Representação dos modos de significação multimodal

Fonte: o autor (2023)

A (re)combinação, remixagem e hibridização dos diferentes componentes na situação de comunicação, verbal e não-verbal, é um dos aspectos que caracteriza a multimodalidade e, por conseguinte, a produção de sentido(s). Ao mesclar dois ou mais modos multimodais, na produção textual, verificam-se outras alternativas que possibilitam formas e entendimentos mais abrangentes e multifacetados, o que influi em uma *nova* reescrita e releitura. À medida em que o texto/discurso vai se intensificando, os modos de enunciação se ampliam e se modificam, naturalmente, ocasião em que ocorre um alinhamento entre os significantes e os significados. Outros fatores que impulsionam as práticas multimodais na situação de comunicação são os dispositivos eletrônicos *criados/ajustados/aprimorados* hoje em dia. Conforme pontuado por Kalantzis; Cope e Pinheiro (2020, p. 182):

> É preciso também levarmos em consideração nossos ambientes de comunicação contemporâneos em constante mudança, como dispositivos de fala, que são, ao mesmo tempo, dis-

positivos de construção de textos escritos e imagens (como os *smartphones*). Nesse sentido, de todas as mudanças no ambiente do *design* de significado, desde o século XX, um dos desafios para o processo de ensino e aprendizagem de leitura e escrita que ainda se limita às formas escritas da linguagem é lidar com a crescente multimodalidade das mídias para a representação e a comunicação de significados, em muitos aspectos, mais poderosas do que a mídia impressa tradicional.

Cada vez mais os suportes digitais, tais como, 'smartphones', 'tablets', 'notebooks', 'aparelhos de televisão', 'computadores', entre outros, acumulam uma gama complexa e variável de funcionabilidades que ensejam a supressão de *movimentos/etapas/operações* repetitivas, cujo intuito é o de facilitar a interação do binômio **homem/máquina** e, ao mesmo tempo, tornar mais dinâmica e sincronizada a interação através de um simples *clique* no teclado/controle do artefato tecnológico. Isso acontece porque, conforme explica Kenski (2012, p. 40-41):

> Estamos vivendo uma nova era, em que transações comerciais são realizadas de maneira globalizada, ao mesmo tempo, entre organizações e pessoas localizadas nos mais diversos cantos do planeta. Cientistas de todo o mundo se reúnem virtualmente para realizar pesquisas e discutir resultados. Grandes volumes de dados são transmitidos, transferidos de lugares distantes em questão de segundos, transformando o planeta numa imensa rede global. Nesse novo momento social, o elemento comum aos diversos aspectos de funcionamento das sociedades emergentes é o tecnológico. Um "tecnológico" muito diferente, baseado numa nova cultura, a digital. A ciência, hoje, na forma de tecnologias, altera o cotidiano das pessoas e coloca-se em todos os espaços. Dessa forma, transforma o ritmo da produção histórica da existência humana. No momento em que o ser humano se "apropria" de uma (parte da) "técnica", ela já foi substituída por outra, mais avançada, e assim sucessivamente. As TICs evoluem com muita rapidez. A todo instante surgem novos processos e produtos diferenciados e sofisticados: telefones celulares, *softwares*, vídeos, computador multimídia, internet, televisão interativa, *videogames*, etc. Esses produtos, no entanto, não são acessíveis a todas as pessoas, pelos seus altos preços e necessidade de conhecimentos específicos para sua utilização. A velocidade das alterações no universo informacional exige atualização permanente.

Assim, quanto maior for o número de inventos modernos, com alta performance tecnológica, mais efetiva e célere será a interação do homem no ambiente virtual e, evidentemente, a utilização e (re)combinação de múltiplas linguagens multimodais para o estabelecimento da comunicação — escrita e oral — com as outras pessoas.

Foi, justamente, com base nessas mudanças tecnológicas e estruturais que influenciaram a civilização moderna, que o Grupo de Nova Londres (1996) assentou os seus estudos em torno do *'porquê', 'o quê'* e *'como'* dos letramentos. Se ancorando na teoria da Pedagogia dos Multiletramentos proposta pelos estudiosos do Grupo de Nova Londres (1996), o *'porquê'* procurou justificar a conversão do letramento para o plural através do emprego da letra **'s'** letramento(s). Inicialmente, o referido grupo analisou as distintas multissemioses e multimodalidades que passaram a integrar os textos/discursos. Essas transformações na composição textual, teriam ocorrido com o uso de sofisticadas tecnologias eletrônicas que modificaram a cultura grafocêntrica reproduzida nos estabelecimentos de ensino, e, ainda, possibilitaram pensar em alternativas multimodais que conduzissem a outros sentidos mapeados nas ações, gestos e comportamentos dos aprendizes.

No que tange ao *'o quê'* da Pedagogia dos Multiletramentos, o Grupo de Nova Londres (1996) propôs "[...] uma metalinguagem dos multiletramentos baseada no conceito de design" (Cazden *et al.*, 1996, p. 34). Com isso, o termo *design*[13] passou a ser a palavra-chave na *Pedagogia dos Multiletramentos*. Interessante notar que a ação multiletrada "[...] de construção de significado se expande para além de estruturas mais estáticas, como "gramática tradicional" e "cânone literário", para entender representação e comunicação, surgindo uma concepção mais dinâmica de criação de significado [...]" (Kalantzis; Cope; Pinheiro, 2020, p. 172) na relação processual de *design*. Isso posto, "professores e gestores são vistos como designers de processos e ambientes de aprendizagem, e não como chefes que ditam o que seus subordinados devem pensar e fazer" (Cazden *et al.*, 1996, p. 34).

Para Cazden *et al.* (1996), a noção de *design* também pode ser associada à ideia de aprendizado e de eficiência. Assim sendo, *aprendizagem* e *produtividade* passariam a ser considerados resultados de designs (estruturas) de sistemas variados de indivíduos, lugares, tecnologias, credos e textos. Com relação à escolha da palavra *design*, Kalantzis; Cope e Pinheiro (2020, p. 172-173) explanam o seguinte:

---

[13] No entendimento de Kalantzis; Cope e Pinheiro (2020, p. 172), *design* é "um padrão de significado e também um processo de construção de significado".

> Escolhemos a palavra design pelo seu duplo significado fortuito. Por um lado, está presente em todas as coisas do mundo, padrões e estruturas que existem em coisas naturais e feitas pelo ser humano, como na forma do desenho de um relógio de corda ou na folha de uma planta. Assim, todas as coisas "têm designs", incluindo as intangíveis, abstratas, como conhecimento. Mensagens, por exemplo, possuem designs; suas partes podem ser identificadas, assim como o modo como se encaixam. Design, neste sentido, é o estudo da forma e da estrutura nos significados que construímos, o que chamamos de "morfologia", e, nessa concepção, o design é usado como um substantivo. Por outro lado, o design constitui também uma sequência de ações, motivada por nossos propósitos, que torna a representação um processo de pensamento, e a construção de mensagem um processo de comunicação. Nesse sentido, o design é algo que se faz, um ato de representação ou comunicação, que produz um alerta em forma de som ou imagem a que outra pessoa pode responder. Essa segunda acepção de *design* leva a palavra de volta à sua raiz latina *designare*, que, em português, pode ser traduzida como "designar" (um verbo) e, neste sentido, se refere a um certo tipo de agência ("designar algum sentido"), a algo que se faz.

Ainda, percebe-se que o Grupo de Nova Londres (1996) resolveu "[...] tratar qualquer atividade semiótica, incluindo a utilização da linguagem para produzir ou consumir textos, como uma questão de Design envolvendo três elementos: Designs Disponíveis, Designing e o Redesign" (Cazden *et al.*, 1996, p. 35). O *design* reestrutura o texto/discurso na medida em que outros elementos são remixados, rearticulados e recombinados entre si. O resultado dessa confluência de linguagens que se manifesta nas diferentes ações, influi em uma prática transformada, nunca acabada, com outros valores e sentidos, seja no âmbito da produção textual escrita e/ou oral.

A reunião desses três (03) elementos evidencia que a conjugação de sentidos se dá em uma esfera mais prática e dinâmica do saber. Essa estrutura se baseia em uma teoria específica do discurso. Portanto, nas palavras de Cazden *et al.* (1996, p. 35), "aquilo que determina (Designs Disponíveis) e o processo ativo de determinação (Designing, que cria Redesigns) estão em constante tensão. Essa teoria enquadra-se bem na visão da vida e dos sujeitos sociais em sociedades em rápida mudança e culturalmente diversas [...]".

Figura 3 – Designs de sentido

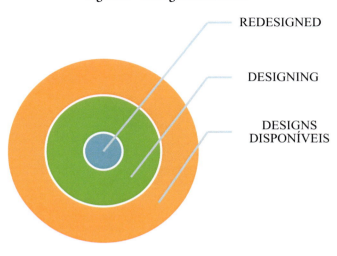

Fonte: o autor (2023)

A figura acima ilustra os designs de sentidos: 'Designs Disponíveis', 'Designing' e 'Redesign'. Através de tais elementos, os sentidos são construídos em múltiplas interações e superfícies comunicacionais. Nesse panorama, os Designs Disponíveis seriam "[...] os recursos para o Design – incluem as "gramáticas" de vários sistemas semióticos: as gramáticas das línguas e as gramáticas de outros sistemas semióticos, tais como cinema, fotografia ou gramática gestual" (Cazden *et al.*, 1996, p. 35).

Inclui-se, ainda, nesse contexto, as ordens de discurso[14]. Os designs estão disponíveis em todos os ambientes e culturas. Esses padrões de significados se revelam em convenções de linguagens, imagens, sons, gestos e, assim por diante. Paulatinamente, o ser humano, ao perceber, ouvir, visualizar e sentir, tais designs, vai se apropriando de seus significados e, por conseguinte, incorpora-os em suas vivências. É por isso que Cazden *et al.* (1996, p. 36) enfatizam que uma ordem de discurso representa:

> [...] um conjunto de discursos socialmente produzidos, interligados e interagindo de forma dinâmica. Trata-se de uma configuração específica dos elementos do Design. Uma ordem do discurso pode ser vista como uma configuração particular

---

[14] Nas palavras de Cazden *et al.* (1996, p. 36), "[...] ordem do discurso é o conjunto estruturado de convenções associadas à atividade semiótica (incluindo o uso da língua) num determinado espaço social – uma sociedade específica, como uma escola ou um local de trabalho, ou espaços menos estruturados da vida comum, agrupados na noção de diferentes".

de tais elementos. Pode incluir uma mistura de diferentes sistemas semióticos – por exemplo, sistemas visuais e auditivos em combinação com a língua constituem a ordem do discurso da televisão. Outro exemplo pode envolver as gramáticas de várias línguas – as ordens do discurso de diferentes escolas.

Portanto, Cazden *et al.* (1996, p. 36-37) explanam que:

> O mesmo indivíduo pode ser uma pessoa diferente em lugares e momentos distintos. Diferentes tipos de pessoas conectam-se por meio dos discursos entrecruzados que constituem as ordens do discurso. No âmbito das ordens do discurso existem convenções específicas dos Designs – Disponíveis – que assumem a forma de discursos, estilos, gêneros, dialetos e vozes, para citar algumas das principais variáveis. Um discurso é uma configuração do conhecimento e das suas formas habituais de expressão, que representa um conjunto específico de interesses. Ao longo do tempo, por exemplo, as instituições produzem discursos – ou seja, as suas configurações de conhecimento. Estilo é a configuração de todas as expressões semióticas de um texto em que, por exemplo, a linguagem pode estar relacionada com o layout e a programação visual. Os gêneros são formas de texto ou organização textual que surgem de configurações sociais específicas ou das relações específicas dos participantes de uma interação. Refletem os objetivos dos participantes num dado tipo de interação.

Conforme se vislumbra no trecho em destaque, o discurso reflete os diferentes Designs Disponíveis de uma estrutura sociocultural. Através do uso intencional do discurso, estabelecem-se preferências, interesses e necessidades que servirão de centro de gravidade para balizar o comportamento humano. Esse texto/discurso se constrói na complexidade das interações entre os sujeitos, e, isso, possibilita a constituição de múltiplos significados entre os falantes.

No Designing "o processo de modelagem do sentido emergente envolve reapresentação e recontextualização. Isso nunca é simplesmente uma repetição dos Designs Disponíveis. Cada momento de produção de sentidos envolve a transformação dos recursos de sentidos [...]" (Cazden *et al.*, 1996, p. 37-38). Trata-se de uma releitura, cuja interpretação não se confunde com a redundância de ações que envolvam a reprodução mecanizada do Design Disponível. A esse respeito, Kalantzis; Cope e Pinheiro (2020, p. 174) aduzem que:

No processo de *designing*, ao usarmos recursos de construção de significado em/com *designs* disponíveis, engajamo-nos em atos de design, criando, assim, novo(s) design(s). No entanto, ao colocar os *designs* disponíveis para uso, o construtor de significado nunca simplesmente replica ou copia os *designs* encontrados, ainda que as matérias-primas de que faz uso pareçam ter sido amplamente reproduzidas a partir de padrões bem estabelecidos de construção de significado. Nesse sentido, o construtor de significados sempre cria um novo design, pois esse design é inevitavelmente uma expressão de sua voz, que se baseia na combinação única de recursos para a construção de significado, com base em códigos e convenções disponíveis em seus contextos e culturas. Esse momento de *design* é um momento de transformação, que, de alguma forma, refaz o mundo projetando-o novamente. Nesse sentido, *designing* é o ato de fazer algo com *designs* disponíveis de significado, seja representando o significado para si mesmo, por meio dos processos ativos, interpretativos, de ler, escutar, ver; seja comunicando-o aos outros, por meio da criação de enunciados que podem ser respondidos através da escrita, da fala, de fotos e/ou vídeos. Essa é a razão pela qual, quando estamos envolvidos no processo de *designing*, nunca nos limitamos a reproduzir *designs* disponíveis, posto que sempre retrabalhamos e revemos o mundo como o encontramos. Por isso, textos, imagens e sons nunca são iguais, mesmo quando esses significados são aparentemente do tipo mais previsível possível ou até mesmo clichês.

O designing é criado em uma dimensão valorativa que prima pelo ineditismo. Significa dizer que os Designs Disponíveis são *(re)combinados/mesclados/reagrupados* entre si, o que implica na consolidação de um novo *sentido/significado*. Na concepção de Cazden *et al.* (1996, p. 38-39):

Qualquer atividade semiótica – qualquer Designing – funciona simultaneamente sobre e com essas facetas dos Designs Disponíveis. O Designing reproduzirá mais ou menos normativamente, ou transformará mais ou menos radicalmente, os conhecimentos dados, as relações sociais e identidades, dependendo das condições sociais sob as quais o Design ocorre. Mas nunca irá simplesmente reproduzir os Designs Disponíveis. O Designing transforma o conhecimento ao produzir novas construções e representações da realidade. Através da co-gestão de Designs, as pessoas transformam suas relações umas com as outras e assim transformam-se a si mesmas.

Esses não são processos independentes. Configurações de indivíduos, relações sociais e conhecimentos são trabalhados e transformados. (Designing) no processo de designing. As configurações, preexistentes e novas, são sempre provisórias, embora possam atingir um elevado grau de permanência. A transformação é sempre uma nova utilização de velhos materiais, uma rearticulação e recombinação dos recursos dos Designs Disponíveis. A noção de Design reconhece a natureza iterativa da produção de sentidos, recorrendo aos Designs Disponíveis para criar padrões de sentidos que são parcialmente previsíveis em seus contextos. É por isso que o Redesign traz em si certo ar de familiaridade. No entanto, há algo inevitavelmente único em cada enunciado. A maioria dos parágrafos escritos são únicos, nunca construídos exatamente dessa forma antes e – exceto pela cópia ou pela improbabilidade estatística – nunca mais devem ser construídos dessa forma novamente. Do mesmo modo, há algo irredutivelmente único na voz de cada pessoa. O Designing sempre envolve a transformação dos Designs Disponíveis; sempre envolve fazer novo uso de materiais antigos.

Ainda, Cazden *et al.* (1996, p. 39) expõem que:

> [...] ouvir e falar, ler e escrever são atividades produtivas, formas de designing. Ouvintes e leitores encontram textos como designs disponíveis. Eles também se valem de sua experiência de outros designs disponíveis como um recurso para criar novos significados a partir dos textos que encontram. A sua leitura e escuta são em si uma produção (um Designing) de textos (embora textos para si, não textos para outros) com base em seus próprios interesses e experiências de vida. E sua escuta e leitura, por sua vez, transformam os recursos que receberam na forma de Designs disponíveis em Redesigned.

Os textos, verbais e não-verbais, quando (re)combinados, remixados e mesclados entre si, sofrem múltiplas mutações e se transformam em outras produções que estabelecem significados variados. Nesse diapasão, os inúmeros Designs Disponíveis, quando reunidos e aglutinados entre si, acabam contraindo uma nova composição e linguagem, o que influi na comunicação, na ordem do discurso e, evidentemente, na interação entre os sujeitos. Com relação ao Redesigned, Cazden *et al.* (1996, p. 39-40) assinalam que:

> O resultado do Designing gera um novo significado, algo por meio do qual os produtores de sentidos se recriam. Nunca é uma reformulação ou uma simples recombinação de Designs

Disponíveis. O Redesigned pode ser variavelmente criativo ou reprodutivo em relação aos recursos para a produção de sentidos existentes nos Designs Disponíveis. Mas não é uma simples reprodução (como o mito das normas e da pedagogia da transmissão nos faria acreditar), nem é simplesmente criativo (como os mitos da originalidade individual e da voz pessoal nos fariam crer). Como a instância em que estão em jogo os recursos culturais e as subjetividades únicas, o Redesigned fundamenta-se em padrões de sentido histórica e culturalmente herdados. Ao mesmo tempo, é produto único do agenciamento humano: sentido transformado. E, por sua vez, o Redesigned torna-se um novo Design Disponível, um novo recurso produtor de sentidos. Além disso, por meio dos processos do Design, os produtores de sentido se recriam. Reconstroem e renegociam suas identidades. O Redesigned não apenas foi construído ativamente, mas também é uma evidência das maneiras como a intervenção ativa no mundo, que é o Designing, transformou o próprio designer.

O Redesigned baseia-se em padrões históricos e culturais (re)produzidos pela civilização humana ao longo da sua existência. Nesse caso, é o produto/sentido transformado. Os recursos são (re)produzidos e convertidos por meio do designing, isto é, conforme explicitado por Kalantzis; Cope e Pinheiro (2020, p. 175-176):

O processo de *designing*, de fazer sentido no mundo, frequentemente deixa um traço tangível e comunicado, como uma imagem, um objeto, um enunciado oral ou um texto escrito. À medida que o processo de design chega a um encerramento momentâneo, o mundo vai sendo transformado, não importa quão pequena seja essa transformação, porque o traço deixado para trás é único e pode afetar outra(s) pessoa(s) se e quando esta(s) receber(em) o significado *redesigned* como algum tipo de resposta. Contudo, mesmo que ninguém seja tocado pelo significado de uma pessoa – ninguém a ouviu ou viu sua mensagem –, ainda assim ela terá causado algum tipo de transformação, pois o resultado de seu designing pode contribuir para que outra(s) pessoa(s) (re)pense(m) as coisas e as veja(m) de uma nova maneira, o que pode ocorrer imediatamente ou em algum momento posterior, se e quando alguém tiver acesso ao resultado do design. Isso ocorre porque o *redesigned* passa a se juntar, de alguma forma, ao repertório de designs disponíveis, proporcionando aberturas para novos designs. Nesse sentido, o redesigned, algo ouvido, fotografado, filmado ou escrito, é devolvido ao mundo, e esse retorno deixa um legado de transformação que, por sua vez, também transforma o próprio designer. O *redesigned* é, portanto, um resíduo, um traço de transformação que é deixado no mundo social do significado. Os textos do processo de *designing* se tornam, desse modo, recursos novos ressignificados (*redesigned*) para a construção do significado no jogo aberto e dinâmico de subjetividades e significados, isto é, o *designing* de uma pessoa se torna um recurso no universo de *designs* disponíveis de outra pessoa. É assim que o mundo muda.

As três dimensões que representam os designs de sentidos — 'Design Disponível, Designing e Redesigned' —, repercutem na situação comunicativa entre os sujeitos, impactando, obviamente, na construção de outros designs que dialoguem com a realidade das pessoas. Portanto, em última análise, o 'Designs Disponíveis' são recursos para a produção de sentidos, isto é, através deles é possível a constituição/integração de sentidos. Já o 'Designing' refere-se ao trabalho desenvolvido com os 'Designs Disponíveis' no processo semiótico. Por fim, o 'Redesigned' decorre dos recursos reproduzidos e transformados por meio do Designing.

O '*como*' na Pedagogia dos Multiletramentos consiste na (r)evolução da mentalidade humana interligada ao âmbito social e escolar, assim como da natureza do *ensino* e da *aprendizagem* do aluno em sala de aula. Segundo o que propõe o Grupo de Nova Londres (1996), o conhecimento humano não se origina de aspectos *gerais* e *abstratos*, mas, do convívio em contextos sociais, culturais e materiais. Nesse caso, a interação entre os indivíduos propícia o aparecimento de teorias *abstratas*, *gerais* e *abertas* que devem ser aperfeiçoadas, tendo em vista o bem-estar da sociedade. A esse respeito, Cazden *et al.* (1996, p. 49-50) se posicionam da seguinte maneira:

> Nossa visão da mente, da sociedade e da aprendizagem baseia-se na suposição de que a mente humana é corporificada, situada e social, ou seja, que o conhecimento humano é inicialmente desenvolvido não como "geral" e "abstrato", mas, sim, como inserido em contextos sociais, culturais e materiais. Além disso, o conhecimento humano é inicialmente desenvolvido como parte das interações colaborativas com outras pessoas de habilidades, experiências e perspectivas diversas, unidas em uma comunidade epistêmica específica, ou seja, em uma comunidade de alunos engajados

> em práticas comuns centradas em torno de dado (histórica e socialmente constituído) domínio do conhecimento. Acreditamos que "abstrações", "generalidades" e "teorias abertas" surgem dessa base inicial e devem ser sempre devolvidas a essa base ou a uma versão recontextualizada dela. Essa visão da mente, da sociedade e da aprendizagem, que esperamos explicar e desenvolver nos próximos anos como parte de nosso projeto internacional conjunto, leva-nos a argumentar que a pedagogia é uma integração complexa de quatro fatores: Prática Situada, baseada no mundo das experiências de designed e designing dos estudantes; Instrução Aberta, por meio da qual os alunos moldam para si mesmos uma metalinguagem explícita do design; Enquadramento Crítico, que relaciona os significados aos seus contextos e finalidades sociais; e a Prática Transformada, na qual os alunos transferem e recriam designs de produção de sentido de um contexto para outro.

Em conformidade com o trecho destacado, verifica-se que a pedagogia, ao contemplar a articulação da *mente*, da *sociedade* e da *aprendizagem*, consolida-se através da integração complexa de quatro (04) fatores: 'Prática Situada', 'Instrução Aberta', 'Enquadramento Crítico' e 'Prática Transformada'.

Figura 4 – Elementos integrantes do 'como'

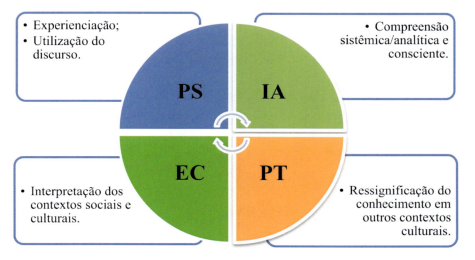

Fonte: o autor (2023)

Quadro 4 – Legenda

SIGLA	Elementos integrantes do 'como'
PS	Prática Situada
IA	Instrução Aberta
EC	Enquadramento Crítico
PT	Prática Transformada

Fonte: o autor (2023)

Com relação aos quatro (04) fatores que compõem o *'como'* da Pedagogia dos Multiletramentos, faz-se necessário esclarecer que tais "elementos de cada um podem ocorrer simultaneamente, enquanto em momentos diferentes um ou outro irá predominar, e todos eles são repetidamente revisitados em diferentes níveis" (Cazden *et al.*, 1996, p. 53). Embora se comuniquem no momento da interceptação dos eventos relacionados, tais elementos são autônomos e são ativados de modo independente, simultâneo e/ou em conjunto com outro fator.

Nessa toada, o Grupo de Nova Londres (1996) sustenta que a (inter) conexão e (re)combinação desses componentes, favorece para que a visão de *mente/sociedade/aprendizagem* evolua intensamente e de modo dialogal, porém, é preciso enfatizar que essa interação entre os elementos nem sempre ocorre na mesma intensidade e/ou frequência. A interação, colaboração, experienciação e reconfiguração das ações práticas são fatores primordiais para a produção de sentidos e, consequentemente, para a transformação do conhecimento em algo novo, que agregue valor e seja aproveitável para o *aprendente/educador*. Logo, "a pedagogia é, portanto, dialógica, constituindo-se, em princípio, entre professor e alunos [...]" (Kalantzis; Cope; Pinheiro, 2020, p. 358).

A 'Prática Situada' decorre da imersão dos aprendentes em ações significativas. Para se obter uma experiência de aprendizagem integral, exige-se a reunião das práticas, vivências e habilidades, anteriores e atuais, dos discentes, assim como das suas comunidades e dos discursos construídos fora do espaço formal de aprendizagem. Ainda, é preciso considerar nessa parte da pedagogia "[...] as necessidades e as identidades afetivas e socioculturais de todos os alunos" (Cazden *et al.*, 1996, p. 53-54). Tudo isso para que o educando se sinta mais seguro diante da assunção de riscos no momento em que estiver participando de alguma atividade proposta pelo docente.

O envolvimento é peça fundamental para que o estudante confie nas sugestões, críticas e opiniões dos demais colegas e do educador na realização da atividade escolar. Considerando esse horizonte, salienta-se que "[...] a avaliação nunca deve ser usada para julgar, mas deve ser usada no desenvolvimento, a fim de orientar os alunos para as experiências e para a assistência de que precisam para se desenvolverem ainda mais como membros da comunidade [...]" (Cazden *et al.*, 1996, p. 54). No que tange à 'Instrução Aberta', o grau de entendimento do aluno é verificado a partir da iniciativa voluntária do mesmo e do seu interesse em aprender mais.

Além de levar em consideração as experiências trazidas pelo discente no espaço escolar, inclui-se, também, nessa outra divisão da pedagogia, todos os esforços despendidos por parte de educadores e aprendizes no que tangencia à atuação colaborativa de ambos os envolvidos para a realização de tarefas complexas. Na visão de Cazden *et al.* (1996, p. 54), "o objetivo aqui é a percepção consciente e o controle sobre o que está sendo aprendido – sobre as relações intrassistemáticas do domínio que está sendo praticado". O cumprimento dessa meta estaria atrelado ao uso da metalinguagem, ou seja, de uma *linguagem geral* e *reflexiva* de descrição da forma, conteúdo e da atribuição dos discursos de ação. Para Cazden *et al.* (1996, p. 54-55):

> No caso do esquema dos multiletramentos proposto aqui, isso significaria que os alunos desenvolvem uma metalinguagem que descreve tanto o "quê" da pedagogia dos letramentos (processos e elementos de design) quanto os andaimes que constituem o "como" da aprendizagem (Prática Situada, Instrução Aberta, Enquadramento Crítico, Prática Transformada).

Esse uso metalinguístico nada mais é do que um meio de estreitar os vínculos de confiabilidade, interatividade e, acima de tudo, colaboração entre os envolvidos para a elaboração de exercícios multimodais, complexos, que reclamam a participação de uma coletividade consciente e organizada dos seus objetivos na academia. Representa, acima de tudo, um elo de comunicação entre os *educandos*, e, desses com o *professorado*. Pode-se dizer que a metalinguagem é utilizada para a decifração de símbolos contidos na linguagem verbal e não-verbal entre os sujeitos. Com relação ao 'Enquadramento Crítico', Cazden *et al.* (1996, p. 55) asseguram que:

> O objetivo do Enquadramento Crítico é ajudar os alunos a enquadrar seu crescente domínio da prática (da Prática Situada) e do controle e compreensão consciente (da Instrução Aberta) quanto às relações históricas, sociais, cultu-

rais, políticas, ideológicas e de valor de sistemas específicos de conhecimento e de prática social. Aqui, crucialmente, o professor deve ajudar os alunos a desnaturalizar e a tornar estranho novamente o que aprenderam e dominaram.

Essa outra parte da pedagogia se refere à interpretação dos contextos sociais e culturais de designs de sentido específicos. Significa dizer que os estudantes devem se afastar do que estão estudando para poderem enxergar o objeto investigado de forma crítico-reflexiva, lançando sobre o objeto de estudo *outros olhares*. Através do 'Enquadramento Crítico', "[...] os aprendizes podem obter a distância pessoal e teórica necessária do que aprenderam, criticá-la construtivamente, explicar sua localização cultural, estendê-la e aplicá-la de forma criativa e, eventualmente, inovar por conta própria [...]" (Cazden *et al.*, 1996, p. 56), no âmbito de comunidades antigas e/ou recentes.

Segundo o entendimento do Grupo de Nova Londres (1996), esses seriam os pilares para a 'Prática Transformada', haja vista que representa uma forma de transferência de aprendizagem. Nesse ínterim, o professor terá condições de avaliar a desenvoltura do discente, assim como os processos de aprendizagem no qual ele (estudante) se encontra inserido.

Já na 'Prática Transformada', o sujeito/aprendente precisa pensar em todo o caminho percorrido na sua jornada formativa e, a partir dessa reflexão, procurar retomar o aprendizado obtido com vista a produzir o design e, por conseguinte, elaborar outras práticas amparadas nos objetivos e valores inicialmente estipulados. Dessa forma, Cazden *et al.* (1996, p. 56-57) ressaltam que:

> Não é suficiente ser capaz de articular a compreensão das relações intrassistemáticas ou de criticar as relações extrassitemáticas. Precisamos sempre voltar para onde começamos, para a Prática Situada, mas agora uma re-prática, em que a teoria se torna prática reflexiva. Com seus alunos, os professores precisam desenvolver maneiras pelas quais os estudantes possam demonstrar como podem produzir o design e realizar, de forma reflexiva, novas práticas embutidas em seus próprios objetivos e valores. Devem ser capazes de mostrar que podem implementar entendimentos adquiridos por meio da Instrução Aberta e do Enquadramento Crítico, em práticas que os ajudem simultaneamente a aplicar e a revisar o que aprenderam. Na Prática Transformada, oferecemos um local para avaliação situada e contextualizada

dos alunos e dos processos de aprendizagem concebidos para eles. Esses processos de aprendizagem, tal como essa pedagogia, precisam ser continuamente reformulados com base nessas avaliações.

Nesse último roteiro pedagógico dos letramentos, ocorre a transferência efetiva da produção de sentido. Isso implica na inserção do significado transformado em diferentes superfícies ou espaços culturais relacionados à sala de aula ou fora dela. Distintos textos/discursos acabam sendo mesclados entre si. Essa *mescla* impacta na conversão de uma outra forma robustecida de *novos sentidos*. Com isso, o produto transformado é submetido a uma outra justaposição, integração e tensão, o que favorece para a criação de outros designs de sentido na realidade experienciada pelo sujeito/aprendente.

4

PRÁTICAS DE MULTILETRAMENTOS NA ESCOLA

> [15]*O saber não está na ciência alheia que se absorve, mas, principalmente, nas ideias próprias que se geram dos conhecimentos absorvidos mediante a transmutação por que passam no espírito que os assimila. Um sabedor não é armário de sabedoria armazenada, mas transformador reflexivo de aquisições digeridas. Já se vê quanto vai do saber aparente ao saber real. O saber de aparência crê e ostenta saber tudo. O saber de realidade, quanto mais real, mais desconfia, assim, do que vai aprendendo como do que elabora.*
> *(Oliveira, 2016, p. 43-44).*

No excerto extraído da obra do escritor Rui Barbosa, nota-se que o *ato de saber* transcende as dimensões do material e não se limita ao binômio tempo-espaço, mas, vai muito além disso. Torna-se um elo de ligação entre o possível e o inalcançável no imaginário da humanidade. Essa metamorfose de ideias, abstratas e concretas, encampa a uma beleza única que se reveste da mais genuína arte: o conhecimento. O ato de aprender é experimentado a cada instante pelo *homem/leitor/estudante* que, eufórico na cólera frenética de suas pretensões, necessita conhecer, a cada vez mais, a si próprio e ao mundo que o cerca para evoluir, pessoal, cognitiva e intelectualmente.

Com o domínio da escrita, ele (o homem) registra, nos fósseis da história, a sua indelével ânsia por *conhecer*. Não foi mero acaso, mas, uma necessidade digerida ao longo da (r)evolução humana. Essa digestão oportunizou a inúmeras mudanças que desencadearam profundas transformações na vida do sujeito. Certamente que esse processo de transmutação do conhecimento não poderia deixar de lado as alterações

---

[15] Rui Barbosa de Oliveira, jurista, advogado, político, diplomata, escritor, jornalista, tradutor, orador, professor, um dos autores da Constituição Republicana e membro da Academia Brasileira de Letras, nasceu em 05 de novembro de 1849, em Salvador - Bahia. Se destacou no campo do direito, mas, o seu legado impactou a diversas outras áreas do conhecimento, entre elas, o da educação. Foi paraninfo dos formandos de 1920 da Faculdade de Direito de São Paulo, ocasião em que teria aprofundado na 'Oração aos moços', a discussão em torno do papel do jurista perante a sociedade. Em 01 de março de 1923, o escritor soteropolitano faleceu em Petrópolis - Rio de Janeiro. Utilizou-se a fonte itálico para enfatizar a importância do excerto do escritor no desenvolvimento do raciocínio aqui pretendido (Oliveira, 2016, p. 09-11).

que impactaram a escrita e a oralidade, no decorrer da história da humanidade. Ora, o homem primitivo, ser desvairado em suas contradições, ao dominar o uso da língua, procurou encontrar meios de assegurar com que suas palavras permanecessem gravadas, esculpidas, para os povos da posteridade. Logo, fazendo inferência ao dizer do escritor, a produção textual — escrita e oral — não se limita a uma única configuração: ela se modifica e se reorienta, conforme a situação comunicativa envolvendo os sujeitos/aprendentes.

É justamente dessa reflexão de aquisições assimiladas do uso da língua que o homem, ao se apropriar da sua capacidade de comunicação, mobiliza a outros saberes com vista à ressignificação das práticas que cerceiam o seu viver. E, isso, certamente, impactou o seu comportamento, a sua cultura e ética ao longo do seu percurso de formação. Tais mudanças lhe fizeram bem e incutiram em seu imaginário — (i)lógico e (im)perfeito — a dimensão epistemológica de validação dos seus pensamentos.

Mas, diante desse panorama de progressos e de apropriação da escrita e da oralidade, será que esse mesmo homem, ser *evoluído* e *tecnológico*, conseguiu compreender a si próprio? Será que o ser humano aprendeu algo durante a sua trajetória de ascensão tecnológica? Após essa breve contextualização histórica envolvendo a oralidade, a escrita e o sujeito, Kalantzis; Cope e Pinheiro (2020, p. 35) salientam que:

> Há bastante tempo, filósofos e cientistas da linguagem têm dito que a escrita não é mera transcrição ou reprodução do pensamento, tampouco um registro direto ou cópia da fala. A escrita é uma "tecnologia" ou "artefato", desenvolvida para modos específicos de pensar e de estar no mundo, que permeia diferentes culturas, de diferentes maneiras. Isso tem grande relevância para o processo de ensino e aprendizagem de leitura e escrita na contemporaneidade.

Com o passar do tempo, variadas formas de comunicação, verbal e não-verbal, passaram a ser contempladas, tanto no ambiente escolar, quanto fora dele. A necessidade de se expressar e de se comunicar do homem facilitou para que a língua, enquanto referencial na construção social, ganhasse corpo nas produções acadêmicas. As pistas já se encontravam por todas as partes. Até que o NLG (1996) apresentou ao mundo, outras possibilidades multissemióticas e multimodais de produção textual, trazendo à tona inúmeros estudos que destacaram as práticas multiletradas na composição do texto — escrito e oral.

Ainda, tais práticas multimodais impingiram distintas possibilidades de comunicação, enriquecendo, ainda mais, o uso da língua no horizonte dos múltiplos letramentos. No universo escolar, há indícios de que essa multiplicidade de linguagens, ancoradas na (re)combinação de elementos estáticos, sonoros, gestuais, verbais, visuais e espaciais, colaborou para o aprimoramento do artefato texto/discurso. Isso teria sido intensificado pelo uso das "[...] mídias digitais [...]" (Kalantzis; Cope; Pinheiro, 2020, p. 148).

Essa (re)orientação textual e, por conseguinte, da produção de sentidos, teria se potencializado com o uso de diversas tecnologias digitais da informação e comunicação que foram, aos poucos, incorporadas ao panorama educacional, haja vista que "as rápidas e constantes mudanças que estão ocorrendo em nossos ambientes comunicacionais nos impulsionam a reconsiderar nossas abordagens em relação ao processo de ensino e aprendizagem de leitura e escrita" (Kalantzis; Cope; Pinheiro, 2020, p. 52).

Contudo, para que ocorra essa diversificação dos textos/discursos em sala de aula, é necessário que a escola, enquanto agência de letramentos, instigue o "[...] diálogo multicultural, trazendo para dentro de seus muros, não somente a cultura valorizada, dominante, canônica, mas também as culturas locais e populares e a cultura de massa, para torná-las vozes de um diálogo, objetos de estudo e de crítica" (Rojo, 2009, p. 115) através do uso didático-pedagógico de aparatos tecnológicos digitais.

Nesse contexto de modificações e transformações dos textos/discursos, o docente assume papel de destaque no quadro da Educação. Todavia, argumentar e, por conseguinte, refletir sobre as ações dos professores no campo educacional requer um olhar mais atento e, ao mesmo tempo, ambicioso que vai muito além das práticas convencionais de ensino. Logo, a mobilização do diálogo é relevante para o aprimoramento das estratégias pedagógicas apresentadas como meio de interlocução com os anseios do público a que se destina: os estudantes. Dessa maneira, os atores envolvidos com a cultura escolar podem e devem contribuir com o processo de (re)construção da sala de aula, desde que cada *tijolo* esteja assentado aos propósitos de reorientação e profundidade das práticas incentivadas, orquestradas e compartilhadas no espaço escolar, tendo em vista um ambiente formal de aprendizagem mais democrático, inclusivo e plural.

Não se trata de esquecer da materialidade que compõe o universo estudantil, mas, de transpor o tradicionalismo impregnado nos processos de *ensino* e de *aprendizagem*, rompendo com as paredes (in)visíveis que limitam o ato de 'ensinar' e de 'aprender'. Trata-se, portanto, de buscar a outros horizontes, outras formas de contemplação do conhecimento e de apropriação de sentidos que motivem e aprimorem, não somente o discurso, mas, também, as experiências promovidas nos estabelecimentos escolares.

Com o intuito de chamar a atenção para a composição de outros sentidos ao processo de ensino e de aprendizagem que abrange o percurso acadêmico do alunado, a presente seção tem como objetivo 'ampliar as discussões e reflexões sobre os conceitos de tecnologias e de multiletramentos, considerando a Pedagogia dos Multiletramentos'. Dessa maneira, a escrita desta divisão dialoga com as pretensões avençadas no objetivo em destaque, o que reforça a necessidade de aprofundamento de tais estudos no espaço da universidade.

Falar em práticas multiletradas no cenário das "[...] novas tecnologias [...]" (Castells, 2020, p. 91) é tão necessário quanto compreender a interface do "[...] ciberespaço [...]" (Lévy, 2010, p. 94) entre o professor e o aluno no contexto escolar. A sala de aula tradicional que conhecemos, organizada verticalmente, com cadeiras alinhadas, uma atrás da outra, alunos perfilados e professor posicionado, mais ao centro, no recinto, perpassa, atualmente, por uma profunda reformulação sociocultural e tecnológica, tanto no que diz respeito a estrutura física do espaço escolar, quanto das práticas relacionadas ao saber-fazer docente.

Cumpre ressaltar que o contexto educacional perpassa por mudanças imbricadas no tempo-espaço e que, tais movimentos, sinalizam para uma diferenciada realidade escolar pautada pelo uso de variados artefatos tecnológicos digitais nas escolas e universidades. Logo, "o uso crescente das tecnologias digitais e das redes de comunicação interativa acompanha e amplifica uma profunda mutação na relação com o saber [...]" (Lévy, 2010, p. 174), inaugurando, como resultado, a inúmeras situações comunicacionais que oportunizam a um processo de ensino e de aprendizagem mais dinâmico no quadro da educação. Esse modo de contemplação dos recursos digitais nos estabelecimentos de ensino, viabiliza a uma reflexão pontual do agir docente na seara escolar. A esse respeito, Cani e Coscarelli (2016, p. 15) salientam que:

> Vivemos imersos em um tempo no qual as tecnologias digitais desempenham um papel importante, principalmente por seus apelos visuais e sonoros e pela pluralidade das informações que veiculam. Nessa era da cibercultura, encontramos pessoas que, a todo tempo, nos mostram que não há antagonismo entre tecnologias digitais e aprendizagem.

As diferentes formas de comunicação verbal e não-verbal, no ambiente escolar, associado ao uso de tecnologias digitais da informação e comunicação, tais como, 'smartphones', 'computadores', 'tablets' e 'notebooks', desencadearam a outros modos de transmissão de conhecimento e, por assim dizer, influíram em outros impactos no processo de aprendizagem do sujeito/aprendiz. Tais mudanças no contexto de sala de aula, relacionadas ao uso de tecnologias digitais, *colocaram em xeque* as metodologias empregadas pelas instituições de ensino que se encontram, cada vez mais, desafiadas a observarem e a promoverem os ajustes necessários nos planos de aula. Enfatiza-se, ainda, que "as universidades e, cada vez mais, as escolas primárias e secundárias estão oferecendo aos estudantes as possibilidades de navegar no oceano de informação e de conhecimento acessível pela internet" (Lévy, 2010, p. 172).

E, nesse panorama de *idas e vindas*, encontra-se o educador, com o seu saber-fazer docente, frente às necessidades de equalização de suas técnicas de ensino com o tempo presente, desafiado pelas transformações históricas, sociais, políticas, econômicas, culturais e tecnológicas que ocorrem, tanto no espaço escolar, quanto fora dele. Desse modo, considerando a (r)evolução tecnológica que permeia a escola contemporânea, é necessário que o docente contextualize a sua prática de ensino aos movimentos tecnológicos que já se encontram inseridos no ambiente escolar. Levando-se em consideração todo o exposto, é imprescindível que o profissional da educação reflita e, em seguida, aproprie-se dos diferentes modos de comunicação e de interação no ambiente estudantil, revendo as suas estratégias, metodologias, capacidade de verbalização e de disseminação de saberes, com vista a ressignificar o seu saber-fazer docente. De acordo com Lévy (2010, p. 173):

> [...] a principal função do professor não pode mais ser uma difusão dos conhecimentos, que agora é feita de forma mais eficaz por outros meios. Sua competência deve deslocar-se no sentido de incentivar a aprendizagem e o pensamento. O professor torna-se um animador da inteligência coletiva dos grupos que estão a seu encargo. Sua atividade será centrada no acompanhamento e na gestão das aprendizagens: o incitamento à troca dos saberes, a mediação relacional e simbólica, a pilotagem personalizada dos percursos de aprendizagem etc.

Assim sendo, a exigência de transmutação das práticas do saber-fazer docente está associada aos atos e demais gestos que compõem e instigam aos múltiplos letramentos difundidos na escola, e, nos espaços informais de aprendizagem. A ideia dos 'multiletramentos' ou 'novos letramentos' está relacionada às heterogêneas formas de comunicação que, atreladas à produção textual, escrita e oral, oportunizam diferentes situações comunicacionais.

Dessa forma, Kalantzis; Cope e Pinheiro (2020, p. 19) salientam que o termo *multiletramentos* se refere a dois aspectos fundamentais de construção de significados, sendo, um deles, a diversidade social e/ou "[...] a variabilidade de convenções de significado em diferentes situações culturais, sociais ou de domínio específico". Para os autores, os diferentes contextos vivenciados no cotidiano, influenciam na produção textual que, por sua vez, refletem-se na construção de outros significados que pautam as interações humanas no ambiente social, evidenciando, por conseguinte, as múltiplas formas de comunicação que impactam no agir humano. Quanto ao segundo aspecto fundamental que cerceia a ideia de multiletramentos, Kalantzis; Cope e Pinheiro (2020, p. 20) pontuam que:

> O segundo aspecto da construção de significado destacado pela ideia de multiletramentos é a multimodalidade. Essa é uma questão particularmente significativa hoje, em parte como resultado dos novos meios de informação e comunicação. Os significados são construídos cada vez mais multimodalmente, devido à crescente multiplicidade e integração de modos de construção de significado, em que o textual está integrado ao visual, ao áudio, ao espacial e ao comportamental etc. Isso é particularmente importante na mídia de massa, na multimídia e na hipermídia eletrônica.

É desse quadro de modificações inseridas pela cultura das múltiplas linguagens, decorrentes do uso de variadas tecnologias digitais da informação e comunicação, no ambiente escolar, que emerge a urgência e inevitabilidade de contextualização e ressignificação do agir docente em sala de aula.

4.1 O professor também precisa mudar? Olhar(es) para a identidade profissional docente

Toda mudança pretendida, seja no âmbito profissional e/ou no ministério da vida privada, prescinde de uma atitude consciente de *parar/observar/ prosseguir* por parte daquele que se sujeita a refletir sobre os seus pensamentos e ações. Basicamente, implica em uma autoavaliação do próprio comportamento, assim como representa um *olhar crítico* para o caminho percorrido.

AS TDIC NO CENÁRIO DA EDUCAÇÃO: REFLEXÕES PARA A FORMAÇÃO UNIVERSITÁRIA CONTEMPORÂNEA

Quando se fala em aprimoramentos e avanços nas práticas profissionais, tais pretensões envolvem a todos os trabalhadores, de um modo geral. Essa necessidade de renovação do próprio *eu* não isenta a ninguém, tampouco aqueles que possuem como *dever/vocação/paixão* colaborar com o aprendizado das demais pessoas. Assim sendo, o educador deve mobilizar-se para cultivar, em seu saber-fazer, as diferentes táticas comunicativas que envolvem a produção textual, escrita e oral, considerando, obviamente, as distintas situações de aprendizagens oportunizadas pelo uso didático de recursos digitais.

Para Kalantzis; Cope e Pinheiro (2020, p. 28), "a evolução das práticas de ensino envolve, portanto, uma grande mudança na identidade profissional, uma vez que o ato de ensinar é cada vez menos expositivo, tornando-se progressivamente uma profissão híbrida de documentação e geração de dados". Na mesma esteira de raciocínio, Zacharias (2016, p. 20-21) ressalta que:

> Ultimamente, a participação na cultura letrada passou a ser mediada por vários dispositivos e por outras maneiras de ler que desafiam concepções de leitura mais tradicionais. O aparecimento de formas de comunicação como as redes sociais (a exemplo do WhatsApp e do Facebook) implica transformações no processo de criação e de recepção dos textos, uma vez que exploram aspectos como a multimodalidade, a hipertextualidade e a interatividade. Estas formas de interação demandam habilidades de leitura e de produção específicas e, consequentemente, exigem uma formação mais específica dos interagentes. A compreensão desses conceitos nos ajuda a entender o leitor que vem surgindo com a multiplicidade de textos e as mensagens que transitam na comunicação em rede, uma vez que às complexas tarefas exigidas na leitura do impresso somam-se outras quando nos colocamos diante dos textos digitais.

Enfatiza-se que tais mudanças no modo de compreensão das produções textuais, escritas e orais, otimizadas pelo uso das tecnologias digitais da informação e comunicação, estão conjugadas com a apropriação das práticas multiletradas por parte do educador, em sala de aula. Tais movimentos inauguram a uma compreensão maior no professor, no que tange ao seu papel de formador e colaborador no espaço escolar, sendo, portanto, imprescindível que ele reflita sobre os seus gestos educativos com vista à ressignificação do seu comportamento profissional. A esse respeito, Kalantzis; Cope e Pinheiro (2020, p. 28-29) esclarecem que:

> Em vez de fecharem a porta de sua sala e elaborarem seu trabalho de forma individual, "novos professores" serão profissionais colaborativos, compartilhando on-line seus projetos de aprendizagem com os colegas, reutilizando e adaptando os projetos de aprendizagem de outros professores, participando da elaboração de projetos coletivos, revisando projetos de aprendizagem de seus pares, ensinando em equipe para diferentes turmas. Em outras palavras, estarão imersos em uma cultura profissional de suporte e compartilhamento mútuo. O "novo professor" precisará saber gerenciar ambientes de aprendizagem multifacetados, nos quais nem todos os aprendizes precisam estar na mesma página ao mesmo tempo. De fato, os alunos podem trabalhar em coisas diferentes, dependendo de seus níveis de aprendizagem, de suas necessidades e de seus interesses. Dado que os aprendizes podem trabalhar em coisas distintas e em tempos e espaços diferentes, "o novo professor" não os avaliará por meio de um teste único, a ser realizado especificamente em uma sala de aula e em um determinado horário, mas sim de forma contínua, acompanhando o progresso do aluno e adequando seu ensino às necessidades de cada um. Assim, os "novos professores" assumirão um maior grau de controle sobre suas próprias vidas profissionais.

Para Marques (2016, p. 118):

> Para que os multiletramentos sejam promovidos na escola, de maneira produtiva, interativa e qualificada, é necessária uma nova concepção de ensino para que o uso adequado das tecnologias ganhe espaço no processo de ensino-aprendizagem do aluno. É preciso que suas práticas sociais também sejam valorizadas. Não se trata de usar a tecnologia pela tecnologia, mas usá-la como uma ferramenta didática que promova interação, diálogo, aprendizagem.

A ressignificação das práticas de ensino, considerando o uso das tecnologias digitais da informação e comunicação, no âmbito da jornada formativa do alunado, transcorre das ações docentes e, por conseguinte, do envolvimento desse educador com as atividades que reclamam a uma multimodalidade de práticas e de gestos em torno do *ato de ensinar*.

O esforço coletivo da comunidade escolar, da equipe pedagógica, da sociedade, dos agentes políticos, dos pais e alunos, é imprescindível para que tais mudanças no ensino e na aprendizagem, associada ao uso de aparatos digitais no ambiente escolar, possam nortear a diferenciadas maneiras de

AS TDIC NO CENÁRIO DA EDUCAÇÃO: REFLEXÕES PARA A FORMAÇÃO UNIVERSITÁRIA CONTEMPORÂNEA

propagação do saber sistematizado e, para além disso, oportunizar o desenvolvimento de habilidades cognitivas de interação, trabalho colaborativo, apropriação e de ressignificação de conhecimentos, tanto para os docentes, quanto para os discentes. A esse respeito, Kalantzis; Cope e Pinheiro (2020, p. 29) pontuam que:

> Mudanças significativas e duradouras requerem o apoio de todos os setores da comunidade. Nesse sentido, os professores precisam se tornar um novo tipo de profissional, que interaja com membros da comunidade no intuito não apenas de explicar as necessidades de mudanças que estão ocorrendo na aprendizagem, mas, sobretudo, de engajar a própria comunidade na produção de resultados. Por sua vez, estudantes precisam aprender a aprender de novas maneiras. E pais precisam participar e apoiar novos tipos de ambientes e meios de ensino e aprendizagem, que serão muito diferentes dos que experenciaram em sua infância. Isso parece justamente marcar a transição da "alfabetização", no sentido tradicional, para os letramentos, em pleno século XXI, que vem exigindo mudanças contínuas de nossos processos de aprendizagem e de nossos sistemas educacionais.

As transformações tão aguardadas em sala de aula, a partir do uso de distintos recursos digitais, dependem da produção de sentidos de tais práticas nas rotinas de educadores e aprendizes. Isso posto, nota-se que as atividades desenvolvidas nas universidades, sob a perspectiva de (re) orientação das práticas do saber-fazer docente, através da utilização de equipamentos tecnológicos, reclamam um *pensar* mais reflexivo por parte de todos os *atores* inseridos no universo acadêmico e uma *ação*, um *querer*, que se paute em um *fazer* mais colaborativo de engajamento coletivo e social dos sujeitos/aprendizes.

Nessa esteira de raciocínio, Marques (2016, p. 119) esclarece que "a escola, como a principal agência de letramento da sociedade, ao vincular, na prática docente, o trabalho dos gêneros textuais às tecnologias, proporcionará aos aprendizes novos espaços e formas de aprendizagem para que eles desenvolvam sua capacidade [...]" de criação de outros significados, tendo em vista a Pedagogia dos Multiletramentos.

As alterações processadas pelas atividades docentes contribuirão para a promoção de uma escola mais atenta/preparada aos movimentos socioculturais e, demais valores, preconizados pela sociedade moderna, com impactos efetivos nos modos de *ensinar* e de *aprender* no espaço estudantil. Contudo, em que figure a necessidade de transmutação das formas de ensinar e de aprender no âmbito dos estabelecimentos educacionais, Libâneo (1990, p. 78) acentua que:

> A atividade de ensinar é vista, comumente, como transmissão da matéria aos alunos, realização de exercícios repetitivos, memorização de definições e fórmulas. O professor "passa" a matéria, os alunos escutam, respondem o "interrogatório" do professor para reproduzir o que está no livro didático, praticam o que foi transmitido em exercícios de classe ou tarefas de casa e decoram tudo para a prova. Este é o tipo de ensino existente na maioria de nossas escolas, uma forma peculiar e empobrecida do que se costuma chamar de ensino tradicional.

Compartilhando do mesmo pensamento de Libâneo (1990), Cortelazzo *et al.* (2018, p. 58) advertem que:

> Continuar acreditando e aceitando que a sala de aula tradicional, com suas carteiras alinhadas, um estudante atrás do outro numa formação em filas, e o professor a frente de todos, conduzindo o processo em um único e constante ritmo seja ainda a melhor forma de conduzir todo o processo educacional, pode, nos dias atuais, ser considerado um pensamento insano. Nossos jovens estão acostumados a fazer múltiplas atividades ao mesmo tempo, e a desaceleração causada pela forma passiva de educação possibilitada pela sala de aula tradicional desestimula toda e qualquer intenção de aprender. Devemos repensar essa forma, para podermos potencializar o processo.

As relações de *ensino* e de *aprendizagem*, entre professor e aluno, também estão sendo modificadas mediante o uso de artefatos tecnológicos, já conhecidos do grande público, tais como, 'smartphones', 'notebooks', 'tablets' e 'computadores'. Tais tecnologias digitais estão sendo ressignificadas no âmbito escolar e, gradualmente, estão ocupando o terreno no campo da educação, evidenciando, dessa forma, a necessidade dos multiletramentos no agir docente. Assim, nas palavras de Thadei (2018, p. 104), verifica-se que:

> As mudanças, não só tecnológicas, mas também aquelas influenciadas pelas constantes renovações na tecnologia que ocorrem na sociedade, impõem a necessidade de transformação dos modelos cristalizados de escola e das formas tradicionais de ensinar, lançando novos desafios ao professor

e à mediação realizada por ele. Assim, podemos dizer que a ideia de mediação permanece no modo beta (em constante construção). A cada dia, novas ações do professor podem integrar a mediação, conforme as mudanças sociais ocorridas, o que nos indica a inexistência de uma única forma de mediar e de uma fórmula para fazê-lo.

Lançando olhares mais atentos no processo de desenvolvimento social, é possível vislumbrar que a pedagogia escolar perpassa por constantes (re) definições acerca do seu papel no contexto educacional, impondo, em síntese, a necessidade de se (re)pensar a didática do ponto de vista do saber-fazer docente na universidade. Nesse ínterim, Libâneo (1990, p. 52) ressalta que:

> Sendo a educação escolar uma atividade social que, através de instituições próprias, visa a assimilação dos conhecimentos e experiências humanas acumuladas no decorrer da história, tendo em vista a formação dos indivíduos enquanto seres sociais, cabe à Pedagogia intervir nesse processo de assimilação, orientando-o para finalidades sociais e políticas e criando um conjunto de condições metodológicas e organizativas para viabilizá-lo no âmbito da escola. Nesse sentido, a Didática assegura o fazer pedagógico na escola, na sua dimensão político-social e técnica; é, por isso, uma disciplina eminentemente pedagógica.

Tendo em vista o processo de transformação escolar mediado pelo componente tecnológico e, atrelado a isso, da urgência de se (re)pensar o uso de tecnologias digitais no horizonte da educação, confirma-se a conveniência de reflexão envolvendo as ações multiletradas contidas no saber-fazer do professor e, consequentemente a isso, da avaliação dos impactos decorrentes desses multiletramentos no ambiente escolar. Todavia, reconhece-se que "cada prática letrada, em seu contexto específico, tem seu próprio regime: seus participantes, suas funções, sua linguagem, seu contexto, sua distribuição de poderes" (Rojo; Moura, 2019, p. 19).

Por isso, a correspondência dialógica que abrange as práticas docentes multiletradas e o uso dos recursos tecnológicos digitais, no processo de ensino e de aprendizagem do alunado, é imprescindível para determinar as modificações significativas, tanto no espaço escolar, quanto fora dele. Para Alcici (2018, p. 03), resta notório que:

> Esse novo modelo de organização das sociedades está fundamentado num modo de desenvolvimento social e econômico, em que a informação, como meio de criação de conhecimento,

> desempenha um papel fundamental na produção de riqueza e na contribuição para o bem-estar e para a qualidade de vida dos cidadãos. A condição para a sociedade da informação avançar é a possibilidade de todos terem acesso às Tecnologias de Informação e Comunicação (TICs), presentes no nosso cotidiano e que se constituem em instrumentos indispensáveis às comunicações pessoais, de trabalho e de lazer.

Os recursos tecnológicos podem proporcionar uma ampliação do ensino à inúmeras crianças, jovens e adultos e, por conseguinte, a inserção desse público no sistema educacional. Logo, tais aparatos tecnológicos modernos possibilitam a uma interlocução pautada no desenvolvimento do ensino e da aprendizagem dos alunos e, concomitantemente a isso, viabilizam condições para uma educação de qualidade fundamentada na "[...] apropriação de conhecimentos e habilidades [...]" (Libâneo, 1990, p. 83) deles, preparando-os, não somente para o mercado de trabalho ou para o exercício da cidadania, mas, também, para o enfrentamento das dificuldades e demais percalços presentes na vida em sociedade, com outras pessoas. Alude-se, contudo, que tais mudanças na educação reclamam a uma transformação do ambiente escolar. Nesse aspecto, verificam-se que os recursos tecnológicos podem contribuir para essa ressignificação do plano de ensino físico e/ou remoto, com a transformação das salas de aula em verdadeiros estúdios de aprendizagem.

Ante o exposto, Frandaloso (2021, p. 84) sustenta que "[...] melhorar a qualidade da educação escolar perpassa pela ideia de transformar o ambiente de sala de aula num espaço de saber colaborativo e, concomitantemente, centrado no aprimoramento do ensino e aprendizagem do aluno [...]", instigando-o para o desenvolvimento de suas múltiplas habilidades e competências. Seguindo a mesma linha reflexiva, Alcici (2014, p. 12) destaca que:

> A utilização dos modernos recursos tecnológicos e da comunicação de longo alcance se configura numa opção viável para superar barreiras e incrementar as formas de acesso ao sistema educacional, colocando-o ao alcance de toda população. O desenvolvimento acelerado da Educação a Distância (EAD) nos últimos anos é uma evidência dessa afirmação.

Na mesma esteira de raciocínio, Pereira (2017, p. 20) ressalta que as "escolas que oferecem ensino a distância não são nenhuma novidade. Se refletirmos um pouco mais sobre essa situação, veremos que a escola conseguiu oferecer seus serviços para uma comunidade distante [...]", para um público não presencial. Cada vez mais, as tecnologias, de modo geral, estarão inseridas no processo de escolarização, assim como referendadas nos planos de ensino dos educadores.

É preciso "[...] ter em mente que o processo de virtualização é a essência da Sociedade da Informação [...]" (Pereira, 2017, p. 20) no qual o tecido social e, em particular, a educação, está circunscrita. Com isso, diante desse panorama de mudanças na área educacional, não se pode mais negar a interface entre o saber sistematizado e a tecnologia digital no ambiente formal de aprendizagem. As tecnologias devem estar, cada vez mais, presentes nas estratégias de ensino, nos modos de articulação com os outros saberes, engajadas em uma dimensão multidisciplinar do conhecimento, na formação permanente do docente e no processo de ensino e de aprendizagem do aluno. Conforme apregoado por Ribeiro (2017, p. 91):

> Tem-se, assim, pois, que a tecnologia não pode estar dissociada da educação: ela é parte integrante do processo educativo e não deve ser tratada isoladamente. Além disso, a tecnologia deverá estar presente não como apêndice, mas como realidade que não pode ser ignorada ou desconhecida, da forma mais humana possível. Logo, um projeto de educação tecnológica precisa ter intencionalidade e respaldo teórico. Ideologicamente, esse projeto deve preocupar-se com a formação do cidadão, pensando-o enquanto ser crítico, reflexivo, consciente e competente, sem deixar de pensar a escola enquanto célula da sociedade, a qual deve manter vínculos estreitos entre a realidade e a sociedade com todos os seus anseios e necessidades. Interdisciplinaridade, visão holística do homem (formação integral), mediação entre ciência e tecnologia, entre cultura e conhecimento, entre homem e sociedade devem ser características e preocupações desse projeto.

Evidentemente que o incremento das tecnologias digitais no espaço acadêmico não pode estar desacompanhado de uma transfiguração da postura do corpo docente no meio universitário. O processo de convergência das práticas tradicionais do professorado, para uma visão inclinada aos multiletramentos, no ensino superior, é imprescindível para que se promovam as alterações objetivas no modo de apreensão das técnicas de ensino utilizadas em sala de aula, nas metodologias empregadas, no modo de exposição e produção do conhecimento perante o alunado.

Compreender o papel do educador e reproduzi-lo com base nos mesmos moldes e engrenagens do ensino tradicional representa, de toda sorte, um retrocesso no processo de escolarização de inúmeras crianças, jovens e adultos e, certamente, uma estagnação/incoerência dos fins da escola face às diferenciadas concepções de aprendizagens. Lamentavelmente isso, ainda, acontece, conforme expõe Libâneo (1990, p. 96):

> Boa parte dos professores de nossas escolas entende o trabalho docente como "passar" a matéria do programa, geralmente de acordo com o livro didático. É verdade que muitos livros didáticos já indicam a estruturação da aula, mas, ainda assim, o ensino permanece preso à sequência da matéria (exposição verbal, exercícios, prova), como algo externo e isolado que não mobiliza a atividade mental dos alunos. A estruturação da aula deve refletir o entendimento que temos procurado trazer, no nosso estudo, sobre o processo de ensino: um trabalho ativo e conjunto do professor e dos alunos, sob a direção do professor, tendo em vista a assimilação consciente e sólida de conhecimentos, habilidades e hábitos pelos alunos e, por esse mesmo processo, o desenvolvimento de suas capacidades cognoscitivas.

Compartilhando das ponderações trazidas por Libâneo (1990), Thadei (2018, p. 91) argumenta que:

> Atualmente, (re)afirmar que a postura do professor transmissor de informações deve dar lugar à postura de mediador entre o sujeito e o objeto de conhecimento parece ser redundante e insuficiente aos anseios daqueles que estão se tornando professores ou cuja formação acadêmica não favorece a prática pedagógica, sobretudo quando se trata do aprendiz do mundo contemporâneo.

Assim, considerando a realidade social e tecnológica que permeia os espaços formais e não-formais de aprendizagem, e as diferenciadas formas de contextualização do ensino no universo escolar, não se pode mais querer compreender o processo educacional como simples unidade de transmissão de conhecimentos que, inclinado com as temáticas previstas nos planos de aula, articula uma infinidade de saberes fragmentados sob o pano de fundo de uma didática já desgastada, metodologicamente falando. Diante de tais apontamentos, Oliveira (2014, p. 15) ressalta que:

> Ser professor não implica apenas consumir e distribuir conhecimentos, mas também construí-los. Produção esta que não se restringe à reconstrução dos saberes sistematizados dos currículos de formação docente na prática escolar numa até virtuosa relação de teoria e prática. O professor precisa

> ser capaz de problematizar os saberes sistematizados em sua relação com a prática docente para facilitar o domínio crítico-criativo desses saberes por parte dos aprendizes, mas também de contribuir com o desenvolvimento científico-tecnológico da área de conteúdo com a qual trabalha e da área da educação. Isso implica ser pesquisador, ser capaz de escrever e reescrever os saberes com os quais lida e desvendar novos conhecimentos, ciente das contradições do desenvolvimento científico-tecnológico e cultural em suas relações com a construção de uma sociedade inclusiva, justa e democrática.

É dessa perspectiva de interação com os recursos tecnológicos e dos diferenciados "[...] layouts [...]" (Ribeiro, 2021, p. 77) de sala de aula, que desponta a necessidade de se (re)pensar a reprodução do agir docente tradicional e, por conseguinte, sua conversão, para uma ação que considere as múltiplas linguagens suscitadas no âmbito acadêmico, levando-se em consideração a bagagem cultural e de outros aprendizados trazidos pelo estudante, no espaço formal de aprendizagem. No entendimento de Libâneo (1990, p. 99):

> O processo de ensino, ao mesmo tempo que realiza as tarefas da instrução de crianças e jovens, é um processo de educação. No desempenho da sua profissão, o professor deve ter em mente a formação de personalidade dos alunos, não somente no aspecto intelectual, como também nos aspectos moral, afetivo e físico. Como resultado do trabalho escolar, os alunos vão formando o senso de observação, a capacidade de exame objetivo e crítico de fatos e fenômenos da natureza a das relações sociais, habilidades de expressão verbal e escrita etc.; vão desenvolvendo o senso de responsabilidade, a firmeza de caráter, a dedicação aos estudos, o sentimento de solidariedade e do bem coletivo, a força de vontade etc. A unidade instrução-educação se reflete, assim, na formação de atitudes e convicções frente à realidade, no transcorrer do processo de ensino.

Com base no posicionamento de Libâneo (1990), Lorenzin; Assumpção e Bizerra (2018, p. 203) ressaltam que:

> Somente com a reflexão sobre a teoria e a prática é que um novo posicionamento do professor, coerente com a concepção manifestada pelo discurso e com as ações em sala de aula, pode refletir-se em propostas curriculares inovadoras, que, pela seleção de conceitos e propostas metodológicas, permitem romper com modelos autoritários para uma aprendizagem com diferentes sentidos.

Conforme verificado nos fragmentos em destaque, é necessário que o educador se conscientize da necessidade de mudança de suas práticas em sala de aula, concatenando o seu dever-fazer com o uso de recursos tecnológicos no ambiente estudantil. Não basta, tão somente, que os professores, de modo geral, internalizem no pensamento o desejo de conversão de suas ações, ou seja, é preciso mais, sendo, portanto, necessário transcender aos mecanismos tradicionais de ensino que, ainda, continuam ativos e repulsivos em muitas escolas e universidades. Assim, tais modificações implicam em políticas públicas de incremento da formação docente, de capacitação permanente e de valorização desses profissionais, entre outros fatores, que encampam o horizonte da educação. Diante de tais reflexões, Libâneo (1990, p. 34) indaga o seguinte:

> [...] a escola pública tem sido capaz de atender o direito social de todas as crianças e jovens receberem escolarização básica? Os governos têm cumprido a sua obrigação social de assegurar as condições necessárias para prover um ensino de qualidade ao povo? O próprio funcionamento da escola, os programas, as práticas de ensino, o preparo profissional do professor, não teriam também uma parcela de responsabilidade pelo fracasso escolar? Sabemos que milhares de alunos são excluídos da escola já na passagem da 1ª para a 2ª série e apenas cerca de 20% dos que iniciam a 1ª série chegam à 4ª. As escolas funcionam em condições precárias, a formação profissional dos professores é deficiente, os salários são aviltantes, o ensino é de baixa qualidade. É necessária uma reflexão de conjunto para uma compreensão mais correta dos problemas da escola pública. Há um conjunto de causas externas e internas à escola que, bem compreendidas, permitirão avaliar mais claramente as possibilidades do trabalho docente na efetiva escolarização das crianças e jovens.

A formação permanente do professor instiga a esse olhar atualizado para a educação e, em despeito disso, para o seu comportamento em sala de aula, ressignificando, ainda mais, a didática na construção e disseminação do conhecimento científico. Isso evidencia a uma roupagem diferenciada, quanto aos propósitos que circunscrevem a escola, em todo o seu planejamento. Verifica-se que a formação permanente/continuada do educador se reflete, diretamente, no *modus operandi*[16] da escola em face do seu público: os alunos. Nesse enfoque, Alcici (2014, p. 17-18) reforça a ideia de que:

---

[16] A expressão *modus operandi* deriva do latim e significa 'modo de operação'. Ela é utilizada para esboçar um modo específico de agir, operar ou de executar uma atividade. Essa ação, operação e/ou execução leva em consideração um conjunto de procedimentos semelhantes que se repetem em diferentes contextos. O uso dessa expressão é mais frequente no campo do direito penal.

> Investir na formação dos profissionais da educação significa focar a ação em dois momentos principais – a formação inicial nos cursos de licenciatura e a formação continuada, em serviço, que possibilite a atualização constante e os reposicionamentos do profissional como resultado da reflexão sobre a prática. É preciso ter a consciência de que a profissão docente, como, aliás, todas as outras profissões em contínua construção, dada a sua característica básica de transmissão e busca do saber. Pensar na formação do professor, na sua qualificação é, sem sombra de dúvida, fundamental. E fora os planos emergenciais que têm como alvo uma situação presente angustiante, é preciso ainda cuidar para que os cursos de licenciatura sejam reformulados de acordo com os novos paradigmas da educação, garantindo, dessa forma, que os profissionais formados possam integrar regularmente o mercado de trabalho e ter a competência esperada para atuar na escola moderna de qualidade. É preciso cuidar ainda mais para que a preparação de professores seja considerada com responsabilidade, não permitindo que cursos ligeiros e pouco estruturados se constituam em atrativos para os alunos inicialmente e em fonte de frustração no futuro, quando perceberem que são discriminados, apesar da posse de um diploma regular. É competência dos órgãos reguladores dos sistemas de ensino zelar para que isso não aconteça.

O trabalho do docente não se resume ao domínio de mero conteúdo programático em sala de aula, mas, antes, deve estar permeado de criatividade e intencionalidade didático-pedagógica que proporcione a construção de um conhecimento dinâmico e, acima de tudo, articulado às reais necessidades e aspirações do alunado, haja vista que "[...] o processo de ensino é uma atividade de mediação pela qual são providas as condições e os meios para os alunos se tornarem sujeitos ativos na assimilação de conhecimentos" (Libâneo, 1990, p. 89). Diante do referido quadro, Oliveira (2014, p. 17) declara que:

> [...] o professor não é aquele que apenas desenvolve um processo de ensino de um dado conteúdo, abordado de forma estática, para que o aluno o assimile, nas condições de um trabalho à base de automatismos sensório-motores ou mesmo cognitivos, porquanto repetitivos. O trabalho docente não se desenvolve com baixo grau de abstração. Exige invenção, criatividade, análise e a construção de sínteses provisórias sobre os fenômenos nele implicados. Finalmente, como um trabalho humano, diz

respeito a intencionalidades e não apenas a ações e operações destituídas de finalidades e conduta ética.

Levando-se em consideração "[...] que a escola necessária ao século XXI deve ser bem diferente da experiência escolar que a maioria de nós experimentou [...]" (Andrade; Sartori, 2018, p. 175), e, refletindo sobre a influência da "[...] tecnologia da informação [...]" (Castells, 2020, p. 64) no processo de ensino e de aprendizagem do discente, incumbe ao educador o compromisso de apreender e, por conseguinte, desenvolver a sua didática e a sua capacidade de comunicação, adaptando-as ao uso das mais variadas tecnologias inseridas na seara da educação.

Esse processo de interação que envolve a "[...] didática [...]" (Libâneo, 1990, p. 96) e o modo de exposição de conteúdos, deve contemplar o uso pedagógico de aparatos tecnológicos no ambiente escolar. A intermediação entre o conhecimento prévio acerca das funcionabilidades dos recursos tecnológicos com o ato intencional de (re)construção de saberes, necessita de um processo de conversão objetiva da postura do professor face às tecnologias que se apresentam na paisagem estudantil. Nesse contexto, Baldi e Oliveira (2014, p. 133-134) destacam que:

> Tecnologia e sociedade, convergência tecnológica e cultural, são distinções mais de caráter teórico e analítico, do que efetivo. As tecnologias têm a sua gênese no âmago da própria sociedade, refletindo as relações de poder e as dinâmicas políticas, econômicas e culturais no contexto em que são concebidas e exercendo, muitas vexes, uma influência colonizadora nos tecidos sociais, nos quais são introduzidas como algo externo, novo, simultaneamente, sedutor e inevitável. A luz, que oculta a sombra. O quadro de leitura das dinâmicas no qual nos situamos é o da inseparabilidade da técnica e da sociedade e da impossibilidade da neutralidade da técnica. O desafio é refletir sobre as ambivalências e irreversibilidades que o uso das tecnologias de informação e comunicação em rede acarreta aos indivíduos e à sociedade.

Entretanto, diante desse panorama de ressignificação das estratégias docentes multiletradas mediadas pelo uso das mais variadas tecnologias presentes no ambiente educacional, não se pode perder de vista que o foco de todo o processo educativo deve contemplar o aluno, durante o seu processo de "[...] autonomia [...]" (Freire, 2021, p. 105) na construção do conhecimento. Nesse caso, somente faz sentido pensar no uso de diferentes tecnologias em sala de aula se, por óbvio, o aluno for inserido no centro de toda a "[...]

atividade pedagógica do professor [...]" (Libâneo, 1990, p. 71). Acerca dessa perspectiva de inclusão do aluno no núcleo de ensino e de aprendizagem, Ribeiro (2017, p. 94) contextualiza que:

> Ao se pensar o processo pedagógico mediado pela tecnologia, não se pode esquecer que a centralidade da ação deve estar nos sujeitos, e não na técnica. Esse é um fato de ordem primitiva; é preciso ver primeiro as potencialidades do indivíduo; a máquina é apenas um instrumento. Deve-se preocupar com a emancipação do sujeito, favorecendo o desabrochar de seu potencial. A tecnologia só tem validade se for subordinada ao homem. É preciso um olhar para além da técnica, verificando-se o sujeito com seus anseios, sua existência, suas potencialidades e seus problemas; e, diante disso, reconhecer a tecnologia enquanto saber importante e que está a serviço do homem para o atendimento de suas necessidades.

O processo educacional vigente reclama modificações estruturais e conceituais em suas bases epistemológicas face às atuais demandas emergenciais na sociedade e, intrincado a essa ideia, instiga a uma transformação pedagógica da escola e da sua função social, enquanto organismo estatal. No entanto, Almeida (2014, p. 40) adverte que "a escola não pode perder a sua função, mas precisa rever a forma com que deve manter viva a relação do sujeito com o conhecimento, agora sob uma nova demanda que subsidia o trabalho escolar, diante de uma formação maximizada".

De acordo com Ribeiro (2017, p. 96), "[...] as novas tecnologias devem servir como mediação pedagógica a partir de um projeto educativo, num diálogo efetivo com a realidade". É desse quadro processual educativo, cerceado por recursos tecnológicos, que se dinamiza as práticas pedagógicas escolares. Com isso, as ações perpetradas pelos professores no espaço acadêmico são transformadas e reorientadas para um agir docente inclinado aos multiletramentos, desencadeando, dessa forma, a outras "[...] estratégias de ensino, orientadas pelas tecnologias digitais no ambiente escolar [...]" (Frandaloso, 2021, p. 83). Considerando esse horizonte de mudanças na área da educação, Pretto e Pinheiro (2014, p. 205) pontuam que:

> Professores e corpo diretivo da instituição escolar, no contexto da cultura digital, precisam constituírem-se menos em distribuidores de informações ou fiscais, sempre a inspecionar e investigar o que fazem os alunos, e mais em provocadores de experiências, inspiradores de ideias e conhecimentos,

trazedores do conhecimento estabelecido para construir o que denominamos de currículo do chão da escola.

Não obstante a esse contexto de reflexão tecnológica inclinada às estratégias pedagógicas no processo educacional, o docente pode mobilizar as suas ações didáticas e relacioná-las ao uso das tecnologias digitais da informação e comunicação perante o alunado, procurando, dessa maneira, estimular a construção do conhecimento em uma perspectiva dialógica e colaborativa. Por isso, ele deve estar ciente de que o processo educativo vai muito além da zona de conforto estabelecida pelos valores da pedagogia tradicional, sendo necessário (re)contextualizar o seu agir diante do progresso tecnológico, nas diferentes formas de exposição de conteúdos, tendo em vista a maturação da aprendizagem dos discentes e seus respectivos avanços, nas variadas dimensões do saber. Nessa esteira de raciocínio, Tavares (2014, p. 420) problematiza que:

> Por ser o processo educativo necessariamente uma relação, não se pode falar em ensino sem atá-lo à aprendizagem. Computadores, lousas e softwares são recursos didáticos complementares ao que continua sendo o essencial no processo de ensino-aprendizagem: a capacidade ou a competência do ser humano, ou seja, de um professor ou educador para, pessoalmente ou através de algum meio, transmitir o conhecimento por intermédio de explicações orais e/ou de textos (em seus variados formatos e suportes) didáticos; e isso intricado à relação estabelecida pelo professor com os estudantes visando, especialmente, a ativação do empenho deles por aprender.

Para que o uso de aparatos tecnológicos em sala de aula contemple a maturação da didática docente e, concomitantemente a isso, implique na transformação das relações estabelecidas entre o *ensino* e a *aprendizagem*, em benefício dos discentes, compete ao educador se apropriar das formas de utilização das diversas tecnologias disponibilizadas à serviço da educação e engajar-se, cada vez mais, no processo de transformação de suas técnicas de ensino. No que tange à evolução tecnológica no campo do saber, Gonçalves e Silva (2018, p. 66) pontuam que:

> Os professores necessitam ser mais reflexivos e engajados com a transformação a sociedade, e, para tanto, se faz necessário um professor que conheça a si próprio, domine o conteúdo e suas didáticas, saiba selecionar e articular conhecimentos, produza e pesquise constantemente as práticas em sala de aula,

> avalie a sua prática a partir do avanço do aluno e considere os avanços conceituais dos estudantes como uma possibilidade de personalização das ações de ensino e aprendizagem. Em suma, o professor passa a trabalhar em um novo patamar, fazendo uma curadoria que o permita mediar as informações e, ao final do processo, transformá-las em conhecimento.

Consoante ao que foi exposto por Gonçalves e Silva (2018), Libâneo (1990, p. 74) esclarece o seguinte:

> A didática, assim, oferece uma contribuição indispensável à formação dos professores, sintetizando no seu conteúdo a contribuição de conhecimentos de outras disciplinas que convergem para o esclarecimento dos fatores condicionantes do processo de instrução e ensino, intimamente vinculado com a educação e, ao mesmo tempo, provendo os conhecimentos específicos necessários para o exercício das tarefas docentes.

A ressignificação dessa didática, no modo de construção do conhecimento em sala de aula, através do uso de diferentes tecnologias digitais, certamente, contribuirá para a promoção evolutiva das formas de *ensinar* e de *aprender*, elevando o professor a um patamar de conscientização e amadurecimento de suas práticas escolares, até mesmo porque "[...] ensinar não é transferir conhecimento, mas criar as possibilidades para a sua própria produção ou a sua construção" (Freire, 2021, p. 47).

Em suma, a ação pedagógica desenvolvida no ambiente de aprendizagem precisa ser (re)pensada do ponto de vista do processo tecnológico contemporâneo, posto que a escola não se encerra em si mesma, mas, antes, condiciona experiências transformadoras na vida do seu público: os alunos. Da mesma forma, faz-se necessário a ressignificação do agir docente e, por conseguinte, da qualificação permanente/continuada desse professor, enquanto profissional representante da Educação. Diante de tais apontamentos, Pretto e Pinheiro (2014, p. 208-209) esclarecem que:

> A escola, nesse contexto, tem o seu papel ampliado enquanto potencializadora da cultura, dos saberes locais e das inteligências, desde que adequadamente preparada para tal. Falamos aqui de uma escola com outra arquitetura, devidamente relacionada com as demandas contemporâneas de conexão globalizada, fluida, com infraestrutura tecnológica que lhe permita estabelecer a produção e as conexões aqui preconizadas e com professores qualificados para desempenhar o papel de agentes negociadores das diferenças entre culturas,

> conhecimentos e saberes dos seus alunos e do conhecimento
> estabelecidos. Assim, essa escola transforma-se, constituindo
> um espaço rico de produção, fortemente articulado local-
> mente e planetariamente, com possibilidade de intenso
> compartilhamento via rede com as comunidades de seu
> entorno e com as mais distantes que, juntamente com ela,
> são cotidianamente desafiadas.

Assim sendo, muitos são os desafios para a promoção de uma prática pedagógica que seja significativa, não somente para os educandos, mas, também, que repercuta nas ações dos educadores. É necessário *(re)pensar/ reestruturar/refletir* sobre as práticas desenvolvidas na escola, tendo em vista o percurso de aprendizagem do alunado através do uso, consciente e pedagógico, de distintas tecnologias digitais no ambiente universitário. Ante o exposto, Lorenzin; Assumpção e Bizerra (2018, p. 199) consideram que:

> [...] somente é possível apropriar-se de uma nova proposta
> curricular a partir da atribuição de sentido a ela, a forma-
> ção de professores é fundamental para a compreensão da
> necessidade de reorganização do currículo e de suas práticas,
> bem como para promover mudanças nas concepções sobre o
> ensino – especialmente quando o novo currículo transforma
> a estruturação tradicional do conhecimento, passando da
> ordenação em sequências disciplinares rígidas a uma orga-
> nização interdisciplinar e baseada em projetos de trabalho,
> ressignificando práticas previamente estabelecidas.

O investimento na formação docente é imprescindível para que ocorra a mudança de concepção didática no âmbito escolar. O processo de ensino e de aprendizagem dos alunos vai muito além do mero acesso e uso das tecnologias digitais da informação e comunicação, haja vista o movimento sócio-histórico da contemporaneidade que incide nas relações humanas e, em especial, no planejamento docente. Em última instância, não se pode mais ignorar o desenvolvimento tecnológico e a sua interface com a escola. É preciso que haja a composição de um diálogo que estreite os laços entre *tecnologia(s)* e *didática*, tendo como ideário a construção/formação de sujeitos mais preparados e conscientes de suas responsabilidades, enquanto potenciais promotores de mudanças e de percursos, não somente no espaço universitário, mas, também, fora dele.

De outra banda, o educador precisa mobilizar as suas táticas de ensino e condicioná-las aos movimentos sociais, ajustando-as em atenção às necessidades do seu público: os estudantes. É importante observar que tal mudança não se opera sozinha, afinal de contas, não se quer, aqui, pôr toda a responsabilidade nos *ombros* dos educadores. Porém, ao ter consciência e intenção de colocar em voga, tais estratégias de atuação, o docente estará contribuindo para o estabelecimento de um ambiente saudável, que favoreça ao aprendizado colaborativo entre os discentes e, concomitantemente a isso, viabilize a sincronização de diferentes formas de compreensão do ato de *ensinar* e de *aprender* através do uso das tecnologias digitais da informação e comunicação. Com base no que foi exposto, Kersch e Rabello (2016, p. 75) expõem que:

> Espera-se mais da escola de hoje. Vivemos novos tempos, precisamos de novos letramentos. Além de ensinar a ler e a escrever, espera-se que ela prepare o aluno para agir efetivamente no mundo globalizado, em que lhe será exigida, também, formação em multiletramentos. As histórias contadas aqui mostram que não há impeditivos, sempre há alternativas, por mais que faltem recursos na escola. A incorporação das novas tecnologias nas aulas de línguas impacta a dinâmica de interação de professores, materiais e alunos. A escola precisa de professores e de gestores que tenham vontade de, de fato, saber o que os alunos têm a dizer, e os alunos precisam ser encorajados a usar modos variados para seu dizer, dependendo, evidentemente, do gênero escolhido para esse dizer.

Essa é a expectativa que deve mobilizar os docentes na inauguração "[...] de uma pedagogia direcionada para os multiletramentos [...]" (Kalantzis; Cope; Pinheiro, 2020, p. 19), voltada às reconfigurações do modelo, meios e modos de articulação de saberes no ambiente escolar. Trata-se de uma necessidade, cada vez mais presente, no cotidiano educacional, acenando para as autoridades públicas e demais atores governamentais, acerca da relevância de implementação de políticas públicas que contemplem as práticas docentes multiletradas sediadas pelo uso de tecnologias digitais no espaço escolar.

5

PERCURSO DA PESQUISA

É o caminho pelo qual se estruturam todas as etapas do presente estudo. O percurso revela a trajetória, o passo a passo, que deverá nortear a pesquisa, os instrumentos de coleta de dados, os modos analíticos de tratativa das informações obtidas e possíveis refinamentos dos achados. Nas palavras de Deslandes (2009, p. 47):

> A seção de metodologia contempla a descrição da fase de exploração de campo (escolha do espaço da pesquisa, critérios e estratégias para escolha do grupo/sujeitos de pesquisa, a definição de métodos, técnicas e instrumentos para a construção de dados e os mecanismos para entrada em campo) as etapas do trabalho de campo e os procedimentos para análise.

Para fins de melhor situar o leitor(a) acerca das etapas percorridas na elaboração desta pesquisa, optou-se por elencar e organizar os seguintes tópicos:

- Classificação da pesquisa quanto à abordagem;
- Classificação da pesquisa quanto à natureza;
- Classificação da pesquisa quanto aos objetivos;
- Classificação da pesquisa quanto aos procedimentos técnicos utilizados;

Tais etapas, quando bem ajustadas e articuladas entre si, revelam a coesão, coerência e a coordenação dos assuntos tratados no âmbito desta pesquisa. Nesse viés, destaca-se que a referida obra se assenta em um estudo qualitativo, do tipo exploratório e descritivo.

5.1 Classificação da pesquisa quanto à abordagem

A presente pesquisa se ancora em uma abordagem qualitativa. Por isso, estabelecer um conceito que trate do estudo qualitativo não é tarefa fácil. Conforme exposto por Triviños (1987, p. 120):

> [...] existem duas dificuldades para definir o que entendemos por pesquisa qualitativa. Uma delas diz respeito à abrangência do conceito, à especificidade de sua ação, aos limites deste campo de investigação. Este obstáculo que se apresenta para atingir uma noção mais ou menos clara deste tipo de pesquisa não é fácil de ultrapassar. A segunda dificuldade que surge na busca de uma concepção precisa da ideia de pesquisa qualitativa, como veremos, é muito mais complexa e emerge dos suportes teóricos fundamentais que a alimentam.

Em que pese a dificuldade no estabelecimento de uma definição para a pesquisa qualitativa, fato é que muitos autores "[...] compartilham o ponto de vista de que a pesquisa qualitativa tem suas raízes nas práticas desenvolvidas pelos antropólogos, primeiro e, em seguida, pelos sociólogos em seus estudos sobre a vida em comunidades" (Triviños, 1987, p. 120).

Posteriormente, tal modelo de pesquisa foi alocado no campo da educação, servindo-se ao estudo dos fenômenos educacionais. Desse modo, a referida pesquisa tem por pano de fundo o exame dos aspectos subjetivos de fenômenos sociais e comportamentais que impactam a vida do homem. Os objetos da pesquisa qualitativa se resumem aos fenômenos que ocorrem em determinado tempo, local e cultura. Nessa senda, Minayo (2009, p. 21) afirma que:

> A pesquisa qualitativa responde a questões muito particulares. Ela se ocupa, nas Ciências Sociais, com um nível de realidade que não pode ou não deveria ser quantificado. Ou seja, ela trabalha com o universo dos significados, dos motivos, das aspirações, das crenças, dos valores e das atitudes. Esse conjunto de fenômenos humanos é entendido aqui como parte da realidade social, pois o ser humano se distingue não só por agir, mas por pensar sobre o que faz e por interpretar suas ações dentro e a partir da realidade vivida e partilhada com seus semelhantes. O universo da produção humana que pode ser resumido no mundo das relações, das representações e da intencionalidade e é objeto da pesquisa qualitativa dificilmente pode ser traduzido em números e indicadores quantitativos.

Por fim, ressalta-se que o pesquisador, "[...] orientado pelo enfoque qualitativo, tem ampla liberdade teórico-metodológica para realizar seu estudo" (Triviños, 1987, p. 133), devendo, contudo, atentar-se para o esquadrinhamento dos fenômenos estudados, sem restringir o campo de investigação, haja vista que "[...] o processo da pesquisa qualitativa não admite visões isoladas, parceladas, estanques" (Triviños, 1987, p. 137).

Considerando todo o exposto, verifica-se que o estudo em voga tem como base a análise dos fragmentos extraídos da obra ora intitulada *Multiletramentos em teoria e prática: desafios para a escola de hoje*. Os resultados obtidos a partir da leitura, interpretação e análise dos excertos eleitos caracterizam a pesquisa como sendo do tipo qualitativa, haja vista que os fenômenos observados entre os elementos que aproximam a 'teoria' da 'prática', tendo em vista a Pedagogia dos Multiletramentos, decorrem da investigação e reflexão de inúmeros exemplos de práticas multiletradas desenvolvidas no âmbito escolar, e, que, foram retratados nos capítulos que compõem a referida obra.

5.2 Classificação da pesquisa quanto à natureza

A classificação da pesquisa, quanto à sua natureza, é do tipo básica. É classificada assim porque não implica na imersão do pesquisador ao campo de trabalho para o levantamento de dados. Considerando que os estudos se concentram em uma abordagem bibliográfica, salienta-se que a pesquisa em pauta se restringiu a análise dos capítulos que integram o material selecionado e das demais produções observadas nos bancos de dados. Assim sendo, predominou a pesquisa com base nas "[...] chamadas fontes de papel [...]" (Gil, 2002, p. 43).

5.3 Classificação da pesquisa quanto aos objetivos

A referida pesquisa, quanto aos objetivos, é de natureza exploratória e descritiva. No que tange às especificidades do estudo em deslinde, Gil (2002, p. 41) expõe que "[...] é usual a classificação com base em seus objetivos gerais". Em suma, a pesquisa, quanto aos objetivos, pode ser classificada da seguinte forma: exploratória, descritiva e explicativa. Contudo, a classificação desta pesquisa científica, quanto aos objetivos, será do tipo exploratória e descritiva.

A pesquisa exploratória "[...] têm como objetivo proporcionar maior familiaridade com o problema, com vistas a torná-lo mais explícito ou a constituir hipóteses" (Gil, 2002, p. 41). Para Triviños (1987, p. 109), tratando-se de pesquisa de natureza exploratória "o pesquisador parte de uma hipótese e aprofunda seu estudo nos limites de uma realidade específica, buscando antecedentes, maiores conhecimentos para, em seguida, planejar uma pesquisa descritiva ou de tipo experimental".

Portanto, Gil (2002, p. 41) esclarece que essas "[...] pesquisas têm como objetivo principal o aprimoramento de ideias ou a descoberta de intuições". Assim sendo, visou-se na referida pesquisa, a exploração de obras e demais produções textuais que contribuíram para o exame das práticas multiletradas no universo acadêmico, tendo como ponto de partida o aporte teórico-bibliográfico selecionado e os exemplos práticos contemplados nos capítulos da obra *Multiletramentos em teoria e prática: desafios para a escola de hoje*.

Já a pesquisa descritiva "[...] têm como objetivo primordial a descrição das características de determinada população ou fenômeno ou, então, o estabelecimento de relações entre variáveis" (Gil, 2002, p. 42). Acerca da natureza da pesquisa descritiva, Triviños (1987, p. 110) assevera que:

> A maioria dos estudos que se realizam no campo da educação é de natureza descritiva. O foco essencial destes estudos reside no desejo de conhecer a comunidade, seus traços característicos, suas gentes, seus problemas, suas escolas, seus professores, sua educação, sua preparação para o trabalho, seus valores, os problemas do analfabetismo, a desnutrição, as reformas curriculares, os métodos de ensino, o mercado ocupacional, os problemas do adolescente etc.

Para Gil (2002), as pesquisas exploratórias e descritivas se preocupam, geralmente, com a atuação prática e são as mais solicitadas no âmbito escolar, nas empresas comerciais, organizações, entre outras instituições. A pesquisa de natureza descritiva exige do "[...] pesquisador uma série de informações sobre o que se deseja pesquisar" (Triviños, 1987, p. 110), até mesmo para proporcionar uma investigação mais consistente dos estudos perquiridos.

Logo, a presente investigação científica se concentrou na descrição dos fenômenos identificados nos exemplos práticos retratados na obra eleita, *Multiletramentos em teoria e prática: desafios para a escola de hoje*, e nos diferentes posicionamentos de estudiosos que compuseram o arcabouço bibliográfico previamente selecionado e que norteiam os estudos do Grupo de Nova Londres (1996).

5.4 Classificação da pesquisa quanto aos procedimentos técnicos utilizados

A classificação da pesquisa, quanto aos procedimentos técnicos utilizados, é do tipo bibliográfica, com base na análise dos capítulos que integram a obra selecionada e nos materiais já publicados, como por exemplo:

livros, teses, dissertações e artigos. Outros materiais, tais como, periódicos, jornais, dicionários, enciclopédias, anuários e almanaques, também foram utilizados no desenvolvimento da pesquisa. Gil (2002, p. 45) ressalta que "a principal vantagem da pesquisa bibliográfica reside no fato de permitir ao investigador a cobertura de uma gama de fenômenos muito mais ampla do que aquela que poderia pesquisar diretamente".

Segundo Gil (2002, p. 45), "a pesquisa bibliográfica também é indispensável nos estudos históricos". Todavia, conforme sinalizado por Gil (2002), outros fatores podem comprometer a qualidade da pesquisa, posto que as fontes secundárias podem apresentar dados coletados ou processados de modo equivocado. Em síntese, uma pesquisa que se ancora em dados frágeis, tenderá a reproduzir e ampliar os erros contidos na seleção das informações ora pesquisadas. Visando a reduzir a possibilidade de equívocos na coleta de informações, Gil (2002, p. 45) pontua que "[...] convém aos pesquisadores assegurarem-se das condições em que os dados foram obtidos, analisar em profundidade cada informação para descobrir possíveis incoerências ou contradições e utilizar fontes diversas, cotejando-as cuidadosamente".

Por isso, é oportuno que o pesquisador se atente às fontes investigadas e verifique a veracidade dos achados nas produções científicas selecionadas, procurando, sempre, adotar o zelo na interpretação dos resultados obtidos. A verificação e, por conseguinte, utilização de filtros para refinar os achados, deve integrar o plano de trabalho de todo o pesquisador idôneo e comprometido com o percurso analítico dos dados, até mesmo porque toda a pesquisa requer uma associação de esforços e olhares que não se restringem a uma única fonte e/ou uma simples leitura.

5.5 Apresentação do material

O material selecionado para a realização da análise intitula-se *Multiletramentos em teoria e prática: desafios para a escola de hoje*[17]. O livro foi organizado pelo Professor Doutor Petrilson Pinheiro[18] e contempla nove

---

[17] Para a análise do livro ora intitulado *Multiletramentos em teoria e prática: desafios para a escola de hoje*, foi requerida junto à Editora da Universidade do Vale do Rio dos Sinos - UNISINOS a autorização de uso da referida obra, cujo intuito foi o de evitar qualquer incidência de ato ilícito relacionado a contrafação decorrente da reprodução, ainda que parcial, das páginas que constituem o material selecionado. Sendo assim, destaca-se que o pedido foi deferido pela editora supramencionada, não havendo qualquer embaraço legal que impossibilite a pesquisa em questão.

[18] Petrilson Alan Pinheiro da Silva é "[...] doutor em Linguística Aplicada pela Unicamp, universidade na qual é docente do Programa de Pós-graduação em Linguística Aplicada. Coordena o Grupo de Pesquisa do CNPq "(Multi)letramentos na escola por meio da hipermídia" (Pinheiro, 2017, p. 303).

(09) capítulos distribuídos em quatro (04) tópicos: A Parte I 'Multiletramentos em práticas colaborativas de escrita', reúne a dois (02) capítulos 'Participação e colaboração na Wikipédia: o lugar da aprendizagem social frente aos multiletramentos' e 'Práticas colaborativas de escrita apoiadas por recursos da internet em disciplina de língua inglesa de curso militar'. A Parte II 'Multiletramentos e práticas de produção multimodal' é composta pelos seguintes capítulos: 'O cinema na escola: multiletramentos em cena e em sala do Ensino Fundamental II' e 'O uso do software livre Scratch no 5º ano do ensino fundamental da escola pública: multi e novos letramentos'.

Já a Parte III é constituída por três (03) trabalhos acadêmicos, quais sejam, 'Multiletramentos e ação social: implicações político-pedagógicas decorrentes do atendimento à Lei Federal 10.639/2003'; 'Multiletramentos: inserindo a multiplicidade identitária dos alunos na escola' e 'Os significados sociais de identidades de gênero constituídos no anúncio audiovisual 'histórias reais do primeiro encontro', da Samsung'.

Por fim, a Parte IV é composta pelas produções acadêmicas 'O papel da elaboração de atividades aplicadas para a formação continuada docente' e 'Um olhar sobre as propostas de aulas no menu 'espaço da aula', do portal do professor do MEC, à luz dos multiletramentos'.

Os estudos se baseiam no trabalho de nove (09) participantes do grupo de pesquisa CNPq '(Multi)letramentos na escola por meio da hipermídia' – (GP Multi), coordenado pelo Professor Doutor Petrilson Pinheiro, desde o ano de 2012, na Universidade de Campinas - Unicamp. Cada um dos nove (09) participantes do referido grupo de pesquisa, ligado ao Programa de Pós-graduação em Linguística Aplicada da Unicamp, abordou um assunto específico, envolvendo aos multiletramentos nas práticas escolares.

A interpretação dos excertos selecionados da obra foi embasada na análise de conteúdo de Bardin (1977). Em um primeiro momento foi realizada uma leitura compreensiva dos capítulos que compõem o livro, cuja finalidade foi a de obter uma visão global de conjunto; apreensão das especificidades desse material analisado; elaboração de hipóteses iniciais que serviram de ancoragem da análise e interpretação da obra; fomento de eixos temáticos (categorização) e determinação dos conceitos teóricos que tiveram por incumbência orientar a referida verificação científica.

Posteriormente, ocorreu a exploração efetiva do material elencado. Para tanto, algumas etapas foram observadas, tais como: **a)** distribuição de trechos, frases ou fragmentos de cada texto de análise, conforme o esquema de classificação inicial; **b)** leitura dialogada com as partes dos textos analisados; **c)** identificação dos núcleos de sentido com a formulação das conjecturas iniciais; **d)** composição dialógica entre os núcleos de sentidos com os pressupostos iniciais; **e)** análise dos diferentes núcleos de sentidos presentes nas diversas classes do esquema de classificação, tendo em vista a elaboração de categorias e/ou eixos temáticos para uma melhor compreensão do assunto em tela; **f)** reagrupamento das partes dos textos, conforme os temas identificados e; **g)** o desenvolvimento de uma redação por tema, tendo em vista os sentidos dos textos analisados e sua articulação com os conceitos teóricos que norteiam a referida análise.

Por fim, foi engendrada uma síntese interpretativa por meio de uma redação que viabilizou uma unidade de sentido no trato dos temas e objetivos, assim como nas questões e pressupostos da pesquisa. A escolha da obra organizada pelo Professor Doutor Petrilson Pinheiro levou em consideração as pesquisas que aproximam a *teoria* da *prática* dos multiletramentos. Após o contato inicial com os estudos do Grupo de Nova Londres (1996), verificou-se que o Professor Doutor Petrilson Pinheiro participou da elaboração do livro ora intitulado *Letramentos*, juntamente com os professores doutores Mary Kalantzis e Bill Cope. Ressalta-se que os dois últimos autores supramencionados, participaram da publicação do *Manifesto Programático*, no ano de 1996, que culminou com ***A Pedagogy of Multiliteracies: designing social futures***[19].

A ideia original do referido grupo de estudiosos era discutir questões relacionadas às diferentes experiências nacionais e culturais inseridas nos textos/discursos. Isso posto, optou-se por realizar a leitura da obra *Letramentos*. No entanto, após a leitura e compreensão do material em destaque, percebeu-se que o referido livro abordava, tão somente, o aspecto teórico acerca das múltiplas linguagens inseridas nas produções textuais, verbais e não-verbais, na esfera social, sendo, portanto, insuficiente às pretensões preestabelecidas nesta pesquisa. Ao considerar a importância de disseminação dos estudos em torno da Pedagogia dos Multiletramentos aqui no Brasil e, tendo em vista que o Professor Doutor Petrilson Pinheiro foi convidado por dois (02) integrantes que fizeram parte do Grupo de Nova Londres, para juntos, publicarem a obra ora intitulada *Letramentos*, decidiu-se por investigar as produções textuais publicadas pelo renomado pesquisador.

Ao se debruçar na leitura das produções acadêmicas publicadas pelo Professor Doutor Petrilson Pinheiro, verificou-se que o livro organizado

---

[19] Tradução: *Uma pedagogia de multiletramentos: projetando futuros sociais.*

pelo referendado cientista, *Multiletramentos em teoria e prática: desafios para a escola de hoje*, além de tratar dos aspectos teóricos constitutivos da Pedagogia dos Multiletramentos, contemplava, também, a exemplos práticos de produções multimodais, multissemióticas e multiculturais realizadas no âmbito escolar. Dessa forma, os capítulos que integram a produção científica ora examinada forneceram subsídios que situam a 'teoria' e a 'prática' no desenvolvimento de atividades escolares. Vale lembrar que o livro *Letramentos*, apesar de ser uma publicação científica mais recente do que a obra eleita para a análise, aborda, tão somente, o conteúdo teórico em torno dos estudos do Grupo de Nova Londres (1996). É importante destacar, ainda, que foram privilegiadas as práticas que contemplaram a *teoria* e a *prática* na perspectiva da Pedagogia dos Multiletramentos, haja vista que os trabalhos inseridos no respectivo livro levaram em consideração a compreensão das relações entre o plano 'teórico' e o 'prático' na consecução dos atos multiletrados experienciados em sala de aula, o que acabou sendo enriquecedor do ponto de vista da aprendizagem significativa, tanto para os alunos, quanto para os professores.

Conforme se vislumbra nas produções escolares inseridas na obra em questão, há uma coordenação dos professores pesquisadores com relação ao intercâmbio dessa 'teoria' e 'prática', o que contribuiu para a transformação das relações interpessoais, cooperativas, colaborativas e multimodais entre os sujeitos/aprendizes. Não se trata de uma aplicação mecânica da 'teoria' nas atividades propostas pelos docentes em sala de aula, mas, de uma prática consubstanciada nos elementos constitutivos da Pedagogia dos Multiletramentos, tendo em vista a interação, a problematização de ideias e a troca compartilhada de informações e de experiências entre os participantes. Assim, o entrelaçamento entre 'teoria' e 'prática', em uma perspectiva multimodal e multissemiótica, possibilitou o redirecionamento dos processos educativos para uma dimensão mais colaborativa entre os envolvidos, o que favoreceu a produção de sentido no espaço formal de aprendizagem.

5.6 Leitura, decomposição do material e elaboração de categorias

Para a leitura do material selecionado, identificou-se nas divisões respectivas, o ponto de vista central e as ideias defendidas pelos autores de cada trabalho acadêmico. Além do mais, optou-se por mapear a problematização elencada nessas produções científicas com vista a evidenciar nesses textos, a progressão de ideias desses autores.

A exploração do material escolhido foi imprescindível para verificar se os objetivos estabelecidos no trabalho científico foram cumpridos de modo satisfatório, bem como se a pergunta de pesquisa foi respondida a contento, em conformidade aos anseios que norteiam os interesses, aqui, suscitados. Ressalta-se, portanto, que os dados foram decompostos e analisados, observando-se o conteúdo temático das produções e a correlação entre *teoria e prática*. A partir da leitura dos capítulos selecionados e que integram a presente obra, *Multiletramentos em teoria e prática: desafios para a escola de hoje*, foram elencadas as seguintes categorias: **a) 'Práticas colaborativas de ensino – PCE'; b) 'Produções multimodais na escrita colaborativa'; c) 'Da metalinguagem à metarrepresentação: (re)criando significados' e d) 'A formação do ethos no contexto tecnológico das práticas multi-letradas: (re)personalizando saberes para além dos muros da escola'.**

As categorias foram criadas com base na *leitura/reflexão/compreensão* dos capítulos que contemplam a obra supramencionada. A primeira categoria delineada, **'Práticas colaborativas de ensino – PCE'**, revela o trabalho coletivo dos discentes que se reverbera nas produções escolares. O uso das tecnologias digitais também foi um fator decisivo de reorientação daquelas práticas tradicionais já existentes na escola. Dentre as atividades observadas ao longo dos capítulos que compõem a obra examinada, verifica-se a proposta de produção de um curta-metragem em sala de aula. Através do acesso à internet e da Web 2.0, os alunos puderam articular outros saberes, (re)criando a história do romancista José de Alencar ora intitulada *Senhora*.

Cada sujeito participante contribuiu com a (re)construção do romance, em momentos e funções diferentes. E, à medida em que cada integrante se entrosava com a atividade exposta pelo educador, o nível de colaboração entre os sujeitos aumentou, significativamente, o que contribuiu para o aprimoramento do exercício. No curso da tarefa de *elaboração/articulação/ encenação* do curta-metragem em sala de aula, cada aprendiz foi se apropriando da linguagem cinematográfica para melhor desempenhar o seu papel. A sensação de mero espectador foi sendo substituída pela imagem de produtor e consumidor, razão pela qual os estudantes passaram a se enxergar naquela atividade coletiva.

Com relação à segunda categoria, **'Produções multimodais na escrita colaborativa'**, argumenta-se que o uso pedagógico da tecnologia foi imprescindível para o desenvolvimento do aprendizado no âmbito escolar. Um bom exemplo disso pode ser verificado em uma das atividades propostas em sala de aula, no que tange à produção de animação (avatar). O compartilhamento de informações e a mútua colaboração dos demais sujeitos/aprendizes foi significativa para o sucesso da tarefa. O uso do Software Livre Scratch[20] estimulou a criatividade do aluno Vinícius na criação da sua animação.

Além disso, houve um estreitamento na relação dos sujeitos, o que favoreceu ao senso de mútua colaboração entre eles. Durante o período de personalização da animação, todos os envolvidos no processo educativo, incluindo a professora, apresentaram as suas sugestões para o aprimoramento do avatar. A partir dos conhecimentos iniciais, outros saberes passaram a compor o repertório cognitivo dos alunos. Houve a apropriação de outros sentidos, e, isso, agregou valor àquela produção elaborada na escola. Ainda, cabe argumentar que tais elementos que conduziram o aprendizado dos discentes, (uso de tecnologias; comprometimento intelectual dos estudantes; concatenação de distintos saberes), também foram identificados em outros exercícios ressignificados no ambiente de estudo.

Já a terceira categoria ora intitulada, '**Da metalinguagem à metar-representação: (re)criando significados**', surgiu das pistas identificadas nas duas categorias anteriores. A autonomia dos discentes, associado ao trabalho colaborativo, tendo em vista o uso das tecnologias digitais no aprendizado escolar, notabilizaram a construção de uma linguagem que não se restringiu, tão somente, em estabelecer um elo integrativo nas relações, mas, foi muito além disso. Diante dos exercícios apresentados pelo educador, e, que foram explicitados ao longo dos capítulos examinados, percebeu-se o rompimento daquela hierarquização tradicionalmente estabelecida no processo de ensino em que todas as dúvidas eram direcionadas ao professor. A descentralização do conhecimento se deu de modo horizontal, ou seja, as sugestões, críticas, observações e demais opiniões aventadas em sala de aula ocorreu entre os educandos, o que evidencia a dois fatores relevantes tratados no curso desta pesquisa, quais sejam: a autonomia do estudante e o fomento da metalinguagem a partir da sua interação com o *outro*.

A consciência coletiva não encobriu o progresso individual de cada sujeito com o aprendizado, porém, tornou-o mais amplo, célere e diversi-ficado no viés cognitivo e intelectual. Com isso, houve um fortalecimento das práticas letradas e um amadurecimento da situação comunicacional

---

[20] O Software Livre Scratch foi desenvolvido pelo Instituto de Tecnologias de Massachusetts (MIT). Refere-se a um programa utilizado para o aprendizado inicial de linguagem de programação por meio da produção de animações e jogos em uma perspectiva multimodal e colaborativa.

entre os envolvidos. Eles passaram a acompanhar, refletir, sugerir, apontar e interagir, uns com os outros, articulando as distintas vozes em prol de um objetivo comum. É preciso salientar que não houve o apagamento identitário dos sujeitos na relação de 'ensino' e de 'aprendizagem', mas, uma (re) descoberta de capacidades que possibilitaram (re)pensar em outras formas de expressão (artística, cultural, intelectual, social, econômica), favorecendo ao empoderamento de outros letramentos. Essa valorização e, por conseguinte, potencialização dos letramentos, não se restringiu ao universo da escola, mas, também, foi ajustado e incorporado às práticas sociais da vida privada de cada discente.

E, enfim, a quarta categoria, ora denominada '**A formação do ethos no contexto tecnológico das práticas multiletradas: (re)personalizando saberes para além dos muros da escola**', justifica-se diante do conjunto de elementos identificados nas três categorias anteriores, e, nas ações dos estudantes, na elaboração das atividades fomentadas pelo corpo de professores. À medida em que os exercícios situados eram desenvolvidos em sala de aula, os educandos, ao acessarem as suas vivências, incorporavam outros aprendizados nos seus gestos e demais ações. Ao longo da análise da obra selecionada, percebeu-se que o papel de mero ouvinte do sujeito/aprendiz foi se modificando e se robustecendo diante da aquisição de outros saberes.

Em algumas atividades propostas pelos professores, os estudantes começaram a evocar para si o papel de *criadores/produtores/consumidores*. Assim, diante da multiplicidade de funções ocupadas na execução das tarefas, houve a apropriação de uma linguagem cultural por parte de cada um dos envolvidos. Da mesma forma, notou-se que, gradativamente, cada aluno foi (re)construindo a sua imagem perante o grupo, tornando-se, em alguns casos, ponto de referência para os demais. Essa imagem, formada a partir das ações e demais práticas multiletradas, contribuiu para a evolução comportamental de cada sujeito, enquanto ser social. O resultado desse novo *ethos* culminou com um educando mais participativo na aula, empoderado com uma postura crítico-reflexiva, atuante e consciente do seu protagonismo no processo de ensino e de aprendizagem. Portanto, uma nova postura, imagem, passou a orientar a esse sujeito no modo de assimilação e de interação com os seus colegas, o que se refletiu em uma experiência válida e enriquecedora em todas as tarefas ilustradas na obra examinada.

Após a leitura da obra, optou-se por analisar os capítulos 1, 2, 3, 4, 6, 8 e 9, justamente por guardarem afinidades com o objeto pesquisado. A leitura e o aprofundamento dos estudos que cerceiam os capítulos da obra selecionada se justificam, posto que tais produções científicas evidenciam aspectos relevantes, invólucro às práticas multiletradas decorrentes do uso das tecnologias digitais, e guardam singularidades com as pretensões que embasam a essa investigação.

Ressalta-se que os capítulos (5) e (7) do material examinado não trazem, de modo objetivo, informações que dialoguem com o objeto contemplado nos estudos imbricados com o eixo 'práticas docentes – tecnologias digitais – multiletramentos'. Dessa forma, visando a um melhor direcionamento das reflexões pretendidas, decidiu-se pelo afastamento de ambos os capítulos (5) e (7) do campo de apreciação analítica.

Durante a exploração do material, foram eleitos alguns fragmentos extraídos dos capítulos examinados que oportunizaram o início de um diálogo com os demais estudiosos inseridos no referencial teórico da presente pesquisa. Esse diálogo tem como baliza o esquadrinhamento dos assuntos tratados e o estabelecimento de inferências que contribuam para responder à pergunta de pesquisa, em consonância com os objetivos (geral e específicos), inseridos no corpo deste livro.

6

PRÁTICAS MULTIMODAIS E MULTISSEMIÓTICAS NO AMBIENTE DIGITAL: REFLEXÕES PARA UM APRENDIZADO SIGNIFICATIVO

Após a leitura, pormenorizada, dos capítulos selecionados da obra *Multiletramentos em teoria e prática: desafios para a escola de hoje*, organizada pelo Professor Doutor Petrilson Pinheiro, foi possível identificar a ideia central e os posicionamentos secundários abordados pelos autores, nas diferentes práticas descritas e analisadas no livro em tela. Tais produções científicas trazem como linha de raciocínio basilar a aprendizagem em torno dos multiletramentos.

No primeiro trabalho, ora intitulado '**Participação e colaboração na Wikipédia: o lugar da aprendizagem social frente aos multiletramentos'**, de autoria de Rafaela Salemme Bolsarin, nota-se que as inúmeras e complexas formas de interação social, associadas ao uso das tecnologias digitais da informação e comunicação, contribuíram para a modificação da produção textual e dos modos de compreensão da escrita e da leitura. Essa mudança teria sido potencializada com o uso da Web 2.0. No tocante às ideias secundárias ilustradas no texto, a pesquisadora abordou a distinção entre as 'Práticas Colaborativas de Ensino – PCE' e a escrita colaborativa propriamente dita, com vista a apresentar determinadas especificidades entre ambos os termos. Para tanto, a autora desenvolveu um raciocínio crítico-reflexivo para explicar ambas as práticas de escrita — colaborativa e cooperativa — entre os participantes-usuários da internet, no ambiente virtual.

Como estratégia de análise, a autora usou a enciclopédia digital conhecida por 'Wikipédia'. Ao longo da sua produção textual, a pesquisadora argumentou sobre as estruturas de composição da referida ferramenta digital pelos usuários da internet colaborativa. Nesse viés, procurou-se investigar como a escrita colaborativa permeia a (re)configuração de sentidos e de práticas na produção de um documento multimodal e hipermodal.

Dessa forma, a pesquisadora examinou a construção do verbete 'Wikipédia' e as relações estabelecidas entre os usuários da enciclopédia digital.

O intuito do estudo buscou compreender de que maneira a interação entre os usuários confluiu para o desenvolvimento da página digital, assim como para a sua melhoria, enquanto produto final. Ainda, o referido estudo teve por escopo averiguar como se dá o engajamento coletivo, considerando as diversas fontes textuais, hipertextuais e multimodais imbricadas na [21]*semiótica social* e na hipermodalidade.

O segundo capítulo, ora intitulado '**Práticas colaborativas de escrita apoiadas por recursos da internet em disciplina de língua inglesa de curso militar**', de autoria de Viviane de Fátima Pettirossi Raulik, objetivou analisar as práticas colaborativas de escrita que floresceram de uma atividade que se balizou pelo uso da ferramenta digital 'Google Drive', no âmbito de uma instituição militar situada no Estado do Rio de Janeiro. Tendo como fato gerador para a promoção da atividade, o ensino da língua inglesa, os alunos dessa instituição militar foram instigados para que desenvolvessem a uma unidade do livro didático a partir da plataforma digital. O intuito do exercício apresentado no estabelecimento de ensino militar foi o de transferir o trabalho colaborativo para o ambiente virtual de aprendizagem.

Na ocasião, a atividade se amparou nos princípios que regem a 'Pedagogia dos Multiletramentos'. A autora investigou o trabalho desenvolvido pelos alunos da instituição militar sob o ponto de vista da cooperação, comparando-o com o exercício colaborativo. Os achados da pesquisa indicaram que o trabalho grupal somente se constituiu na dimensão colaborativa quando os envolvidos se relacionaram, ativamente, entre si, no processo de aprendizagem. A interação entre os sujeitos permitiu com que houvesse o compartilhamento de experiências e demais conhecimentos no referido grupo, fortalecendo, dessa maneira, a consciência coletiva. Essa troca de ideias oportunizou aos alunos a experimentação do *novo*, retroalimentando as expectativas em torno de uma escrita integrada e, ao mesmo tempo, solidária e colaborativa.

Os alunos do internato militar participaram efetivamente do exercício proposto pela docente e produziram, de modo democrático, a unidade integrante do livro didático, realçando, dessa forma, os pilares que sustentam os multiletramentos. A construção da unidade do livro didático foi um sucesso e contou com a participação integral dos alunos do internato. Com isso, a

---

[21] Segundo a concepção de Trask (2006, p. 263), o referido termo 'semiótica' se refere ao "[...] estudo da produção social de significado com base em sistemas de signos. A semiótica, também chamada semiologia, origina-se no trabalho realizado no início do século XX pelo linguista suíço Ferdinand de Saussure e, mais particularmente, na ideia saussuriana de signo linguístico".

pesquisadora verificou que o trabalho colaborativo proporcionou a atuação de todos os participantes envolvidos no processo e, com base nisso, houve a potencialização de outros saberes a partir do entrelaçamento entre 'teoria' e 'prática' dos multiletramentos na perspectiva de uso da tecnologia digital.

O terceiro capítulo analisado, ora intitulado **'O cinema na escola: multiletramentos em cena e em sala do Ensino Fundamental II'**, de autoria de Bruno Cuter Albanese, apresenta uma atividade prática envolvendo o uso da linguagem cinematográfica com uma turma composta por dezesseis (16) alunos do 9º ano do Ensino Fundamental II, de uma escola particular situada no interior de São Paulo, no ano de 2014.

O projeto desenvolvido com os alunos visou a trabalhar com os princípios que circundam a 'Pedagogia dos Multiletramentos', quais sejam, a 'Prática Situada'; a 'Instrução Explícita'; o 'Enquadramento Crítico' e a 'Prática Transformada', tendo como pano de fundo a produção de um curta-metragem embasado no romance de José de Alencar, qual seja: *Senhora*. O referido projeto recebeu a denominação de 'Cinema Literário' e teve como meta a (re)produção cinematográfica com base na leitura da obra do romancista supramencionado. Foram organizadas diversas oficinas para que os alunos se apropriassem dos elementos constitutivos da linguagem cinematográfica.

A ideia do projeto se amparou na proposta de transformar a sala de aula em cinema e vice-versa. Através da combinação de inúmeras linguagens com os elementos que encampam a produção cinematográfica, os alunos confeccionaram o roteiro da trama que compõe a respectiva obra de José de Alencar, alterando, cronologicamente, os fatos contidos na versão original, com a adaptação do enredo ao tempo-presente. Procurou-se, com a referida proposta de atividade, trazer o universo semiótico do cinema para a sala de aula.

O exercício envolvendo o gênero *'cinema'*, no cenário escolar, não se confunde como meio de ensino, mas, como instrumento de engajamento social e de produção de sentido para o aluno. A participação coletiva dos discentes no projeto literário evidenciou o interesse deles na elaboração de outras produções multimidiáticas. A desenvoltura dos alunos, no desenvolvimento do curta-metragem, revelou a criatividade e o aprendizado de todos os envolvidos com a situação de comunicação reelaborada, com destaque ao trabalho colaborativo.

O quarto capítulo examinado, ora intitulado **'O uso do software livre Scratch no 5º ano do ensino fundamental da escola pública: multi e**

novos letramentos', de autoria de Lidiany Teotonio Ricarte, refere-se ao recorte de uma pesquisa mais ampla, explorada em sede de dissertação de mestrado, no ano de 2015. A referida investigação baseou-se em um estudo de caso envolvendo a vinte e oito (28) alunos com idades entre nove (09) e dez (10) anos, do 5º ano do ensino fundamental, de uma escola municipal de Campinas – São Paulo, que utilizou o 'Software Livre Scratch', na criação de animações virtuais (avatares).

A pesquisa teve por objetivo a compreensão de possíveis relações entre as práticas multiletradas com a escrita; a imagem; o som; o movimento; a lógica de programação; as animações e os jogos, e a sua influência na produção textual multimodal no ambiente escolar e fora dele. Desse modo, verificou-se o avanço do processo de aprendizagem dos alunos a partir do uso da ferramenta 'Scratch' em sala de aula, tendo em vista a criação de animações (avatares) através da referida tecnologia digital. As animações desenvolvidas pelos estudantes eram compostas por textos que favoreciam aos elementos da multimodalidade.

Conforme se depreende no *corpus* de tal pesquisa, a atividade proposta pelo educador foi de extrema relevância para se pensar no trabalho colaborativo entre os envolvidos. À medida em que os alunos discutiam sobre a exposição do trabalho proposto pelo docente e compartilhavam ideias entre si, relacionadas aos modos de criação das animações, observou-se a evolução do trabalho coletivo em sala de aula. Em tempo, o respectivo capítulo trouxe algumas pistas relacionadas à construção do *'ethos'* dos estudantes no contexto escolar, o que favoreceu para uma experiência enriquecedora de todos os participantes — professor e educandos — durante o processo de ensino e de aprendizagem. Também foi possível vislumbrar o nível de autonomia dos discentes, tendo em vista o atendimento da proposta de atividade apresentada pelo educador perante a classe.

O sexto capítulo examinado, ora intitulado '**Multiletramentos: inserindo a multiplicidade identitária dos alunos na escola**', de autoria de Rosane de Paiva Felício, refere-se a um recorte de uma pesquisa-ação mais ampla, envolvendo a alunos de duas (02) turmas do 9º ano de uma escola da rede pública estadual do município de Piracicaba. A pesquisa se baseou na produção de exposição oral (seminário), considerando as práticas de letramento digital desenvolvidas pelos estudantes, a partir do acesso/uso das redes sociais, em especial, do Facebook.

O estudo teve por objetivo verificar a produção das exposições orais, tendo em vista os letramentos digitais dos alunos, nas diferentes redes sociais, bem como a articulação dos quatro componentes abordados pelo Grupo de Nova Londres - (NLG), quais sejam: 'Prática Situada'; 'Instrução Explícita'; 'Enquadramento Crítico' e 'Prática Transformada', na organização da comunicação oral.

O oitavo capítulo investigado, ora intitulado **'O papel da elaboração de atividades aplicadas para a formação continuada docente'**, de autoria de Cláudia Gomes, observou a formação docente na perspectiva do design abordado nos estudos do Grupo de Nova Londres - (NLG). Assim, analisou-se a performance dos sujeitos da pesquisa, (professores), no curso de extensão ora denominado 'Multiletramentos na escola pública', coordenado pelo Professor Doutor Petrilson Pinheiro e administrado, tecnicamente, pela Secretaria de Extensão do Instituto de Estudos da Linguagem - IEL/UNICAMP, vinculada à Educação Continuada da Unicamp - Extecamp.

A carga horária presencial do curso foi cumprida em laboratório de informática, contemplando a conteúdos relacionados às ferramentas digitais: leitura multimodal (análise de fotos e vídeos) e o conceito de letramento; plágio escolar; estratégias de pesquisa na internet através do uso do 'Google Search Education'; produção textual com as ferramentas audiovisuais 'Audacity', 'Movie Maker' e 'Scratch' e produções colaborativas na plataforma 'Wikia' e no aplicativo 'Google Drive'.

O curso de extensão ocorreu entre os meses de agosto e novembro do ano de 2014 e recebeu vinte e cinco (25) educadores. A carga horária do curso foi definida em cem (100) horas, ocorrendo a divisão nos seguintes moldes: quarenta (40) horas presenciais, sendo vinte (20) horas dedicadas à teoria e as outras vinte (20) horas relacionadas às atividades práticas. Completando a carga horária restante, sessenta (60) horas seriam cumpridas à distância pelos participantes, mediante o uso da plataforma Moodle. Ao final do curso, os educadores/participantes produziram, descreveram e apresentaram a uma proposta de ensino que levou em consideração o conceito de 'design' explicitado nos estudos do Grupo de Nova Londres - (NLG). O desenvolvimento da proposta se ancorou no uso de conteúdos, recursos e ferramentas digitais, em consonância com a teoria dos novos multiletramentos.

Por fim, o nono capítulo estudado, assim denominado **'Um olhar sobre as propostas de aulas no menu "Espaço da Aula", à luz dos multi-**

letramentos', de autoria de Gláucia de Jesus Costa, teve por base o exame de dois planos de aulas publicados no ambiente virtual do 'Portal do Professor do MEC'. Na ocasião, a autora escolheu duas aulas que foram destaques de acesso e, por conseguinte, publicadas no referido portal, nos meses de agosto e setembro do ano de 2015. A primeira aula selecionada trouxe como título 'O folclore brasileiro na sala de aula: histórias e lendas', de autoria de Mariane Ellen da Silva. Já a segunda aula escolhida, apresentou o título 'Aprendendo a história da Independência do Brasil de forma divertida e prazerosa', de autoria de Vaneide Correa Dornellas.

A ideia inicial da pesquisa foi a de verificar de que modo o repositório digital assim denominado 'Portal do Professor do MEC', oportuniza o compartilhamento de informações, propostas, sugestões e metodologias de ensino, entre os professores participantes da respectiva comunidade virtual, considerando, obviamente, as práticas multiletradas que decorrem do uso das tecnologias digitais, e, de que modo isso é apresentado ao aluno, na seara da aprendizagem. Ressalta-se que o 'Portal do Professor do MEC', foi uma iniciativa do Governo Federal, à época da pesquisa, cujo intuito era a melhoria dos processos educativos nas escolas brasileiras, e, uma forma de capacitação de professores para o uso das tecnologias digitais da informação e comunicação, em sala de aula.

A investigação científica das aulas publicadas por dois educadores no 'Portal do Professor do MEC', amparou-se em uma análise documental, de abordagem qualitativa. Para o fomento da pesquisa, a autora estabeleceu um percurso teórico ancorado nos estudos de Kalantzis e Cope (2000, 2009); Rojo (2009, 2012); Lankshear e Knobel (2003, 2007, 2008, 2011) e Lankshear (2007). A plataforma virtual de acesso aos textos publicados, assim denominada 'Portal do Professor do MEC', visa a estimular a colaboração e o compartilhamento de propostas, entre os professores, cuja intenção é a de dinamizar as práticas pedagógicas nos estabelecimentos educacionais. Trata-se de um meio digital de interação, inter-relacionamento e diálogo entre os docentes, para a promoção da cultura educacional, em todos os seus níveis.

6.1 O agenciamento de vozes e as práticas colaborativas em sala de aula: reestruturando caminhos para um aprendizado multiletrado

Após a leitura, análise e reflexão dos capítulos que compõem a obra ora intitulada *Multiletramentos em teoria e prática: desafios para a escola de hoje*, despontaram as seguintes categorias: **a) 'Práticas colaborativas de ensino - PCE; b) 'Produções multimodais na escrita colaborativa'; c)**

'Da metalinguagem à metarrepresentação: (re)criando significados' e d) 'A formação do ethos no contexto tecnológico das práticas multiletradas: (re)personalizando saberes para além dos muros da escola'.

Tais categorias são relevantes porque visam ao agenciamento de vozes entre os diferentes autores que tratam das práticas multiletradas desenvolvidas e articuladas, tanto no espaço escolar, quanto fora dele. Portanto, essa categorização surgiu a partir da análise dos capítulos que compõem o livro selecionado e visam a responder a seguinte problemática: 'de que modo os conceitos de tecnologias e de multiletramentos são apresentados na obra ora intitulada *Multiletramentos em teoria e prática: desafios para a escola de hoje?*

Espera-se que a análise das divisões da referida obra possibilite distintos olhares e caminhos que conduzam aos esclarecimentos necessários e/ou, ao menos, que apontem para uma direção segura, considerando, evidentemente, os objetivos — geral e específicos —, aqui, delineados neste estudo.

6.1.1 Práticas colaborativas de ensino - PCE

Diante das pistas mapeadas nos capítulos da obra em análise, foi possível observar a relevância que se dá ao conjunto de práticas multiletradas que evidenciam a composição do texto *multimodal*. A (r)evolução das formas de aprendizado e fomento de outros saberes, perpassa pelas relações estabelecidas com o uso das tecnologias digitais da informação e comunicação, originando, dessa forma, produções multiletradas que estimulam o estudo grupal em uma perspectiva colaborativa e de (re)contextualização das ações empregadas por cada *aluno/participante/mediador*, na consecução de um fim comum: o processo pelo qual envolve os diferentes modos de 'aprender', 'ensinar', 'interpretar', 'ampliar', 'criar' e '(re)criar'. Nessa direção, o trecho a seguir coaduna com o raciocínio, aqui, suscitado:

"Em uma sociedade permeada por artefatos digitais e novos fenômenos, como memes e remixes, mensagens instantâneas, redes sociais e aplicativos, percebemos que as velhas práticas de letramento não dão mais conta da complexidade e da multiplicidade de novos textos. Assim, se antes a produção cultural refletia diretamente uma posição grafocêntrica, hoje já nos deparamos com o desafio de lidar com novas configurações textuais centradas na multimodalidade" (Bolsarin, 2017, p. 29). [22]

---

[22] Esclarece-se que os excertos em itálico contemplados nesta seção, foram extraídos da obra ora intitulada *Multiletramentos em teoria e prática: desafios para a escola de hoje*, organizada pelo Professor Doutor Petrilson Pinheiro. Com isso, objetivou-se destacar os fragmentos eleitos da obra em questão, cujo fito foi o de proporcionar uma maior visibilidade dos trechos ao leitor.

Através da leitura do fragmento em destaque, nota-se que o uso de uma gama variada de tecnologias digitais da informação e comunicação, no processo de ensino e de aprendizagem do alunado, desencadeou determinadas habilidades e funções que transcenderam o mero ato de 'leitura' e de 'escrita' na compreensão da produção textual, verbal e não-verbal. O texto passou a ser um artefato de múltiplas linguagens, com diversas formas de inter(ação). O excerto traz indícios que direcionam o leitor para essa contextualização, envolvendo as práticas multiletradas atuais em detrimento daquelas ações letradas ancoradas na *codificação/decodificação/interpretação* do passado.

Observou-se que devido aos inúmeros fenômenos ocorridos no campo tecnológico, tais como, a criação de 'memes'; 'remixes'; 'mensagens instantâneas' e 'redes sociais', as produções textuais se modificaram e se complexaram. Essas transformações, que impactaram os textos/discursos, situam-se no tempo-presente e se refletem no progresso tecnológico experienciado pela sociedade e, ainda, nas diferentes maneiras comunicativas de se aproximar do leitor e dialogar com as suas expectativas.

Esse raciocínio é ratificado por Cani e Coscarelli (2016, p. 15) ao argumentarem que vivemos na "[...] era da cibercultura [...]". Diante do volume, cada vez mais, elevado de informações tratadas e publicizadas nos canais de comunicação, verifica-se nas produções textuais, escritas e orais, da contemporaneidade, os impactos e demais desdobramentos dessa multiplicidade de vozes, gestos e sinais que circundam a composição do texto/discurso, em diversos ambientes, com destaque ao *digital*. Dessa maneira, tendo em vista a complexidade das relações sociais e suas infindáveis formas de entrelaçamento, verifica-se que:

"[...] as Tecnologias de Informação e Comunicação (TICs) têm ampliado as possibilidades de construção de significado por meio de suas potencialidades técnicas e éticas. Assim, embora a multimodalidade sempre tenha estado presente na sociedade (nos discursos orais, por exemplo), esta assume agora um papel mais central, graças à convergência de mídias que a internet vem possibilitando. Isso quer dizer que, se antes a leitura textual bastava para a compreensão dos textos e dos gêneros, hoje as novas produções exigem uma capacidade multimodal para serem compreendidas de maneira profunda e crítica" (Bolsarin, 2017, p. 30).

Essa complexidade que permeia o texto/discurso vai muito além da mera "[...] decisão de divisão do texto, escolha de fontes e corpos, cores, imagens, detalhes gráficos [...]" (Ribeiro, 2021, p. 42) e conduz a um caminho de ressignificação de outras formas de comunicação, em diferentes superfícies. Conforme salientam Oliveira e Dias (2016, p. 79), "os textos adaptam-se às necessidades sociocomunicativas diferenciadas à medida que também refletem as ferramentas utilizadas em sua construção, e não somente elas".

Assim, nota-se que tais mudanças acerca da multiplicidade textual, atrelada ao uso das tecnologias digitais da informação e comunicação, chegaram ao espaço escolar, posto que, "[...] se antes os alunos recebiam um livro ou um único texto xerocado para ler, agora eles têm acesso a múltiplas fontes de informação" (Coscarelli, 2016, p. 12) proporcionadas pelo uso das "[...] tecnologias digitais [...]" (Dias *et al.*, 2012, p. 80). Dessa forma, verifica-se no excerto a seguir que:

"Essas diversas formas de construir significados a partir da internet e do meio digital fazem elemento integrante dos estudos sobre novos letramentos" (Raulik, 2017, p. 66).

Conforme se verifica no fragmento destacado, a construção de significados, através do uso de aparatos digitais, favorece ao desenvolvimento dos 'novos letramentos'. O uso da 'internet', 'smartphones', 'tablets', 'computadores' e 'notebooks', integra o campo constitutivo das práticas multiletradas, haja vista que a produção textual, bem como "as atividades de leitura nos dias de hoje processam cada vez mais diferentes sistemas de signos, insumos criados pelas/com as tecnologias digitais. Os textos se multiplicam exponencialmente, tanto quanto as práticas sociais e as formas de interação" (Novais, 2016, p. 82), posto que:

"O uso de diferentes mídias nas práticas letradas que circulam nas diversas esferas culturais é característico dos multiletramentos. Com efeito, eles ultrapassam as fronteiras das escolas, fazendo-se presentes nos mais diversos espaços sociais" (Costa, 2017, p. 277).

A dinâmica social em conjunto com o uso, cada vez mais, acentuado das tecnologias digitais da informação e comunicação, inaugurou a um panorama multicultural apoiado nas múltiplas linguagens de contemplação do texto/discurso, evidenciando, portanto, a uma produção textual que transcende o tempo-espaço e se ajusta ao processo educacional em uma perspectiva multimodal e multissemiótica. Logo, "essa perspectiva permitiu mudanças profundas no uso dos textos em sala de aula" (Novais, 2016, p. 83). Dessa maneira, "a (r)evolução das tecnologias e das mídias, no último século, é contínua, rápida e tem determinado mudanças acentuadas no consumo e na recepção/produção das linguagens e dos discursos" (Rojo; Moura, 2019, p. 36), instigando a outros letramentos, até mesmo porque:

"[...] pensar em letramento somente pensando-se no letramento da letra é insuficiente para formar um aluno que possa participar das práticas sociais da sociedade contemporânea. Posto isso, acredito que, a partir da teoria dos multiletramentos, o cinema não deva ser somente uma ferramenta de ensino, mas um novo objeto dentro do ensino de línguas. Não só porque o texto cinematográfico é multissemiótico por excelência, mas também porque sua inserção na sala de aula cumpre com as novas demandas da vida contemporânea" (Albanese, 2017, p. 92).

De outra banda e, considerando o fragmento destacado, ressalta-se a relevância da escola e do corpo docente, de modo geral, no processo de amadurecimento do aprendizado do aluno. Não se pode pensar em letramento, tão somente, no aspecto da *letra*, sendo necessário refletir sobre as demais paisagens que fazem parte das práticas dos estudantes, tanto na esfera escolar, quanto fora dela. A mera valorização da leitura, escrita, reescrita e interpretação do texto/discurso, é insuficiente para a compreensão das práticas sociais que cerceiam a vida privada do sujeito, nas múltiplas dimensões e camadas do seu viver. Outras demandas devem ser levadas em consideração para o aprimoramento das práticas multiletradas no universo acadêmico.

As ações humanas são complexas e se intensificam na medida em que as interações sociais se materializam, no dia a dia, entre as pessoas. Nesse ínterim, Demo (2009, p. 26) pontua que "os desafios da aprendizagem estão mudando, respondendo também a dinâmicas profundas de mudança na sociedade e na economia". Para Kalantzis; Cope e Pinheiro (2020, p. 26) as "escolas, em qualquer lugar do mundo, estão enfrentando atualmente desafios maiores do que nunca, tendo em vista a diversidade das salas de aula, as mudanças tecnológicas e sociais mais amplas [...]" encampadas pelo processo de globalização social, econômica e cultural das "[...] sociedades contemporâneas [...]" (Castells, 2020, p. 515). Isso posto, Kalantzis; Cope e Pinheiro (2020, p. 27) observam que:

Novos tipos de ambiente escolar e de designs de aprendizagem de leitura e escrita, que se pretendem catalisadores para a próxima geração de aprendizes, estão emergindo. Os currículos desses novos ambientes escolares encorajam estudantes a se tornarem sujeitos ativa e intencionalmente engajados em seus processos de aprendizagem, ao inseri-los em desafios intelectuais e práticos.

De fato, as inúmeras "[...] descobertas tecnológicas [...]" (Castells, 2020, p. 92) modificaram os modos de interação e de percepção do texto/discurso no ambiente escolar, contudo, considerando o excerto analisado, é possível estabelecer algumas inferências sobre o assunto em voga, como por exemplo: **a)** Com qual conceito de 'novo' o autor trabalha? **b)** Até que ponto os aparatos tecnológicos contribuem para o desenvolvimento de outros textos/discursos, no espaço escolar e/ou fora dele? **c)** Quais os interdiscursos que atravessam os gêneros, verbais e não-verbais, no contexto de uso das tecnologias digitais? **d)** Será que as *velhas práticas* letradas foram substituídas por outras ou ambas se modificaram em consonância com a complexidade social? Tais questionamentos não excluem outros que, porventura, relacionem-se com o tema proposto em torno das práticas multiletradas que podem surgir a partir do uso das tecnologias digitais da informação e comunicação. É o que se verifica no excerto a seguir:

"[...] entendo que a Wikipédia pode ser considerada um novo letramento na medida em que se apresenta como um espaço de novas práticas de escrita e leitura, viabilizado a partir da colaboração e da troca entre os usuários-editores" (Bolsarin, 2017, p. 31).

Antes de iniciar a análise desse fragmento, é oportuno que se estabeleça uma definição da palavra 'Wikipédia', para um melhor direcionamento das investigações ora pretendidas. Conforme expõe D'Andréa (2016, p. 137), "[...] a Wikipédia agrega conteúdo enciclopédico escrito de modo colaborativo e busca contribuir para um mundo em que cada ser humano tenha livre acesso à soma de todos os conhecimentos". Trata-se de um espaço virtual onde inúmeras pessoas/editores podem participar da inserção, alteração, acréscimo e/ou supressão de verbetes ou parte desses textos.

A construção dos textos ocorre de modo virtual, assíncrono, não possuindo um formato textual imutável, ou seja, a produção textual se movimenta e se estabelece nas contribuições realizadas pelos participantes/editores que interagem no referido "[...] ciberespaço [...]" (Lévy, 2011, p. 48). Para Lorenzi e Pádua (2012, p. 50), "o próprio ambiente digital estimula a construção de conhecimento necessário para realizar as alterações desejadas, tornando o usuário autor e organizador do seu próprio espaço textual". Convém ressaltar que o aprimoramento dos verbetes implicou em uma participação coletiva, de cooperação e de mútua colaboração entre os envolvidos, o que oportunizou a apropriação de distintas práticas multiletradas por parte desses usuários.

Compactuando com o entendimento de Lorenzi e Pádua (2012), Lévy (2011, p. 116) acentua que "o ciberespaço favorece as conexões, as coordenações, as sinergias entre as inteligências individuais, e sobretudo se um contexto vivo for melhor compartilhado, se os indivíduos e os grupos puderem se situar mutuamente numa paisagem virtual de interesses [...]" voltados ao pleno processamento de informações compartilhadas e estabelecidas, de comum acordo, entre os usuários da plataforma virtual. A compreensão a respeito da 'Wikipédia' não poderia ser de outra maneira e vem ao encontro com o *slogan* que identifica tal ferramenta digital: "[...] a enciclopédia que todos podem editar" (D'Andréa, 2016, p. 142).

A 'Wikipédia' foi fundada no ano de 2001 por Jimmy Wales e publicada na versão em inglês. No mesmo ano, entrou em operação o formato em português da referida enciclopédia digital, ocupando lugar de destaque em número de acesso/edição pelos usuários espalhados em diversos lugares do mundo. Conforme destaca D'Andréa (2016, p. 137), "a Wikipédia é a mais famosa e bem-sucedida experiência da Wikimedia Foundation, instituição sem fins lucrativos com sede nos EUA e responsável por outros projetos baseados em wikis, como o Wikicionário, Wikilivro e Wikinotícias". A compreensão acerca do desempenho da 'Wikipédia' é de suma importância para uma apropriação mais efetiva, relacionada às *Práticas Colaborativas de Ensino'*.

A plataforma conhecida por 'Wikipédia' fornece aos usuários/editores uma gama de operações inclinadas ao manejo, edição e compartilhamento de informações com outras pessoas no respectivo ambiente virtual. Através da participação, on-line, na enciclopédia digital, os usuários/editores podem consultar verbetes, editá-los, interagir com os outros usuários, dialogar sobre a produção textual e acrescentar outras informações que julguem pertinentes. Sobre o funcionamento da 'Wikipédia', D'Andréa (2016, p. 137-138) realça que:

> As abas dão acesso às diferentes "camadas" de cada artigo, revelando as possibilidades de edição e interação entre editores propiciadas pelo projeto. Ao acessar a Wikipédia para consultar um artigo qualquer, o leitor automaticamente estará na aba "Artigo", a partir da qual é possível navegar pelo conteúdo publicado sobre o assunto. Caso queira alterar qualquer informação contida no artigo, o leitor deve clicar na aba "Editar" e, após modificar o conteúdo através do editor de texto, confirmar a modificação. Após salvar a página, imediatamente a alteração no texto é publicada e será

> considerada a versão válida até que outro editor a altere. Há
> também a opção "editar código-fonte", indicada para editores
> familiarizados com a linguagem do programa MediaWiki.
> Para fazer uma edição na Wikipédia, o "leitor" – claramente
> rompendo as limitações técnicas tradicionalmente atribuídas
> a este sujeito – não precisa se cadastrar.

A respeito da edição da enciclopédia on-line, D'Andréa (2016) esclarece que o editor não cadastrado será identificado por meio do número de Internet Protocol (IP), correspondente ao seu computador conectado. Segundo observado pela autora, o usuário/editor torna-se um wikipedista ao fornecer, tão somente, o seu endereço eletrônico de e-mail na realização do cadastro.

Através da criação de login e do cadastro de uma senha, o usuário/ editor poderá ter acesso à respectiva página digital do 'Wikipédia', tendo à sua disposição, todos os dispositivos operacionais de manejo, consulta e edição da ferramenta virtual. Ainda, D'Andréa (2016) lembra que na aba 'Histórico' é possível identificar o autor da edição, a data e o horário da modificação do artigo, bem como eventuais comentários inseridos no sumário.

Por fim, na aba 'Discussão', D'Andréa (2016, p. 139) explica que se trata de "[...] um espaço para que os agentes debatam sobre o conteúdo e as tendências do texto e, antes de atualizar os artigos, busquem um consenso sobre a melhor abordagem para o tema". A referida aba oportuniza um diálogo entre os envolvidos, o que torna o texto/discurso mais articulado e dinâmico com a proposta do grupo.

Ao considerar o que foi apresentado sobre a 'Wikipédia' a título conceitual e funcional, é possível destacar que tal ferramenta oportuniza a distintas formas de produção textual, escrita e oral, evidenciando, assim, a múltiplas formas multimodais que dialogam e se articulam com as "[...] novas topografias [...]" (Ribeiro, 2021, p. 165) e com as demais "[...] linguagens humanas [...]" (Lévy, 2011, p. 73). Sendo assim:

> "[...] situo a Wikipédia como um novo letramento, na medida em que esse site apresenta novas técnicas (plataforma wiki, software livre, edição síncrona e assíncrona aberta, etc.) e um novo ethos, que valoriza e, mais do que isso, viabiliza o projeto por meio da participação colaborativa e voluntária de muitos usuários" (Bolsarin, 2017, p. 32).

Logo, ao considerar o teor do trecho sublinhado, verifica-se que as múltiplas operações, que emergem do uso da 'Wikipédia', reforçam as potencialidades em torno das práticas multiletradas e, concomitantemente a isso, incentivam as produções elaboradas em um viés mais colaborativo. O uso da 'Wikipédia', na esfera escolar, pode contribuir para o fomento de outras habilidades relacionadas às práticas do saber-fazer docente, e nortear diferentes modos de aprendizagem dos discentes no tocante à percepção da escrita e da leitura, em variadas superfícies.

Tendo em vista que "as tendências educacionais modernas apostam na possibilidade de se sair da fragmentação para uma visão inter e transdisciplinar" (Ribeiro, 2017, p. 88), o uso interativo da ferramenta 'Wikipédia', nos estabelecimentos de ensino, pode oportunizar a outras experiências de estudo aos envolvidos. No que concerne às incontáveis vantagens relacionadas ao uso da enciclopédia digital, no cenário de sala de aula, Lorenzi e Pádua (2012, p. 36) advertem que:

> Se levarmos em conta a gama diversa de textos disponíveis, a escola ainda se restringe ao texto impresso e não prepara o aluno para a leitura de textos em diferentes mídias. É de suma importância que a escola proporcione aos alunos o contato com diferentes gêneros, suportes e mídias de textos escritos, através, por exemplo, da vivência e do conhecimento dos espaços de circulação dos textos, das formas de aquisição e acesso aos textos e dos diversos suportes da escrita. Ela também pode incorporar cada vez mais o uso das tecnologias digitais para que os alunos e os educadores possam aprender a ler, escrever e expressar-se por meio delas.

É nesse contexto em que a utilização da 'Wikipédia' poderá incutir a uma infinidade de experiências ligadas aos multiletramentos e, ao mesmo tempo, propiciar um clima de interação entre os participantes/alunos, estimulando o trabalho colaborativo em detrimento daquelas práticas tradicionais de ensino que, lamentavelmente, ainda são (re)produzidas nos espaços formais de aprendizagem. Considerando o exposto, Lorenzi e Pádua (2012, p. 37) acrescentam que:

> No espaço digital, a autoria se confronta diariamente com a apropriação: leitor e autor nunca interagiram de maneira tão intensa, e os espaços de produção são cada vez mais interativos e colaborativos (um exemplo disso é a Web Wiki). A escola ficou à parte, os ambientes colaborativos de aprendizagem parecem se restringir ao universo virtual. Mesmo assim, as salas de aula seriam excelentes espaços para a construção de múltiplos textos e linguagens, com múltiplos significados e modos de significar.

Contudo, convém estar atento ao conjunto de fatores que envolvem o uso da 'Wikipédia' ou de qualquer outro recurso tecnológico no cenário da educação. Assim, verifica-se que as ações estratégicas do professorado estão, de certa forma, sendo influenciadas pelas práticas colaborativas de ensino que, em *última ratio*[23], não se confundem com a escrita colaborativa. A construção textual coletiva, escrita e/ou oral, é um trabalho de muitas vozes que se articula no fomento das atividades propostas pelo docente, razão pela qual ocorre a recombinação entre os elementos textuais, agregando, dessa forma, a outros sentidos que se aglutinam às ações anteriores. Essa transposição de novas ações e de elementos, evidencia a outros valores que se refletem em uma prática transformada. Para D'Andréa (2016, p. 142):

> O desenvolvimento – e, consequentemente, a própria sobrevivência – da Wikipédia depende da efetiva adesão de mais e novos colaboradores. Nesse contexto, a necessária manutenção de um projeto que visa ao acesso livre e irrestrito a informações, assim como a urgência para que os ambientes escolares se insiram efetivamente nos ambientes colaborativos da internet podem ser vistos como uma oportunidade de aproximação entre a edição da "enciclopédia que todos podem editar" e as práticas escolares.

A construção coletiva de textos, verbais e não-verbais, na 'Wikipédia', e a interação dos usuários/editores na formulação dos verbetes, inauguram a oportunidade de instigar a uma produção colaborativa, arquitetada e executada por várias mãos, o que se reflete em uma prática inclinada à (re) produção da informação, de comum acordo, entre os docentes e discentes, com distintos significados para ambos. Nessa esteira de raciocínio, D'Andréa (2016, p. 143) aduz que:

> Ao acompanhar e intervir em um conjunto de artigos sobre algum tema trabalhado na escola, por exemplo, o aluno tem a oportunidade de pesquisar e aprender mais sobre o assunto em questão, de praticar a escrita (e colocá-la à prova de outros colaboradores), além de conhecer, técnica e conceitualmente, um projeto colaborativo e de, ao participar dele, contribuir para a melhoria de um bem comum.

Portanto, o trabalho de cooperação se manifesta da vontade espontânea de alunos e educadores de promoverem, juntos e de modo organizado,

---

[23] Trata-se de uma expressão de origem latina, frequentemente utilizada no direito e significa 'última razão', 'último recurso'.

a construção do conhecimento, ou seja, "a contribuição individual, ainda que absolutamente importante, está a serviço do processo e do produto coletivo" (Demo, 2009, p. 103).

Já as 'Práticas Colaborativas de Ensino – PCE' englobam a todo o processo técnico que norteia as estruturas constitutivas da própria tecnologia. São as camadas e procedimentos que se associam entre si e possibilitam práticas modais de produção de sentidos, tanto para o professor, quanto para o aluno. Tais práticas colaborativas de ensino, estão vinculadas a cada etapa de criação. A composição estrutural do processo de aprendizagem reflete o produto final. A esse respeito, Ribeiro (2021, p. 167) argumenta que:

> O leitor é desafiado pela topografia de um texto, assim como o escritor o foi, quando do momento de escrever ou de projetar. E diante de um cenário em que os textos podem estar materializados em espaços ainda pouco conhecidos e explorados, é preciso estar alerta para possibilidades e experimentações, tanto de escritas quanto de leituras.

Toda a estrutura operacional que envolve a 'Wikipédia', corresponde às 'Práticas Colaborativas de Ensino – PCE', posto que cada parte pensada, projetada e executada, integra a um "[...] tipo de suporte, tipo de formato, tipo de acabamento [...]" (Ribeiro, 2021, p. 172) da ferramenta digital, possibilitando com que os verbetes sejam elaborados, consultados, editados e/ou comentados entre os usuários/editores da referida plataforma virtual.

As composições textuais, verbais e não-verbais, produzidas nas plataformas digitais, impingem diferentes significados aos leitores e influenciam os modos de percepção das informações por parte dos mesmos, até mesmo porque "as marcas de navegação dos textos impressos podem variar de acordo com o suporte" (Novais, 2016, p. 83). Ainda, exemplificando todo o exposto, Novais (2016, p. 83-84) salienta que:

> Um livro, por exemplo, oferece ao leitor várias "ferramentas" de navegação, como o sumário, o índice de figuras, as notas de rodapé, a numeração de página, entre outros. Um jornal impresso se organiza em cadernos, padronizados pelo design dos títulos (cores, tamanho e tipo de fonte, diagramação, entre outros), assim como um livro didático também o faz. É mais fácil chegar ao caderno ou capítulo se o leitor conhece ou reconhece as pistas deixadas pelos designers.

Portanto, as '**Práticas Colaborativas de Ensino – PCE**' se ancoram no trabalho coletivo, com a promoção de distintas formas de interpretação do enunciado. A junção de todas as partes fragmentadas na obtenção do conjunto global, oportuniza a ressignificação dos modos de *escrita* e de *leitura*. As partes de um livro, por exemplo, são individualizadas e trazem determinadas particularidades, porém, após a associação de todas as partes, verifica-se uma única unidade de sentido, conduzindo o leitor a outras reflexões.

Quando um estudante resolve usar os recursos digitais para acessar a 'Wikipédia' e contribuir com a escrita de um verbete, automaticamente, pode-se observar uma atividade de cooperação com os demais usuários/ participantes de tal ferramenta virtual de aprendizagem. Porém, quando ocorre uma troca compartilhada de informações e uma definição comum de ideias, verifica-se, portanto, a figura do trabalho colaborativo, conforme se observa no trecho a seguir:

"[...] nas primeiras edições, identificamos trocas abruptas de conteúdo com indicações de ideias e tarefas ao longo do histórico. Assim, o verbete começa com uma publicação de duas palavras, que logo depois é substituído por um trecho em inglês e a indicação 'nova versão para traduzir'. Duas contribuições depois, outro internauta reverte a edição em inglês, escreve duas linhas de conteúdo em português e justifica sua alteração sinalizando sua posição com o comentário 'Por que um artigo tão importante tem um grande 'pedaço' em inglês – isso denigre o projeto...'. A partir dessa edição, os demais colaboradores seguem tal formatação e passam a adicionar conteúdo original em língua portuguesa" (Bolsarin, 2017, p. 46-47).

O desenvolvimento do verbete contempla a dois níveis de escrita que são trabalhados em paralelo e de modo concomitante pelos participantes. Em um primeiro momento, inicia-se com uma escrita de cooperação. Cada aluno apresenta a sua contribuição de modo individual. Nesse momento, é importante notar que as etapas (partes) de fomento do verbete estão desarticuladas entre si. Aos poucos, os demais sujeitos começam a participar da construção da página eletrônica através da exposição de suas ideias, porém, percebe-se no teor do fragmento em destaque, que as contribuições trazidas pelos usuários/editores reforçam um engajamento coletivo de cooperação.

Posteriormente, com a confrontação de ideias e, por conseguinte, com a sustentação do ponto de vista acerca da formatação da referida página, um dos usuários envolvido com a atividade, dá início ao segundo nível de escrita pautada na atuação colaborativa de todos os integrantes do grupo. A partir do confronto de ideias, observa-se que a escrita colaborativa passa a articular o discurso em torno de um objetivo comum: elaboração do verbete. Com isso, as camadas/partes que integram o texto/discurso passam a ser agrupadas e construídas, coletivamente. Gradualmente, as etapas de criação da referida página digital começam a ser articuladas e reorientadas entre si, haja vista que:

"[...] na construção de sentido temático, que corresponde às informações do conteúdo em si a respeito do assunto do verbete (a Wikipédia), a escolha do que é representado textualmente e do que é representado por meio de imagens, vídeos ou áudios é decisiva. Nesse particular, há uma discussão intitulada "Screenshot de 2011", que resulta de uma disputa entre editores para inserir uma imagem no tópico do verbete que conta a história da Wikipédia. A discussão começou no histórico com a inserção da foto por um participante e sua consequente exclusão por outro, que questionou "Pra q essa imagem?". A questão foi levada para a página de discussão por intervenção de um terceiro participante, sendo respondida por um quarto membro. Na discussão, o terceiro participante defende a manutenção da imagem, argumentando que ela é importante, no conjunto com as demais figuras do tópico, para mostrar as mudanças de interface da Wikipédia ao longo dos anos. Tomando essa discussão como exemplo, é possível afirmar que o terceiro participante consegue perceber o papel conceitual da imagem, em conjunto com as demais, para mostrar a evolução da interface da plataforma e, juntamente com os demais participantes da discussão e das edições dessa imagem, de percebe a especialização funcional do screenshot, pois todos compartilham a noção de que essa informação só faz sentido se inserida por meio da imagem, e não por meio textual, uma vez que nenhum dos quatro alterou o texto verbal" (Bolsarin, 2017, p. 50-51).

À medida em que as etapas de criação do verbete são elaboradas, personalizadas, o confronto de ideias e de posicionamentos entre os sujeitos se acentua. Tudo ocorre de modo gradual, articulado e reflexivo. O que acaba enriquecendo ainda mais a experiência de criação do verbete é justamente esse conflito de opiniões entre os participantes. É verdade que o texto/discurso passa a ser *truncado* e com muitas *problematizações* entre os participantes, porém, naturalmente, as sugestões são processadas e ajustadas na elaboração da página eletrônica. Progressivamente, o refinamento do roteiro de personalização do verbete, instiga a outras dúvidas e complexidades que passam a ser objeto de análise e debate por parte dos autores/participantes. Com isso,

"[...] em termos orientacionais, percebemos que há uma preocupação mais consciente a respeito do potencial das fotografias em orientar o ponto de vista do leitor. Sobre isso, destaco o tópico de discussão "Foto recursiva": um editor acrescentou

uma foto ao verbete (que no momento trazia pouco texto e nenhuma foto) e, em seguida, abriu um tópico de discussão para perguntar aos demais participantes o que haviam achado da fotografia tirada e postada por ele, cuja ideia inicial era representar a Wikipédia. Em seguida, um segundo editor respondeu que iria tirar outra foto, copiando a ideia do colega, mas utilizando um software livre, pois na foto original era possível identificar o sistema operacional e o navegador utilizados; um terceiro editor elogiou e perguntou como se fazia aquilo, e um quarto editor reclamou que a foto precisava ser imparcial, na mesma linha de argumentação do segundo editor" (Bolsarin, 2017, p. 51-52).

A conscientização acerca da importância do esforço *coletivo* na elaboração do verbete, possibilitou a insurgência de um espaço democrático, de mútuo respeito e consideração entre os autores. Quando o primeiro usuário/editor, ao inserir uma foto no verbete, resolveu perguntar a opinião dos demais integrantes do grupo, aquele, por sua vez, reconheceu que as ações, implementações e aprimoramentos daquele projeto deveriam ocorrer de modo colaborativo, com o fortalecimento da coletividade na tomada de decisões. Essa consciência inclinada à produção coletiva mantém aos demais participantes centrados no desenvolvimento da referida página eletrônica.

Após a provocação inicial do primeiro usuário/editor, os demais sujeitos/autores se sentiram à vontade para expressarem as suas opiniões, sugestões, críticas e elogios, de acordo com as suas preferências. Esse *feedback* coletivo favoreceu ao compartilhamento de informações e evidenciou a integração do objetivo proposto, acrescentando a essa outra etapa de elaboração do verbete, a preocupação em atender às necessidades do leitor. Assim, os quatro (04) editores começaram a analisar a inserção da foto na perspectiva de uso de outras tecnologias que pudessem oferecer, ao leitor, uma melhor qualidade na resolução da imagem. Diante de todo o exposto,

"[...] considero que a Wikipédia é um espaço de novo letramento (multi e hipermodal) viabilizado pela colaboração de várias pessoas e organizado por meio de estratégias, atividades, papéis, modos de escrita e modos de controle de documentos. Nessa perspectiva, fica clara a relação entre participação na comunidade e aprendizagem, especialmente quando consideramos esta muito mais como "aprender a ser" do que somente como "aprender sobre". Afinal, com as diversas possibilidades oferecidas pelas PCE, cada participante fica mais confortável e engajado para atuar conforme o papel e as atividades que mais lhe interessam, no momento e do local mais adequado. Como consequência, o verbete é editado e melhorado com base na

expertise coletiva e colaborativa. Por essa razão, entendo que não só a produção se torna colaborativa, mas há um processo de ensino-aprendizagem colaborativo também, na medida em que grande parte das edições são negociadas e discutidas em grupo, dúvidas são publicadas e respondidas, e melhorias não só são realizadas de forma reativa, mas também questionadas e justificadas" (Bolsarin, 2017, p. 53-54).

Sendo um ambiente de promoção do conhecimento e de participação coletiva dos usuários da rede de internet, a 'Wikipédia' pode ser entendida como sendo uma ferramenta que instiga às múltiplas interações sociais, ao passo que visa democratizar os diferentes saberes que compõem a sua interface. Logo, tal ferramenta digital passa a ser um artefato tecnológico de processamento de ideias, palavras e intenções que se movimenta nas *tensões/desafios/diálogos* dos seus participantes.

A iniciativa de cada membro do grupo é considerada em todas as etapas de confecção do verbete e, mesmo as tarefas mais difíceis e complexas, são resolvidas graças a criatividade de cada *editor/usuário/colaborador* da 'Wikipédia'. Essa capacidade inventiva para a tomada de decisão também pode ser vislumbrada no curso do projeto denominado 'Cinema Literário', que resultou de um trabalho desenvolvido, no ano de 2014, com os alunos do 9º ano do Ensino Fundamental II, de uma escola particular, localizada no interior de São Paulo.

Naquela ocasião, os discentes realizaram a leitura do romance *Senhora*, de José de Alencar, e, com base na referida obra, produziram um curta-metragem, utilizando o mesmo título que encampa o romance. Concomitantemente a isso, foram realizadas muitas oficinas para que os alunos pudessem conhecer, um pouco mais, sobre a linguagem cinematográfica. Ao longo do projeto de criação do curta-metragem, o grupo de alunos precisou mobilizar as ideias criativas para a tomada de decisão. Isso restou perfeitamente identificável no trecho a seguir:

"Eles próprios chegaram à conclusão de que seria impossível conseguir ambientar um filme na época em que Alencar ambientou seu romance e, por isso, decidiram transformar a história em uma história moderna. Por conta disso, percebo como os alunos começaram a se apropriar da linguagem cinematográfica já durante as oficinas, pois eles tomaram decisões sobre como seria o produto final muito antes mesmo de começarem a escrever o roteiro" (Albanese, 2017, p. 107).

Através da análise do excerto em destaque, é possível perceber que durante o desenvolvimento do curta-metragem, envolvendo a obra do romancista José de Alencar ora intitulada *Senhora*, os alunos decidiram, em comum acordo, sobre os aspectos importantes que passariam a fazer parte da composição do produto final. Após o processo de apropriação da linguagem cinematográfica e da leitura de todo o contexto relacionado ao exercício escolar, os estudantes fizeram uso de algumas estratégias diferenciadas de produção de sentido, considerando, obviamente, os fatores temporais, estéticos, tecnológicos e cinematográficos insertos nas cenas (re)produzidas.

A tomada de decisão somente ocorreu após a realização de uma interpretação/releitura coletiva dos alunos acerca dos elementos sócio-históricos e culturais inseridos no contexto de (re)produção da atividade escolar. Houve, portanto, um agenciamento de vozes em prol do estabelecimento de uma direção segura, que correspondesse aos desígnios da tarefa pretendida, com ênfase ao trabalho colaborativo. Ainda, é possível destacar que a apropriação da linguagem cinematográfica, por parte dos alunos, ocorreu de modo gradativo, o que viabilizou a organização da escrita do roteiro. Esse entrosamento dos participantes com a linguagem cinematográfica resta demonstrado no fragmento a seguir:

"A reorganização dos conteúdos da obra, em que os alunos mudaram a ordem da sequência dos fatos, e a leitura que fizeram do romance, já buscando os acontecimentos da história que poderiam se tornar os pontos de virada, demonstram que eles não só entenderam os conceitos de Field (2001), como também ficaram sensíveis ao fato de que diferentes linguagens implicam diferentes maneiras de estruturar os conceitos, mesmo que estes sejam semelhantes. Portanto, os alunos compreenderam que não bastaria gravar a história do livro: era também preciso reestruturá-la" (Albanese, 2017, p. 108).

A partir do momento em que os discentes compreenderam e se apropriaram dos aspectos linguísticos utilizados no cinema, eles passaram a experienciar a novidade. A reestruturação da sequência dos fatos e o mapeamento dos pontos relevantes no romance de José de Alencar, foram priorizados e adaptados, conforme as expectativas de todos os envolvidos na (re)produção cinematográfica. Dessa forma, os ajustes, as combinações e as reestruturações realizadas no romance, evidenciaram a uma personalização na elaboração do curta-metragem, o que impactou em uma (re) produção de sentido diversa daquela expressa na obra original. A participação do corpo de alunos foi relevante para que ocorresse a readaptação do romance à realidade social dos mesmos, o que reforçou a participação deles no aprimoramento da atividade em questão. Na verdade:

"Analisando as transformações gerais que os alunos imprimiram entre a obra e o curta, bem como a construção detalhada de pequenas cenas, o que se torna claro é o empenho que eles tiveram em tornar uma obra complexa como Senhora, que usa e abusa dos recursos da palavra, um curta metragem que também usa e abusa dos elementos cinematográficos. Os alunos não transformaram o romance em um diálogo gravado: eles construíram um pequeno filme com base na obra de Alencar. A diferença entre gravar os diálogos e fazer um filme está na apropriação dos elementos da linguagem cinematográfica para construir sentidos. Como fica claro, a linguagem verbal é combinada com outras semioses para compor uma obra multissemiótica que se vale de diferentes semioses para construir e explorar sentidos" (Albanese, 2017, p. 116-117).

Outrossim, percebe-se no fragmento em destaque que a gama de aprendizagem dos alunos transcendeu a proposta inicial do docente, no que tange à mera gravação da história do livro. Diante dos indícios presentes no excerto, é possível afirmar que o modo de aprender dos alunos foi além do processo de assimilação do exercício instigado pelo educador e pela apropriação da linguagem cinematográfica, o que contribuiu para que os sujeitos/aprendentes percebessem outras linguagens que despontaram durante a (re)produção das cenas/peças. Tais mudanças passaram a contracenar com os objetivos iniciais da referida tarefa.

A atribuição de sentidos somente foi possível através da (re)combinação dessas linguagens no contexto de reestruturação do romance de José de Alencar. Essa reorganização da história original do romance é fruto da associação entre as práticas de escrita colaborativa com as práticas colaborativas de ensino dos sujeitos/aprendentes, no processo de aprendizagem. A mútua cooperação entre os envolvidos na articulação da escrita, mobilizou diferentes conhecimentos que passou a compor o objetivo comum idealizado pelo grupo, resultando, dessa unificação, as práticas colaborativas de ensino entre eles. O trabalho colaborativo também pode ser notado no seguinte trecho:

"A animação passou por diversas etapas até chegar a esse produto final. Percebi que Vinícius entrou em contato com outros alunos para discutir a ideia da produção de um jogo – houve um aprendizado colaborativo por parte deles, visto que nem a professora e eu tínhamos esse conhecimento. Ocorreu a reescrita dos diálogos,

com a correção da professora, nem na parte ortográfica. Observei ainda a busca do aluno, com os demais da sala, por programação de jogo no próprio Scratch, em "exemplos" (Ricarte, 2017, p. 150).

O trecho em destaque refere-se a uma atividade desenvolvida com os alunos do 5º ano do ensino fundamental, de uma escola situada em Campinas – São Paulo. Na ocasião, o educador propôs aos discentes, o desenvolvimento de uma atividade que objetivasse a criação de animações virtuais (avatares), através do uso do 'Software Livre Scratch'. O envolvimento deles na criação de animações instigou a escrita e a reescrita de diálogos em torno das estratégias de criação dos avatares, o que teria contribuído para o trabalho coletivo. O compartilhamento de informações e de ideias entre eles, bem como articulação do grupo em torno da atividade, e, a intervenção pontual do docente para melhor situá-los, aponta para o trabalho colaborativo e para a ressignificação do próprio ato de criação. A produção da animação exigiu o cumprimento de diversas etapas, conforme se observa nos ajustes realizados pelos sujeitos/aprendizes.

Durante a realização da atividade escolar, os estudantes mobilizaram diferentes saberes que contribuíram para a obtenção de um produto final satisfatório. Interessante notar que a compreensão e, por conseguinte, a construção de significados, ocorreu de maneira distinta entre os participantes. Com isso, o nível de absorção das informações, assim como a capacidade de assimilação da atividade-fim, foi mais perceptível em alguns participantes do que em outros. Assim, pode-se arguir que o modo de percepção do conhecimento (re)produzido no espaço escolar, não ocorreu de modo uniforme entre os alunos, porém, através da participação efetiva dos mesmos na atividade ilustrada pelo docente, outros modos de compreensão apareceram e reorientaram a outras habilidades dos sujeitos. Nessa senda, Kalantzis; Cope e Pinheiro (2020, p. 265) expõem o seguinte:

> Modos diferentes de significado são capazes de se referir aos mesmos tipos de coisas, porém os potenciais representacionais e comunicativos de cada modo são únicos em si mesmos. Em outras palavras, entre os vários modos, existem não apenas paralelos poderosos que permitem a tradução de significados de um modo para outro (descrevendo uma cena em palavras, ou pintando uma imagem da mesma cena, por exemplo), mas também diferenças que são tão profundas que os significados nunca podem ser considerados os mesmos

(há sempre algo diferente sobre a descrição por meio de palavras e da pintura, isto é, sempre se aprende algo que não é dito em um modo quando se vê o mesmo significado representado de outro modo).

A interação dos sujeitos/aprendentes na criação de animações, através do emprego do 'Software Livre Scratch', oportunizou o compartilhamento de pontos de vista que agregaram valor ao produto final. Ao se enxergarem em todas as etapas da atividade, o processo de conhecimento foi ressignificado e o trabalho colaborativo se expandiu para além dos muros da escola. Com isso, o ato de colaborar acabou se inserindo nas práticas sociais daqueles sujeitos, sendo aquele, portanto, uma dimensão do aprendizado colaborativo, até mesmo porque:

"A prática transformada é uma nova prática, cuja teoria torna-se prática reflexiva. Assim, nesse caminho da teoria para a prática que Vinícius realizou, perpassando a abordagem crítica, é estabelecida a prática transformada" (Ricarte, 2017, p. 152).

À medida em que os sujeitos se reconheceram na coletividade e procuraram concatenar as suas ideias com vista à um fim comum, o conhecimento internalizado em cada indivíduo passou a ser experienciado pelo grupo. Dessa maneira, diferentes práticas letradas acabaram sendo instigadas nos participantes, refletindo-se em suas ações e, obviamente, em suas escolhas. A assimilação dos modos de participação implicou em um avanço gradual do sujeito, e, representou, também, o amadurecimento das ideias daquele participante em prol dos objetivos definidos pelo coletivo. Assim sendo:

"[...] a apropriação participativa pressupõe um desenvolvimento contínuo do aprendiz, que, ao participar de um evento, passa por um processo de mudança que pode modificar a forma como ele participará de eventos posteriores, uma vez que há uma modificação no plano pessoal do participante [...]" (Ricarte, 2017, p. 154).

O produto final disso resultou em um agenciamento de vozes que se materializou nas práticas letradas adquiridas, aperfeiçoadas e transformadas por cada *sujeito/aprendente/produtor*. E, nesse vaivém de múltiplas interações, o próprio grupo de alunos, na perspectiva social do conhecimento, (re)criou a sua própria identidade, (re)personalizando-a, primeiramente no coletivo e, depois, de modo individual. Em consonância com o exposto, Franco (2012, p. 151) aduz que:

> Essa dinâmica, que vai do desencadeamento de situações desafiadoras, intrigantes e exigentes para os alunos aos retornos que estes produzem, misturando vida, experiência atual e interpretações dos desafios que se apresentam, é a marca da identidade do processo de ensino-aprendizagem, visto em sua complexidade e amplitude.

A formação identitária do sujeito desenrola-se, portanto, pelas diversificadas situações de comunicação, escrita e oral, pensadas, refletidas, articuladas e concretizadas, no espaço estudantil. Tais produções se misturam e se recombinam na sala de aula, evidenciando a outros significados e entendimentos. Trata-se de uma reorganização do pensamento, considerando a bagagem cultural trazida pelos sujeitos, com os saberes contemplados e acessados durante a aula (novos conhecimentos). O compartilhamento dessas informações, através do uso das tecnologias digitais da informação e comunicação, acaba enriquecendo, sobremaneira, a construção do conhecimento em uma dimensão mais pedagógica, colaborativa e multiletrada.

6.1.2 Produções multimodais na escrita colaborativa

Ao longo dos séculos, o artefato texto/discurso se modificou no movimento social e foi remodelado em diferenciadas práticas multiletradas imbricadas com as produções textuais, escritas e orais, no panorama da situação de comunicação, assumindo, dessa forma, a um caráter modal de (re)personalização do ato de *ler/interpretar/escrever* em outras superfícies. Assim, é importante notar que os multiletramentos implicam na:

"[...] multiplicidade de novos textos da contemporaneidade (geralmente de caráter multimodal) que circulam por diferentes mídias. A questão aqui é que esses meios agora são também virtuais e envolvem práticas de letramento digital realizadas principalmente pelos jovens" (Felício, 2017, p. 197).

Um bom exemplo disso, até mesmo para retomar algumas impressões já apresentadas na categoria anterior, é o uso da Web 2.0, no âmbito escolar e suas vantagens para o processo de ensino e de aprendizagem dos estudantes. Verifica-se, portanto, que:

"Além de possibilitar outras formas de linguagem, o ambiente de Web 2.0 é aberto, interativo, menos controlado – por isso tem sua base no descentramento da noção de autoria, na celebração da "inclusão", na participação e colaboração ativas no processo produtivo, na criação de novas práticas de escrita e na distribuição de

expertise. Essas práticas mobilizam uma nova postura por parte do sujeito – um novo ethos [...]" (Ricarte, 2017, p. 124).

Além do trabalho colaborativo realizado com os estudantes, observou-se que o uso pedagógico da Web 2.0, mobilizou a uma transformação do comportamento daqueles sujeitos, o que contribuiu, favoravelmente, para a construção de um conhecimento mais sólido, integrado e, acima de tudo, significativo, que se refletiu na (re)ação deles, uma vez que:

"A proposta dessa nova versão da web é a de promover atitudes de colaboração, de intensificação das relações sociais nas redes sociais, de construção de uma inteligência coletiva e de compartilhamento, em detrimento de uma mentalidade industrial" (Costa, 2017, p. 275).

Ademais, o aspecto da descentralização da noção de autoria também influiu, positivamente, na produção de sentido e na percepção de cada aprendiz ao refletir sobre o seu próprio agir em sala de aula. Logo, a informação passou a ser um elemento multifacetado, complexo, de ampla interface no meio digital, favorecendo, portanto, para um aprendizado mais dinâmico e participativo entre os envolvidos.

Nessa toada, o excerto a seguir chama a atenção para esse quadro de "[...] virtualização [...]" (Lévy, 2011, p. 30) dos meios de comunicação em massa, e das diferentes formas de transmissão de saberes para o/no contexto educacional.

"Em vista do potencial colaborativo, comunicativo e participativo da internet e da Web 2.0, é possível afirmar que a tecnologia digital contemporânea tem contribuído para o desenvolvimento de novas possibilidades de ensino – aprendizagem, não só em contextos formais, mas também em ambientes informais e não escolares, como a Wikipédia" (Bolsarin, 2017, p. 33).

Ao observar o fragmento em destaque, é possível sublinhar as seguintes inferências: **a)** Como as tecnologias digitais tem contribuído para fomentar 'novas' possibilidades de 'ensino', considerando o uso da internet e da Web 2.0? **b)** Com qual conceito de contemporâneo o autor do capítulo se filia? **c)** De que modo as 'novas possibilidades de ensino', promovidas pelo uso da internet e da Web 2.0, poderão contribuir para o desenvolvimento do 'ensino' e da 'aprendizagem', nos ambientes informais?

A internet "[...] é a espinha dorsal da comunicação global mediada por computadores [...]" (Castells, 2020, p. 430) e sua recorrência nas ações do cotidiano, revolucionou os modos de interação das pessoas, sobretudo, no universo educacional, contudo, é relevante notar que apenas o uso da "[...] ferramenta em si não garante nada" (Demo, 2009, p. 34). Conforme todo o exposto, Lévy (2011, p. 96) pontua que:

> O desenvolvimento da comunicação assistida por computador e das redes digitais planetárias aparece como a realização de um projeto mais ou menos bem formulado, o da constituição deliberada de novas formas de inteligência coletiva, mais flexíveis, mais democráticas, fundadas sobre a reciprocidade e o respeito das singularidades.

Com isso, nota-se que a "[...] internet possibilita cada vez mais ferramentas midiáticas, como aplicativos e programas que aguçam a criatividade do sujeito para hibridizar gêneros e produzir novos significados de acordo com cada situação comunicativa em que ele se encontra inserido" (Marques, 2016, p. 116). Trata-se de um movimento dialógico, acentuado pelos recursos tecnológicos, que oportuniza a uma melhor compreensão das estruturas textuais, escritas e orais, e sua respectiva produção de sentido no âmbito da "[...] escola contemporânea" (Coscarelli; Kersch, 2016, p. 08). Todavia, Matias (2016, p. 170-171) pondera que:

> É papel da escola possibilitar o uso crítico, colaborativo e construtivo das TICs, promovendo a inclusão social e digital dos alunos. É importante, também, que sejam discutidas e compreendidas as possibilidades pedagógicas desse valioso recurso, com a consciência de que não é somente a introdução da tecnologia em sala de aula que trará mudanças na aprendizagem dos alunos. Afinal de contas, o computador é um recurso importante, mas não é a solução para todos os problemas educacionais.

O professor, ao fazer uso das tecnologias digitais em suas aulas, precisa ajustar o seu saber-fazer, reorientando as suas ações com base na "[...] progressão multiforme das tecnologias da mente e dos meios de comunicação [...]" (Lévy, 2010, p. 10), sem perder de vista a finalidade pedagógica que deve caracterizar o seu trabalho na formação dos estudantes. A partir da realização de atividades acadêmicas, tendo como pano de fundo, o acesso às plataformas digitais no espaço universitário, o trabalho colaborativo é evidenciado, positivamente, entre os graduandos. Certamente que toda a história possui duas versões. É preciso ficar atento para os pontos favoráveis e desfavoráveis, no que tange ao uso da 'Internet'; 'Web 2.0' e da 'Wikipédia', dentre outras ferramentas digitais. Assim, nas palavras de Demo (2009, p. 31):

> Certamente, nos deparamos aqui com novidades e problemas. Entre as novidades está a oportunidade de estudar de modo diferente e mais colaborativo, em geral muito mais motivador. Valoriza-se a experiência do aluno, bem como seu encaixe cultural, já que é o ponto de partida de qualquer curso. De certa forma, os estudantes armazenam seu conhecimento nos amigos, ou seja, na rede colaborativa virtual. Podem-se divulgar mais facilmente textos e produções multimodais, com a vantagem de se usarem ambientes públicos que favorecem a autoridade do argumento. Entre os problemas está o risco de banalização, optando-se por facilidades, não pela qualidade dos textos. Por exemplo, é necessário partir do aluno, mas não é menos necessário elevá-lo, para que ultrapasse o patamar acadêmico atual. Caso contrário, torna-se praxe acadêmica reduzir a expectativa de desempenho àquilo que o aluno pode fazer.

Dessa forma, o uso da internet; Web 2.0; Wikipédia e dos demais recursos tecnológicos na esfera universitária, deve ocorrer de modo consciente e racional, pautado no equilíbrio e na qualidade do produto final. Trata-se de uma *espada de dois gumes* que pode favorecer ao trabalho colaborativo entre os alunos e instigá-los para outras produções acadêmicas, mas, também, realçar a inúmeras facilidades que podem ser exploradas pelos discentes, para a confecção textual, verbal e não-verbal, sem que haja qualquer preocupação com a qualidade e veracidade daquilo que é produzido.

Se não houver uma finalidade pedagógica específica de acesso e uso desses ambientes virtuais, inclusive, no trato de produções textuais multimodais, corre-se o risco daquela velha prática do *copiar e colar* ser utilizada, com mais afinco, por parte dos sujeitos/aprendentes, no espaço virtual de aprendizagem. É por isso que não se pode "[...] ignorar abusos da web 2.0, que também serve perfeitamente para fazer todos os plágios possíveis e imagináveis" (Demo, 2009, p. 34). Conforme se observa no fragmento a seguir, o que vai instigar o trabalho grupal, em uma perspectiva de mútua colaboração, será o comportamento de cada participante no processo de construção de significados.

"[...] o que irá caracterizar o trabalho e a aprendizagem como colaborativos serão as atitudes e procedimentos adotados pelos membros do grupo" (Raulik, 2017, p. 71).

Essa interação na organização, reflexão e no desenvolvimento da atividade proposta, mediante o emprego de recursos virtuais, como por exemplo, da 'Web 2.0' e 'Wikipédia', possibilitou a outras formas de aprendizagem e de circulação do conhecimento construído, não somente no espaço formal de escolarização, mas, também, nos locais informais de aprendizagem. Por isso, Marques (2016, p. 116) ressalta que:

> Em um mundo cada vez mais mediado pelo texto na tela, em que as pessoas constroem sentido em suas atividades cotidianas mediadas pelas tecnologias, a escola precisa ressignificar o trabalho com a linguagem em sala de aula e explorar recursos midiáticos e tecnológicos que proporcionem novos espaços de construção de significados para o aprendiz.

A articulação do corpo de professores, com os alunos, oportunizou o aprendizado colaborativo de todos os envolvidos no processo de construção do conhecimento. Esse modo de aprender transcorre do entrelaçamento de informações entre docentes e discentes, considerando, obviamente, o uso de recursos tecnológicos para o aprimoramento do eixo: *práticas docentes/ tecnologias digitais/multiletramentos*. O trabalho colaborativo é importante para a produção de sentido e, certamente, para a elaboração de atividades multimodais, tanto no espaço escolar, quanto fora dele. Isso fica claro no seguinte excerto:

"Então, nesse percurso de produção da animação na ferramenta Scratch dentro do contexto escolar, o aluno aprendeu que o texto pode ser produzido de forma multimodal (com imagem, som, movimento, escrita), colaborativamente (com o auxílio da professora, dos demais alunos da turma e da internet), e que é composto por escolhas, cada preferência na composição da animação apresentando um significado diferente de compreensão do conteúdo. Logo, com uma melhor apropriação da ferramenta, o aluno encontrou mais possibilidades para compor a animação (som, movimento, programação de jogo, personagens) e apresentar sua compreensão do tema trabalhado em sala de aula" (Ricarte, 2017, p. 153).

Iniciada a atividade proposta pelo professor, o sujeito/aprendente percebeu que o texto poderia ser aprimorado, considerando os distintos elementos multimodais que poderiam, em tese, ser explorados no referido exercício. Essa intelecção foi oportunizada graças ao envolvimento e autonomia dele na operacionalização do Software Livre assim denominado 'Scratch'. Ao se apropriar dos comandos, controles e demais especificidades da tecnologia em tela, o aprendiz vislumbrou a outras possibilidades de incrementação do texto inicial, o que implicou em uma reorganização da estrutura espacial e de conteúdo daquela escrita. Assim, verifica-se no excerto em destaque, que a apropriação das particularidades que cerceiam a tecnologia 'Software Livre Scratch', por parte do discente, contribuiu para a ampliação das opções em torno dos elementos que podem figurar na composição textual.

O envolvimento dos alunos no processo de aprendizagem, considerando os diferentes gêneros, possibilitou o surgimento de outras estruturas de conhecimento, oportunizando, por obvio, a um contexto de ressignificação das práticas desses alunos na esfera estudantil. Mais do que fazer sentido, o sujeito/aprendente precisou se enxergar naquelas práticas acadêmicas, imbuído de um sentimento de pertencimento, como membro integrante e ativo do exercício proposto em sala de aula, posto que a "aprendizagem não se reduz a aprender a aprender ou coisa parecida, mas estende-se sempre também ao manejo desconstrutivo/reconstrutivo de conteúdos" (Demo, 2009, p. 74), que se reflete nas múltiplas relações sociais do dia a dia. Dessa maneira, conclui-se que:

"Existe então o letramento da letra, mas existem muitos outros letramentos envolvidos: o da imagem em movimento, o da música, o da cor, ou seja, a multiplicidade de linguagens que deve ser explorada em uma pedagogia dos multiletramentos (NLG, 1996)" (Albanese, 2017, p. 117).

A língua é viva e se reinventa nas ações pedagógicas instigadas e desenvolvidas no espaço escolar. A variedade de múltiplas linguagens decorre da articulação didática com que os conteúdos são tratados e apresentados aos discentes. A aprendizagem é orientada por intenções intelectivas, cognitivas, sociais, históricas e culturais, que se revelam nos letramentos de todos os participantes do evento educativo: alunos e professores. É por isso que a atividade docente deve mobilizar a distintas formas de letramentos que visem a dinamização da situação comunicativa entre os envolvidos, posto que:

"A partir da abordagem dos multiletramentos, os alunos puderam trazer suas práticas letradas realizadas em ambientes virtuais de rede e transformá-las em objetos de análise, o que possibilitou uma prática transformada, restrita não só aos alunos, mas também à professora (-pesquisadora)" (Felício, 2017, p. 192).

As TDIC no cenário da educação: reflexões para a formação universitária contemporânea

É dessa exploração de interações e relações que podem surgir outros formatos de aprendizagens e de apropriações dos textos/discursos circulantes no meio acadêmico e/ou fora dele. Segundo o entendimento de Marques (2016, p. 116):

> Os espaços online presentes na vida das pessoas oportunizam e estimulam a participação dos usuários em diversas atividades de diferentes maneiras, gerando aprendizagem. As redes sociais, como o Facebook, são um bom exemplo. Elas são mais populares e acessíveis aos usuários e podem ser acessadas da internet pelo celular, tablet, computador, notebook. Nelas, o usuário tem a possibilidade de utilizar diversas ferramentas (mensagens, comentários, criar páginas ou grupos, postar vídeos, compartilhar conteúdos, entre inúmeros outros recursos) e desenvolver novas práticas de linguagem aliadas a recursos multissemióticos. Transpor para a sala de aula essa mesma lógica de produzir aprendizagens por meio da linguagem apoiada nas tecnologias digitais e nos recursos que a internet oferece, explorando-as como ferramentas pedagógicas, é uma forma de produzir novas aprendizagens no espaço escolar, para alunos que já trazem em sua bagagem cultural essas práticas de letramento digital.

A criatividade e o interesse dos alunos devem ser prestigiados na/para obtenção de outros saberes. As (re)combinações das estratégias de ensino e as formas diferenciadas de contemplação das atividades instigadas no panorama educacional, precisam se movimentar nas *tensões* entre os numerosos eventos suscitados no campo acadêmico e se consubstanciarem nas múltiplas linguagens que se apresentam na situação de comunicação entre os envolvidos/participantes.

As práticas multimodais de produção de sentido, no contexto escolar, contribuem para o empoderamento de habilidades cognitivas dos sujeitos/aprendentes. Essa (re)contextualização das formas de aprender passa pelo uso de diversos recursos digitais, o que favorece para as apropriações em torno dos objetivos curriculares elencados em cada disciplina, assim como conduz a outras experiências em sala de aula. Na mesma linha de raciocínio, Marques (2016, p. 117) realça que:

> Aplicativos como Waze, Youtube, Facebook, jogos, Instagram, editor de imagens, editor de vídeos, tradutor, WhatsApp, Messenger e diversos outros exemplos, seja no celular, tablet ou no computador, evidenciam como e por que os textos

multimodais estão tão presentes em nossas vidas. Crianças que ainda não sabem ler exploram aplicativos de jogos. Neles, elas constroem cenários, escolhem cores, formas, objetos, personagens etc. E o que isso significa? Que, na tela, o usuário tem espaços e situações de comunicação em que ele tem a liberdade de criar, de hibridizar elementos e de escolher os recursos multimodais de acordo com seu propósito (cores, sons, ícones, textos, vídeos, imagens, fonte, layout etc.) para produzir sentido. Dessa forma, ele pode elaborar seu texto de forma individual, coletiva, compartilhada, reeditada e interagir com outros usuários. Ou seja, a tela se tornou um espaço para a produção de gêneros digitais híbridos, colaborativos e compartilhados por diferentes usuários, provocando novas formas de aprendizagem vinculadas às tecnologias.

Ao compreender a tarefa exposta pelo docente e se envolver na (re) elaboração desse trabalho, o estudante deixou de ser mero espectador do seu aprendizado e passou a ser o (re)produtor do seu próprio conhecimento, conforme as representações que fizeram sentido para o seu ser e/ou, ao menos, que dialogaram com os seus anseios e necessidades. Essa construção do próprio 'eu' decorreu do grau de maturação intelectual e cognitiva do mesmo e das suas relações sociais estabelecidas com as outras pessoas. Por isso, o interesse dele, na edificação do texto/discurso, serviu de mola propulsora para o aprimoramento das habilidades cognitivas, tornando explícita a sua desenvoltura e o seu protagonismo na consolidação da sua formação. Isso posto, vale lembrar que:

"A multimodalidade e a hipermodalidade vêm ganhando espaço cada vez maior na cibercultura" (Bolsarin, 2017, p. 35).

O entrelaçamento de diferentes linguagens, nos ambientes virtuais de aprendizagem, mobiliza o caráter multimodal das produções elencadas no processo de assimilação do conhecimento do alunado, tornando a experiência colaborativa mais atrativa e significativa do ponto de vista das práticas de *leitura* e da *escrita*. A esse respeito, Marques (2016, p. 117) argumenta que:

Os gêneros digitais circulam socialmente, proporcionando inovação tanto na produção de novos gêneros quanto na comunicação entre os interlocutores. Consequentemente, essas mudanças exigem de seus usuários outras habilidades de leitura, de escrita e de conhecimento de novos recursos multissemióticos. Da mesma forma, a tela também proporciona aos seus usuários diferentes formas de ler, interpretar e criar esses gêneros digitais.

Essa multiplicidade de linguagens pode ser observada, por exemplo, no trato dos elementos cinematográficos em sala de aula. Através da propositura de uma aula interativa, o educador pôde trabalhar com as variadas formas de textos multimodais que se (re)combinaram e se transformaram entre si, em consonância com os objetivos entabulados para a abordagem do tema/assunto. Nesse ínterim, toda e qualquer atividade embasada no uso de linguagem cinematográfica, reclama um conhecimento prévio de conceitos, termos e procedimentos, até mesmo porque:

"Para produzir um filme ou curta-metragem, é necessário que um grupo de pessoas com diferentes habilidades se engaje no projeto e execute diferentes tarefas de maneira coordenada, para que seja possível gravá-lo e todos ajudem a contar a mesma história. Percebe-se claramente a questão da colaboração quando os créditos do filme sobem na tela e é listada a quantidade enorme de profissionais que trabalharam para viabilizar aquela produção" (Albanese, 2017, p. 93).

A reunião das diferentes habilidades dos estudantes, bem como o engajamento comum dos envolvidos com a tarefa, foi necessária para que a (re)produção cinematográfica se refletisse em múltiplos significados e, concomitantemente a isso, dialogasse com as preferências deles. Essa coordenação de papéis, na elaboração da atividade apresentada pelo professor, somente foi possível porque houve uma consciência coletiva do alunado acerca das ações que deveriam compor o repertório de (re)produção da história. Logo, o envolvimento de todos, para a composição/articulação das partes constitutivas do evento, foi necessário na medida em que se aguardou a um resultado satisfatório em torno das metas assumidas pela própria coletividade.

Conforme acentuado por Lévy (2010, p. 146), "as coletividades cognitivas se auto-organizam, se mantém e se transformam através do envolvimento permanente dos indivíduos que as compõem". Contudo, essa conscientização coletiva não se restringiu, tão somente, a atuação dos alunos, ou seja, foi necessário que o educador percebesse o movimento de transformação que balizou a participação daqueles estudantes no contexto do trabalho colaborativo. A percepção de que a sua colaboração, enquanto agente facilitador de aprendizagem, foi fundamental, não somente para o seu próprio crescimento cognitivo, mas, dos demais envolvidos com a tarefa, oportunizou com que o aluno se sentisse parte integrante e, ao mesmo tempo, protagonista naquela produção.

Mais do que participar da atividade desenvolvida em sala de aula, o aluno se enxergou naquele trabalho colaborativo, o que alimentou o seu interesse em querer participar de outras produções escolares. Vale destacar que esse *querer-fazer* do aluno se fortifica em um outro princípio que deve ser considerado pelo corpo de professores: a **autonomia** do estudante nas suas produções. O aprendiz, ao mobilizar diferentes habilidades para participar, conscientemente, de qualquer atividade instigada pelo professor, não deseja ficar nos *bastidores*, tampouco atuar como *coadjuvante*, ou seja, ele almeja assumir o *status* de *produtor* daquela atividade didática.

Essa assunção de papéis se refletiu nas práticas pedagógicas desse aluno diante da elaboração do trabalho em grupo. Ademais, verifica-se que "o aluno torna-se centro do processo e é estimulado a agir na construção de conhecimentos, avaliando e decidindo o percurso a ser traçado em sua relação com os diferentes saberes" (Bacich, 2018, p. 134). Nesse viés e, considerando todo o exposto, há indícios de que essa participação consciente e direcionada a um propósito didático, potencializou-se, ainda mais, com o uso das tecnologias digitais da informação e comunicação. Essa percepção é notória no fragmento a seguir:

"[...] o cinema em sala de aula não deveria se pautar somente pela leitura, mas também pela produção, a fim de que os alunos se vissem na necessidade de colaborar, aqui temos outro motivo para que a sala de aula se torne um estúdio de cinema: os alunos de hoje em dia, por meio das novas TICs, têm sua agência extremamente potencializada, o que faz com que desejem mais produzir do que somente consumir. E, como diz o trecho citado, os alunos querem ser atores, não espectadores. Com o cinema em sala de aula, os estudantes podem criar os papéis e se tornarem as personagens, ou seja, atuarem de fato para produzir algo que seja próprio. Assim, o cinema em sala de aula torna o aluno um produtor que pode repensar os filmes, promover mudanças e melhorias. Vejo então que o cinema pode causar em sala de aula esse deslocamento que combina com o empoderamento que os alunos já experienciam em suas vidas do lado de fora da escola" (Albanese, 2017, p. 99).

Ao se enxergarem no todo, os discentes começam a interagir com as próprias escolhas, ao longo do processo educativo, cada qual, estabelecendo os modos e as maneiras de enfatizar as suas ideias para a (re)construção do conhecimento. Com o "[...] advento das novas tecnologias em rede (internet) e dos recursos multimidiáticos e multissemióticos mobilizados nas práticas de letramento contemporâneas, instauram-se visões mais complexas das práticas sociais e de linguagem [...]" (Miguel *et al.*, 2012, p. 214) que podem contribuir para um aprendizado mais plural e diversificado.

Dessa forma, a interação entre os envolvidos acaba sendo reforçada através do uso de ferramentas digitais que se tornam peças facilitadoras no processo de aprendizagem. A ideia de compreensão e de criação de um repertório significativo, que situe o aluno, não somente na dimensão consumerista, mas, também, na atmosfera de produtor de conteúdo, é reforçada pelo seguinte excerto:

"Com a animação de Vinícius, observei que o aluno não se preocupou apenas com a programação e com os elementos visuais (imagem do palco e dos atores): ele também atentou para o conteúdo escrito da animação, pois tratou do tema "cidadania" relacionando-o à escravidão e à questão da raça, conteúdo encontrado no material didático [...]" (Ricarte, 2017, p. 144-145).

O fragmento acima delineado se refere a um recorte de uma pesquisa mais abrangente abordada em uma dissertação de mestrado, no ano de 2015. O estudo em questão teve por escopo focar em uma determinada atividade desenvolvida com alunos do 5º ano do ensino fundamental, de uma escola municipal de Campinas – São Paulo, envolvendo o uso do 'Software Livre Scratch'. O trecho em destaque aponta para uma atividade envolvendo a criação de um (01) avatar, tendo como pano de fundo o 'olhar' cuidadoso do aluno Vinícius no desenrolar da proposta de trabalho instigada em sala de aula.

A preocupação do estudante não se restringiu apenas à programação e/ou aos elementos visuais, mas, também, contemplou ao conteúdo escrito, inserido na referida animação virtual. Percebeu-se que o uso do 'Software Livre Scratch' teve por base inspirar a aprendizagem por meio da criação da referida animação. Tendo por referência a aludida atividade escolar, verificou-se que o aluno Vinícius aprimorou as suas práticas letradas e, ao mesmo tempo, ressignificou a sua ação. Essa atribuição de sentido à tarefa, viabilizou a outros gestos interpretativos por parte do discente, o que foi de grande valia para a inserção de outros detalhes relevantes no exercício em tela. A observação dele ao longo do processo de criação da animação, oportunizou com que o mesmo vislumbrasse a necessidade de complementar o trabalho e, assim, dar mais sentido ao que foi produzido.

"Observei ainda a busca do aluno, com os demais da sala, por programação de jogo no próprio Scratch, em "exemplos". Dessa forma, Vinícius escolheu programas com

os blocos "Controle" e "Sensores" (esse último a professora e eu não exploramos em sala de aula) e trabalhou com o uso do "se" como condicional na produção da animação: "Se tocar em objeto 8 então toque o som Fairy Dust". Assim, Vinícius produziu uma animação-jogo na ferramenta Scratch, tornando-se usuário e produtor nesse ambiente" (Ricarte, 2017, p. 150-151).

As diversas experiências didáticas envolvendo o uso das tecnologias digitais, fomentam um ambiente de (re)criação em que os sujeitos/aprendentes desejam participar de todas as fases do projeto. Não se trata de mera intervenção, mas, de um trabalho colaborativo que vise ao favorecimento de ações e demais pretensões deles, no universo acadêmico. Ao considerar a proposta de uso das tecnologias digitais no ambiente estudantil, em um ângulo mais coletivo e pedagógico, o docente atribui diferentes valores e significados à figura da *máquina*, enquanto recurso tecnológico, potencializando, ainda mais, as formas de utilização de 'smartphones', 'tablets', 'computadores' e 'notebooks' em suas aulas. Para Rojo (2012, p. 24):

> Essa mudança de concepção e de atuação, já prevista nas próprias características da mídia digital e da *web*, faz com que o computador, o celular e a tv cada vez mais se distanciem de uma máquina de reprodução e se aproximem de máquinas de produção colaborativa: é o que faz a diferença entre o *e-mail* e os *chats*, mas principalmente entre o Word/Office e o GoogleDocs, o PowerPoint e o Prezi, o Orkut (em sua concepção inicial) e o Facebook, o *blog* (em sua concepção inicial) e o Twitter. Todas essas ferramentas mais recentes permitem (e exigem, para serem interessantes), mais que a simples interação, a colaboração.

Alinhando-se ao posicionamento de Rojo (2012), Bacich (2018, p. 134) sustenta que:

> O computador oferece versatilidade e diversidade de uso, configurando-se como um importante aliado do trabalho docente. Com o auxílio da máquina, as redes e novas conexões formadas ampliam-se de tal maneira que estabelecer conexões entre todas essas informações requer um aprendizado prático e não teórico. Só há possibilidade de aprender a fazer um uso integrado das tecnologias digitais se estudantes e educadores fizerem uso desses recursos em situações reais de aprendizagem, atuando de forma colaborativa e vivenciando situações em que as TDIC possibilitem um posicionamento

crítico e, consequentemente, favoreçam uma aprendizagem realmente transformadora.

A vontade de (re)criar e de (re)produzir imagens, sons, gestos, fatos, acontecimentos e histórias, é beneficiada pela criatividade do discente ao fazer uso de aparatos tecnológicos, haja vista que "o próprio ambiente digital estimula a construção de conhecimento necessário para realizar as alterações desejadas, tornando o usuário autor e organizador do seu próprio espaço textual" (Lorenzi; Pádua, 2012, p. 50). Isso é reforçado pelo seguinte excerto:

"Aqui também se tira um primeiro delineamento para a inclusão do cinema em sala de aula: não basta levar um filme, um documentário ou um curta para ser visto – tem – se de pensar no aluno também como produtor, não como mero espectador, pois será na produção que ele se verá na necessidade de pensar criativamente e colaborar" (Albanese, 2017, p. 93).

Ainda, analisando a proposta de atividade do docente, cujo intuito era o de instigar os alunos à (re)produzirem a história inserta no romance 'Senhora', de José de Alencar, nota-se que o mero papel de *coadjuvante* não atraiu a atenção dos participantes.

Cada vez mais, os estudantes querem se envolver, ativamente, na confecção do exercício promovido pelo professor, contudo, não basta, tão somente, o interesse do discente no processo de (re)elaboração do seu conhecimento. É fundamental que o corpo de professores reconheça no aluno esse protagonismo e incentive-o a participar de todas as tarefas, em uma perspectiva mais consciente e colaborativa.

Conforme se observa no fragmento destacado, a partir do momento em que o estudante se percebeu naquela produção acadêmica, enquanto produtor, ele vislumbrou a necessidade de refletir sobre as suas ações e, para além disso, pensar de modo criativo, articulando-se com os demais colegas no empreendimento de novas ideias, possibilidades, ajustes e adaptações, que passaram a reorientar a todas as fases daquela produção. Conclui-se, portanto, que "esse processo vai além da interação homem e máquina e é ampliado para a interação homem e conteúdo, homem e narrativa, homem e hipertexto" (Dias, 2012, p. 102). Essa constatação é evidenciada no fragmento a seguir:

"Os protagonistas desse curta, desde a produção até a edição, foram os alunos" (Albanese, 2017, p. 106).

No excerto acima, observa-se que o docente é convicto em afirmar que os alunos foram os responsáveis pela produção do trabalho cinematográfico que deu origem ao curta-metragem baseado no romance 'Senhora', de José de Alencar. Verifica-se que houve um reconhecimento do educador com relação às práticas dos seus estudantes. Esse reconhecimento não se restringiu a um simples *dizer*, mas, reverberou-se em todas as camadas que permeiam a referida arquitetura cinematográfica ora (re)elaborada.

Ao reconhecer o protagonismo dos sujeitos/aprendentes, em todos os estágios do projeto, desde a sua edição até a exibição do produto final, o professor também acaba assumindo, de modo consciente e voluntário, o seu papel, no que tange ao processo de ensino e de aprendizagem do alunado, qual seja, o de **colaborador**. Essa colaboração é discreta e, ao mesmo tempo, imprescindível para que o discente se aproprie do conteúdo e alimente novas ideias e possibilidades que estabeleçam sentidos com o que está sendo aprendido em sala de aula. Nas palavras de Giroux (2013, p. 94), "os futuros/as professores/as e os/as atuais precisam ser educados/as sobre a viabilidade de se desenvolver uma aprendizagem baseada no contexto e que leve em conta as experiências dos/as estudantes e suas relações com a cultura popular e o terreno do prazer", uma vez que:

"Tais práticas estão de acordo com as características idealizadas para esse novo aluno inserido em uma sociedade hipersemiotizada, que estabelece novas demandas; por isso, o projeto enfatiza que não basta o investimento apenas em máquinas (referindo-se aos equipamentos tecnológicos nas escolas, como laboratórios de informática, netbooks educacionais e outros equipamentos), mas também é imprescindível aprimorar a formação do professor" (Gomes, 2017, p. 256).

Portanto, o professor, ao considerar a bagagem cultural do aluno e assumir a sua quota de responsabilidade perante a aprendizagem daquele aprendiz, terá condições de mobilizar distintos modos de ensinar, assim como de instigá-lo para que (re)pense as suas práticas e se aproprie de outros saberes. Nessa direção, Dias (2012, p. 103) expõe que "[...] em sala de aula, os professores devem partir dos letramentos que os leitores já possuem, sem menosprezá-los ou criticá-los, e apresentar e ampliar outros que vão sendo adquiridos e potencializados à medida que os alunos interagem [...]" e compartilham experiências entre si.

A autonomia dos educandos, tendo em vista a atividade proposta em sala de aula, refletiu-se nas escolhas feitas por eles, durante o processo de conhecimento, à medida em que houve a apropriação dos termos e conceitos que circundam o universo cinematográfico. Com isso, "a possibilidade de que aconteçam livres interações sociais entre indivíduos propicia o surgimento de ações conjuntas de grupos de pessoas, como o aprendizado colaborativo" (Souza, 2017, p. 108). Outro exemplo que demonstra a apropriação dos aprendizes, quanto aos conhecimentos adquiridos no espaço formal de aprendizagem, verifica-se no seguinte excerto:

"Ele também fez suas escolhas em relação aos personagens, ambiente, cores, movimentos, programações e temáticas, a fim de contextualizar e dar significado à sua animação, vislumbrando também sua audiência. Essa é a base para a prática transformada. A prática transformada é uma nova prática, cuja teoria torna-se prática reflexiva. Assim, nesse caminho da teoria para a prática que Vinicius realizou, perpassando a abordagem crítica, é estabelecida a prática transformada" (Ricarte, 2017, p. 152).

No trecho em destaque, nota-se a autonomia do aluno ao estabelecer os parâmetros para o aperfeiçoamento da sua atividade. Tais escolhas tiveram por escopo a contextualização e significação da animação criada por ele. Trata-se de um movimento necessário para ressignificar a abordagem crítica em uma prática transformadora. É nesse movimento de imersão do plano teórico para a dimensão prática que a produção textual, verbal e não-verbal, modifica-se e se retroalimenta. A partir do momento em que o estudante se apropria da tarefa apresentada pelo educador e se percebe membro ativo daquele exercício em sala de aula, o resultado do referido trabalho passa a ser considerado valioso e útil nas práticas sociais dele.

6.1.3 Da metalinguagem à metarrepresentação: (re)criando significados

A criação da referida categoria se deu no curso das leituras dos capítulos integrantes da obra selecionada. Ao verificar as especificidades insertas nas categorizações anteriores — *'Práticas colaborativas de ensino – PCE'* e *'Produções multimodais no contexto da escrita colaborativa'* —, percebeu-se em alguns excertos, indícios que conduziram ao entendimento da metalinguagem e da metarrepresentação contempladas nas atividades desenvolvidas pelos discentes. O movimento de conversão da metalinguagem para a figura da metarrepresentação, no universo escolar, considerando o processo de aprendizagem dos alunos nas atividades descritas, nos capítulos que compõem a obra analisada, ficou evidenciado em alguns dos trechos que envolveram a construção dos signos, significados e significantes, com ênfase ao trabalho colaborativo.

Assim, a constatação da metarrepresentação decorreu de uma interpretação dos enunciados trazidos nos textos que descrevem cada proposta de trabalho articulada na escola. Trata-se de uma percepção mais aguçada acerca dos indícios abrigados nas *entrelinhas* das atividades propostas pelos docentes, conforme se verifica na leitura e interpretação dos capítulos dos textos ora examinados. Após a observação dos fragmentos que apontavam para essa direção, optou-se por trazer à tona a categoria relacionada à ***metarrepresentação***.

Contudo, antes de explorar os excertos que justificam a criação da categoria respectiva e de seus desdobramentos para o/no processo de ensino e de aprendizagem do alunado, faz-se oportuno esclarecer, nesta pesquisa, o conceito de 'metalinguagem' e de 'metarrepresentação', cujo fito é o de melhor situar o leitor acerca do assunto em deslinde. Tendo em vista a definição da expressão *metalinguagem*, Bechara (2019, p. 43) sustenta que:

> A metalinguagem é um uso linguístico cujo objeto é também uma linguagem; por exemplo quando se fala de palavras e seus componentes ou de orações: "linguagem é uma palavra derivada de língua", "linguagem é um substantivo feminino em português e masculino em espanhol e francês", "-ção é um sufixo formador de substantivo", "Cadeira tem três sílabas", etc. A metalinguagem não apresenta unidades estruturais nem pode ser estruturada no nível do saber idiomático; nem por isso seu estudo deixa de merecer o cuidado da ciência. A linguagem, também chamada linguagem primária, não é uma linguagem que tem por objeto uma linguagem.

Ainda, conforme se posiciona Bechara (2019), a metalinguagem pode apresentar uma técnica, um conhecimento pessoal em uma determinada cultura linguística. Já o entendimento a respeito da metarrepresentação é mais abrangente e diversificado, haja vista que vai além da compreensão de signos, significados e significantes. Assim, segundo o entendimento de Kalantzis; Cope e Pinheiro (2020, p. 326):

> No letramento da abordagem didática, um dos movimentos da educação formal era (e ainda é) ensinar gramática – uma metalinguagem que descreve algumas das lógicas da linguagem. Já exploramos as limitações dessa ideia em seu formato

tradicional. No entanto, há algo que queremos manter ao passarmos do letramento para os letramentos (no plural): um espaço para o que chamamos de metarrepresentações ou representações sobre representação. "Cachorro" é um símbolo que representa um tipo de animal, mas chamar "cachorro" de um "substantivo" é usar um símbolo para descrever o tipo de símbolo que "cachorro" não é. "Substantivo" é um metassímbolo ou metarrepresentação, que usaremos para descrever a maneira como os letramentos funcionam, em vários modos diferentes, uma vez que as metarrepresentações são uma das inúmeras ferramentas úteis para a aprendizagem dos letramentos.

A metarrepresentação ultrapassa a mera compreensão de lógica da linguagem, ou seja, trata-se da experimentação do novo a partir da prática escolar, o que influi para a formação do pensamento crítico-reflexivo do discente. Esse movimento elíptico, envolvendo a metalinguagem, os símbolos e os códigos, tendo em vista a transmutação do pensamento *complexo* para o *conceitual*, caracteriza a metarrepresentação no contexto de aprendizagem dos alunos. Nas palavras de Kalantzis; Cope e Pinheiro (2020, p. 326):

A metarrepresentação não é mais do que um processo de identificação de elementos do design em representações (letramentos para pensar) e comunicações (letramentos para passar mensagens), o que a torna, portanto, uma ferramenta para descobrir os princípios de ordem e de organização nos letramentos: como trabalham, para quem trabalham, por que trabalham para eles. O objetivo da metarrepresentação não é que se aprendam definições e regras (como regras gramaticais antiquadas), mas que se aprenda a "destrinchar" textos, desenvolvendo e aplicando uma estrutura conceitual (todavia representada, em palavras, diagramas e assim por diante), o que explica o design desses textos. Digamos que o texto seja uma página inicial da internet. Nesse caso, desenvolveríamos uma metarrepresentação dos elementos visual, escrito e, talvez também, do design sonoro do site. Podemos fazer isso por meio de palavras ou usando diagramas de sistemas ou de rede.

A escola, enquanto agência de letramentos, deve oportunizar a ampliação do pensamento *complexo* no estudante, estimulando-o ao pleno amadurecimento das suas capacidades intelectuais e habilidades cognitivas. Nesse viés, o pensamento *complexo*, assim entendido como sendo todo e qualquer conhecimento trazido pelo discente ao espaço formal de aprendizagem, acaba sendo confrontado com os diferentes saberes articulados em sala de aula (novo conhecimento). A confrontação entre o que se sabe (conhecimento trazido pelo aluno), com aquilo que passa a ser experienciado no âmbito da escola (conhecimento elaborado e formal), desencadeia a uma mutação da representação inicial, implicando, portando, em outras maneiras de aprender. Em consonância com o exposto, Kalantzis; Cope e Pinheiro (2012, p. 326) esclarecem que:

> Um dos argumentos para usar metarrepresentações como um caminho para a aprendizagem é um caso simples de eficiência. No momento em que chegam à escola, as crianças têm recursos de significado nas formas de pensamento complexo através de palavras, imagens, espaços, gestos e afins. Assim, a maneira mais eficiente de apoiá-las em um processo multifacetado, multivariado e gradual de transição do pensamento complexo para o pensamento conceitual é construir e ampliar a base do pensamento complexo que elas já trazem para a escola. Se, quando lá chegam, as crianças já estão em vias de conceituar, então, por que não usar essa capacidade iminente e alimentá-la como uma maneira mais eficiente do que a imersão por si só?

A experiência de mundo trazida pelo discente, para dentro dos muros da escola, deve ser valorizada pelo corpo de professores que, inclusive, "[...] devem partir dos letramentos que os leitores já possuem, sem menosprezá-los ou criticá-los, e apresentar e ampliar outros que vão sendo adquiridos e potencializados à medida que os alunos interagem [...]" (Dias, 2012, p. 103) entre si.

A estratégia é potencializar o pensamento complexo do aprendiz para, assim, progressivamente, desencadear a outros saberes e representações daquela visão primeira de mundo (pensamento conceitual). Ao levar em consideração as práticas colaborativas de ensino e de aprendizagem, a metarrepresentação se materializa de modo mais célere e articulado com os conhecimentos dos demais sujeitos/aprendentes, o que acaba sendo enriquecedor para toda a comunidade educacional. A mobilização coletiva, destinada ao aprimoramento das atividades propostas pelos docentes em sala de aula, conforme o teor dos capítulos examinados, revelou-se eficiente do ponto de vista do aprendizado significativo, o que restou devidamente identificado em inúmeros fragmentos que apontam para tal direção.

"Outra questão saliente é a escrita de Vinícius, que contém erros de acentuação, ortografia, falta de pontuação e coerência textual, dificultando o entendimento da narrativa. Então, quando Vinícius apresentou sua animação para a sala (projetada na parede da sala para que todos a vissem e fizessem seus comentários), a professora aproveitou para comentar e corrigir, com a ajuda da classe, os desvios que o aluno apresentou. Ela perguntava, por exemplo, qual a escrita padrão de uma determinada palavra, quando devemos utilizar o ponto de interrogação, exclamação, etc." (Ricarte, 2017, p. 142).

Conforme se vislumbra no excerto em destaque, houve a participação coletiva da classe, tendo em vista a reescrita do aluno Vinícius, sob o olhar atento da educadora que presidiu a mediação do aprendizado. O refinamento e, por conseguinte, a ressignificação do exercício realizado por Vinícius, amparou-se nos comentários dos colegas que participaram, atentamente, das correções do seu texto, o que evidenciou a uma prática social coletiva de (re)produção e (re)elaboração daquele conteúdo. Com isso, é preciso observar que:

"[...] o processo de ensino-aprendizagem tornou-se, nesse contexto, uma via de mão dupla, na medida em que as intervenções durante o processo não partem somente da professora, mas também de outros alunos que dominam práticas letradas [...]" (Felício, 2017, p. 191-192).

O engajamento dos demais estudantes foi de suma relevância para o aprimoramento e sucesso do exercício inicial. Nota-se, portanto, a metalinguagem como meio de articulação de saberes para a construção de sentidos, ou seja, a escrita do aluno Vinícius foi recontextualizada diante das contribuições dos demais colegas de sala, e, com isso, outros valores foram agregados naquela prática, posto que "o aprender não se restringe à aquisição de um conteúdo intelectual, mas abrange todas as relações que o sujeito estabelece para adquirir esse conteúdo" (Franco, 2012, p. 122).

"Em seguida, quando a professora e os demais alunos sugeriram correções à animação de Vinícius, eles estavam trabalhando com o projetando (designing) do aluno, que é o processo de elaboração de significados emergentes e envolve reapresentação e recontextualização [...]" (Ricarte, 2017, p. 143).

Através da conexão de diferentes conhecimentos, foi possível o estabelecimento de uma unidade de sentido que passou a representar os anseios de todos os envolvidos na atividade escolar, sob a orientação da professora.

O uso da metalinguagem entre os alunos, fomentou a um ambiente de interação e, concomitantemente a isso, os significados foram aparecendo naturalmente. É por isso que:

"A instrução explícita, dessa forma, exige dos aprendizes muito além das habilidades tradicionalmente valorizadas pela escola, mas consiste em um processo que envolve a metalinguagem, ou seja, uma análise sistemática e consciente das práticas vivenciadas, dos gêneros textuais, de diferentes aspectos do repertório cultural e de habilidades desses alunos na execução de um projeto comum. Assim, a instrução explícita pressupõe a metalinguagem, mas não se restringe a ela. São exigidos letramentos críticos dos aprendizes a fim de se alcançar uma prática transformada" (Felício, 2017, p. 204).

A tarefa individual foi sendo, aos poucos, reconfigurada para um viés mais coletivo, de mútua participação dos demais sujeitos/aprendizes. Com isso, o produto final daquela reescrita foi se ressignificando, não somente para Vinícius, mas, também, para os demais estudantes que se viram inseridos naquela produção. Isso aconteceu porque houve um estreitamento entre o aspecto *teórico* e a *consciência coletiva* de cooperação com a produção intelectual de Vinícius. Em atenção ao panorama, aqui, apresentado, Vázquez (2007, p. 256) explica que:

> A prática como fim da teoria exige uma relação consciente com ela, ou uma consciência da necessidade prática que deve se satisfazer com a ajuda da teoria. Por outro lado, a transformação desta em instrumento teórico da práxis exige uma elevada consciência dos laços que vinculam mutuamente teoria e prática, sem o qual não se poderia entender o significado prático da primeira.

O professor, ao assumir o papel de colaborador do aprendizado do aluno, mobiliza a sua prática docente no sentido de tornar o ambiente de sala de aula mais dinâmico e participativo. É por isso que ele precisa "[...] estar sempre em mutação, sempre em adaptação, sempre considerando todas as variáveis, avançando ou recuando de acordo com as circunstâncias, usando uma ferramenta analógica, ou uma ferramenta digital, enfim, uma pedagogia a cada percurso" (Silva, 2021, p. 91).

O efeito reflexo desse comportamento é que ele oportuniza com que os demais sujeitos/aprendentes se percebam naquela construção do conhecimento. Esse percurso consciente do ato de **ensinar** se reflete, também, no ato de **aprender**, favorecendo a elaboração de um produto final, satisfatório às necessidades escolares, mas, que, não se finda em si mesmo, uma vez que "o sujeito está em movimento [...]" (Silva, 2021, p. 109) e, portanto, em constante (r)evolução cognitiva, intelectual, comportamental, cultural, histórica e social, consigo próprio e com os demais participantes ao seu redor.

"No projetando, o aprendiz transformou o conhecimento sobre animação, cidadania e língua portuguesa na produção de novas construções e representações da realidade" (Ricarte, 2017, p. 143).

A partir do momento em que os alunos estabeleceram uma comunicação entre si e agiram em prol do grupo, dois aspectos ficaram sobressalentes: o compartilhamento de ideias e de opiniões entre os discentes, para o fortalecimento do exercício escolar, e a produção de novas representações daquela realidade vivenciada, o que favoreceu ao desenvolvimento da metarrepresentação entre eles.

Esse caminho de transformação do conhecimento em *novos constructos* da realidade, exige uma intencionalidade dos modos de colaboração por parte dos aprendizes e da compreensão de suas contribuições com o *outro*. Não se trata de individualizar, no plano teórico, as ações de cada estudante, mas, sim, de instigá-los na mecânica do que está sendo (re)criado, (re)discutido, refletido e (re)produzido, em sala de aula. Na percepção de Vázquez (2007, p. 259):

> Do papel determinante da prática – como fundamento, fim e critério do conhecimento verdadeiro – não se pode extrair a conclusão de que a teoria e a prática se identifiquem, ou de que a atividade teórica se transforme automaticamente em prática. Impede chegar a essa conclusão o fato de que a prática não fala por si mesma e exige, por sua vez, uma relação teórica com ela: a compreensão da práxis.

Quando a ação de aprender implica em uma linguagem de interação entre os educandos, outras alternativas de socialização do conhecimento afloram e são consideradas nas práticas vivenciadas naquele espaço formal de aprendizagem. Dessa forma, o envolvimento dos estudantes, com a tarefa e com o *outro*, possibilita um (re)pensar das diferentes representações que foram aventadas na elaboração do exercício, o que acaba enriquecendo a todo o processo de aprendizagem e, ainda, possibilita o desencadeamento de outras formas de manifestação e de entendimento através da metarrepresentação.

Por essa razão, "a importância do empoderamento dos acadêmicos nas tomadas de decisão e de representação da universidade se encontra não apenas na aplicação de muitas teorias que aprendem em sala de aula, mas em um exercício de busca por soluções coletivas" (Silva, 2021, p. 41) e de valorização do trabalho em grupo.

"À vista disso, foi observado que o aluno coadunou diversos conhecimentos no percurso e transformou-os entre os contextos para produzir sua animação. Deve-se ressaltar que não foi ensinado ao aluno programação de jogo; Vinícius a aprendeu explorando a ferramenta e em discussão com colegas de sala. Portanto, na prática transformada os discursos são recriados e o aprendido é transformado para um propósito real, tornando o aprendiz projetor (designer) de futuros sociais" (Ricarte, 2017, p. 152).

Observa-se no trecho em destaque, que o aluno Vinícius somente conseguiu operacionalizar e programar o jogo, através do diálogo estabelecido com os seus colegas, em sala de aula. Para ter o domínio da programação de jogos, Vinícius procurou explorar a ferramenta até se apropriar dos comandos. A intencionalidade do ato de aprender também é um fator que instiga para outros aprendizados, o que favorece ao aprimoramento de outros letramentos e habilidades intelectuais do sujeito.

Nesse ínterim, para que a prática pedagógica surta os seus efeitos, é necessário que o educador "[...] busque a atividade intelectual do aluno e a mobilize pelo desejo, fazendo que o aluno, mobilizado, "entre no jogo" da aprendizagem" (Franco, 2012, p. 123), haja vista que "não há, pois, um processo de ensino único, mas processos concretos, determinados pela especificidade das matérias e pelas circunstâncias de cada situação concreta" (Libâneo, 1990, p. 192).

Percebe-se, ainda, que o uso didático do 'Software Livre Scratch', em sala de aula, vem ao encontro da prática pedagógica do educador, na promoção do aprendizado colaborativo dos discentes, assim como no aperfeiçoamento das práticas multiletradas, pressupondo, evidentemente, os "[...] novos letramentos, como a colaboração, a abertura de direitos autorais, os recursos abertos e a tendência à hibridização e à cultura remix" (Rojo; Moura, 2019, p. 27).

Outro aspecto interessante que chama a atenção no excerto selecionado é que o aluno Vinícius não recebeu qualquer instrução específica e/ou ensinamento didático para operacionalizar 'Software Livre Scratch'. A apropriação da referida tecnologia se deu através do interesse do próprio educando, na exploração da ferramenta, assim como por meio do compartilhamento de informações, com os demais colegas de classe. Segundo o que expõem Kalantzis; Cope e Pinheiro (2020, p. 27):

> Os aprendizes atuais efetivamente trabalham em pares ou grupos em projetos de conhecimento colaborativo, cuja autoria se constrói conjuntamente e é partilhada entre todos. Eles continuam a aprender em ambientes que vão além da sala de aula, usando mídias sociais para expandir sua leitura e sua escrita para qualquer lugar e em qualquer tempo. Esse fenômeno se chama "aprendizagem ubíqua", em que podem se autoavaliar criticamente e refletir sobre sua própria aprendizagem; podem dar retorno (feedback) aos textos de seus pares por meio de interações sociais em rede; podem atuar de forma confortável em ambientes nos quais a inteligência é coletiva e a escrita é colaborativa; podem buscar informações na internet, com outros colegas, com experts (entre eles, os próprios professores), com seus pais e com membros de suas comunidades.

Através da troca de informações e do debate com os demais sujeitos, o aluno Vinícius obteve o êxito de criar a sua animação e, ainda, ajustá-la, conforme as suas preferências pessoais. Esse domínio dos comandos do 'Software Livre Scratch', com vista à personalização da animação, reforça, não somente a capacidade inventiva do educando, mas, também, a revitalização do seu conhecimento de mundo e, por conseguinte, da transformação dessa gama de outros saberes para uma prática inclinada aos multiletramentos. Conforme acentuado por Miguel *et al.* (2012, p. 214):

> É hora de passar a levar em consideração o conceito de letramentos. Compete à escola, pela ampliação da produção e circulação de variados textos/gêneros, a responsabilidade de criar condições para que o aluno envolva-se em múltiplas práticas de letramentos que possibilitem sua inserção e participação em inúmeras esferas da atividade humana presentes na sociedade.

Ao acessar os seus conhecimentos de mundo, o aluno Vinícius conseguiu trazer tais aprendizados para dentro da sala de aula e utilizá-los na produção de outra atividade. Diante desse movimento de experimentação de saberes, o sujeito/aprendiz associou e (re)combinou conhecidas ações com *novas práticas*, robustecendo, ainda mais, os seus letramentos. Em atenção ao exposto, Kalantzis; Cope e Pinheiro (2020, p. 77) salientam que:

> "Experimentar o conhecido" envolve aprendizes que possam refletir sobre suas próprias experiências de vida, trazendo para a sala de aula conhecimento com o qual estão familiarizados e suas formas de representar o mundo. Na perspectiva dos letramentos, experimentar o conhecido busca fazer isso de maneira muito direta, pedindo aos alunos que tragam para a sala de aula artefatos textuais e práticas comunicativas que possam mostrar os significados que constroem em sua vida cotidiana. Dessa forma, a aprendizagem por meio da experimentação do conhecido se conecta com as origens culturais, as identidades e os interesses dos alunos, envolvendo a articulação explícita da experiência cotidiana que muitas vezes está implícita nas práticas, estimulando a autorreflexão sobre as fontes de seus interesses e perspectivas. Esses tipos de atividade não apenas possibilitam que os aprendizes introduzam suas experiências invariavelmente diversas na sala de aula, como também fazem com que os professores e seus colegas comecem a ter uma noção do conhecimento prévio de cada aluno.

Logo, "os conhecimentos são relevantes para a vida concreta quando ampliam o conhecimento da realidade, instrumentalizam os alunos a pensarem metodicamente, a raciocinar, a desenvolver a capacidade de abstração, enfim, a pensar a própria prática" (Libâneo, 1990, p. 144). O percurso de transmutação da metalinguagem para a metarrepresentação, levando-se em consideração, obviamente, o uso das tecnologias digitais da informação e comunicação, na criação da animação (avatar), pelo discente Vinícius, também pode ser vislumbrado com mais nitidez no trecho a seguir:

"[...] Vinícius aprendeu sobre o Scratch no Projeto de Robótica e utilizou-o também no Projeto de Alimentação Saudável. Nesse percurso, foi possível perceber uma melhor apropriação da ferramenta pelo aluno e uma mudança em seu uso: ele retrabalhava sua animação com base nos comentários da audiência e de sua própria criticidade, criando um novo significado para o aprendido no passado. Com efeito, o aluno foi além do ensinado classe e produziu um jogo no Scratch. Dessa forma, Vinícius mudou sua participação de relativamente periférica, na qual observava como produzia uma animação, para a de gerenciador de tais trabalhos, produtor de animação/jogos e autor" (Ricarte, 2017, p. 154).

Ao se debruçar na análise do excerto em destaque, nota-se que o aluno Vinícius obteve um aprendizado inicial no 'Projeto de Robótica' e que, posteriormente, valeu-se do aprendizado adquirido em sala de aula para aplicá-lo no 'Projeto de Alimentação Saudável'. Esse contato mais próximo com os projetos possibilitaram uma reflexão mais crítica e, ao mesmo tempo, reflexiva do discente, impactando, dessa forma, em um determinado entrosamento com a ferramenta 'Scratch'. À medida em que passou a compreender o funcionamento do 'Software Livre Scratch', mais fácil e rapidamente passou a ser a sua interface com a ferramenta respectiva.

Em um segundo momento, após o período de apropriação dos aspectos funcionais em torno da tecnologia respectiva, o aluno Vinícius começou a criar a sua animação, ou seja, passou a converter a *teoria* em *prática*. Conforme o seu nível de entendimento aumentava, o discente sentia-se mais confortável e autônomo para retrabalhar a sua criação. Esse retrabalho foi impulsionado pelas contribuições dos demais alunos e por sua própria criticidade ao observar as particularidades do seu invento. Não obstante:

"[...] foi observada, por meio da participação do aluno na produção multimodal de animação no Scratch, ferramenta da Web 2.0, uma mudança em seu comportamento, uma nova postura, um novo ethos. Constatei uma maior participação de Vinícius na sala de aula, interagindo comigo, com os colegas e a professora na criação de textos, os quais não eram produzidos apenas por meio da escrita, mas também por movimentos da personagem, por gravação de voz e som, e de forma colaborativa com seus colegas de classe (com comentários da audiência e remix). Produções textuais com duração de duas a três horas nem sempre são divertidas para crianças de dez anos; contudo, utilizando o Scratch na plataforma da Web 2.0, com a mediação da professora e dos demais alunos, o aprendiz não reclamou do tempo gasto e apreciou o processo de produção das animações" (Ricarte, 2017, p. 154-155).

Percebeu-se, portanto, um estágio de envolvimento e de amadurecimento intelectual em que o aluno Vinícius, através da metalinguagem, evoluiu para uma metarrepresentação, passando a se enxergar como produtor e autor naquele ambiente multiforme. Esse protagonismo não se restringiu, tão somente, à criação do avatar, mas, foi muito além disso, ultrapassando as fronteiras que separam o universo escolar do não- escolar. É justamente no momento de compreensão do que está sendo experienciado pelo discente, que se impõe a necessidade do educador em trabalhar com o conteúdo de modo didático e articulado com os saberes de mundo trazidos pelo aprendiz. Conforme aludido por Libâneo (1990, p. 95):

> [...] o essencial do processo didático é coordenar o movimento de vaivém entre o trabalho conduzido pelo professor e a percepção e o raciocínio dos alunos frente a esse trabalho. Em outras palavras, frente a um conjunto de conhecimentos e habilidades a serem necessariamente dominados pelos alunos, trata-se de: verificar previamente o nível de conhecimentos já alcançados por eles e sua capacidade potencial de assimilação, organizar as atividades de assimilação e chegar gradativamente à sistematização e aplicação dos conhecimentos e habilidades.

Sendo assim, a adequação entre o aprendizado tradicionalmente valorizado pela escola, com aquele constituído pelas ações corriqueiras dos estudantes, nos espaços informais da vida privada, implica pensar em uma *Pedagogia dos Multiletramentos* que considere, não somente o uso das tecnologias digitais, mas, também, outros letramentos inseridos no ato de 'ensinar' e de 'aprender'. Na visão de Franco (2012, p. 151):

> [...] cabe à Didática planejar e sistematizar a dinâmica dos processos de aprendizagem. Ou melhor, caminhar no meio de processos que ocorrem para além dela, a fim de garantir o ensino de conteúdos e práticas tidos como fundamentais para aquela etapa da formação do aluno e, mediante este processo, fomentar nos sujeitos mecanismos que poderão qualificar/redirecionar as novas aprendizagens para além da escola. Caberá à Didática saber recolher, como ingredientes do ensino, essas aprendizagens de outras fontes, de outros mundos, de outras lógicas, para incorporá-las na qualidade de seu processo de ensino e na aplicação daquilo que se considera necessário para o momento pedagógico do aluno.

A metalinguagem, conforme se vislumbrou no excerto em destaque, encontra-se presente em todos os níveis de desenvolvimento intelectual e cognitivo dos sujeitos, representando, dessa maneira, um importante elo de ligação e de manutenção do aprendizado entre os participantes na situação comunicativa, escrita e oral.

Segundo Kalantzis; Cope e Pinheiro (2020, p. 358), "[...] a aprendizagem se torna mais efetiva quando as diversas perspectivas dos alunos são deliberadamente introduzidas em sala de aula e usadas como recurso". A conjugação das múltiplas linguagens, considerando o uso didático das tecnologias digitais nas aulas, fortalece a "[...] atividade cognitiva [...]" (Lévy, 2010, p. 144) do discente na situação de aprendizagem e se reverbera na sua maneira de pensar o mundo que o cerca.

Outro exemplo de uso da metalinguagem, para a construção de sentidos entre os sujeitos, pode ser contemplado na proposta de exercício que se baseou na disciplina de língua inglesa, em uma escola pertencente ao 'Sistema de Ensino do Exército', no ano de 2015. Na ocasião, foi utilizada a ferramenta, ora denominada 'Google Drive'. Para que o exercício fosse cumprido à contento, foi organizada uma oficina que contou com a participação de voluntários no laboratório de informática da escola, cujo desafio consistia em desenvolver, colaborativamente, textos (escritos e/ou multimodais) que pudessem vir a fazer parte de um website em inglês, de divulgação da instituição militar.

A oficina foi dividida em quatro (04) etapas: orientações em relação ao uso da ferramenta 'Google Drive'; apresentação das características principais do trabalho colaborativo, com base no conceito de práticas colaborativas de escrita; apresentação e análise de três (03) websites e, por fim, a atividade de brainstorming. Iniciada a atividade:

"Rafael demonstra a intenção de assumir um papel de líder, que, na proposta de Lowry, Curtis e Lowry (2004), é aquele que conduz o grupo em relação ao planejamento e às ideias. Ele organiza tanto as discussões como a apresentação do documento de texto. No entanto, Arthur demonstra que não sabe o que é brainstorming, e Rafael digita "Type in your suggestions here for discussion" (digitem suas sugestões aqui para discussão). Rafael está fazendo uso de metalinguagem, está usando a língua para explicar a própria língua – nesse caso, para explicar o que é brainstorming. Ele identifica uma dificuldade de Arthur e age sobre essa dificuldade, o que caracteriza como um momento de instrução explícita (NLG, 1996; 2000): há uma intervenção ativa e, consequentemente, mediação e metalinguagem" (Raulik, 2017, p. 75).

O trecho acima selecionado retrata, de modo geral, a escrita colaborativa entre os envolvidos. Logo, a produção textual é utilizada para o cumprimento de duas finalidades: *comunicação* e *instrução*, haja vista a ideia central de facilitar a compreensão das informações por parte dos envolvidos. Ao perceber a dificuldade de Arthur, no tocante ao entendimento do conceito de *brainstorming*, Rafael, prontamente, adotou uma postura proativa de explicar o significado de tal expressão ao mesmo. Para tanto, ele se valeu de uma linguagem mais simples para esclarecer o objetivo do exercício ao seu colega. Essa adequação da linguagem à situação comunicativa, refletiu o compromisso de Rafael com todo o processo formativo, posto que:

"No episódio em questão, Arthur demonstra que não conseguiria executar a tarefa sem ajuda quando pergunta "What's that?" (O que é isso?) e, a partir da reformulação de Rafael, passa a dar suas sugestões sem o menor problema" (Raulik, 2017, p. 75-76).

Ao compreender a utilidade do *brainstorming*, Arthur assimilou a mecânica da tarefa e começou a contribuir com as suas sugestões. Dessa forma, pontua-se que através do uso de metalinguagem, as práticas colaborativas se expandiram para além da mera escrita e ganharam sentido por meio de outras ações que agregaram valor ao produto final almejado. Logo, verifica-se no decorrer da atividade que:

"Rafael e Igor colocam o vocabulário do livro e das aulas (algumas expressões específicas de contexto militar) como available designs. Tenho indícios, portanto, de que aspectos da instrução explícita que ocorre em sala de aula estão fazendo parte agora do processo de designing. Eles estão tentando transferir ou recontextualizar o que aprenderam em sala de aula. Arthur também busca o vocabulário da aula como available designs ao incluir first parade. Mas ele se engana: o correto é muster parade. Muster parade é a formatura geral no início do expediente, uma cerimônia importante, realizada três vezes por semana. Igor percebe o engano e usa a janela de comentário para orientar Arthur. A partir daí, Igor passa a instruí-lo sobre a forma correta de se referir às formaturas fazendo uso, mais uma vez, de metalinguagem" (Raulik, 2017, p. 76-77).

Vislumbra-se, no caso em deslinde, que o emprego da metalinguagem somente ocorreu devido a constatação do equívoco relacionado à escrita do termo **muster parade**, na plataforma do website. No entanto, através do uso da metalinguagem, Igor, ao perceber o engano de Arthur, voluntariamente, dispôs-se a usar a janela de comentários do website, para instruí-lo, assertivamente. Não há uma obrigação explícita de orientação, mas, tão somente, o senso crítico-reflexivo de Igor no sentido de melhor conduzir a atividade em benefício da coletividade. Trata-se de uma percepção consciente do *global*, razão pela qual as relações sociais dos sujeitos são transformadas em verdadeiras interações multimodais que se constituem e se estabelecem "[...] na virtualização da inteligência" (Lévy, 2011, p. 135). Nesse sentido, Vázquez (2007, p. 292-293) explicita que:

> Podemos chamar a consciência que atua, no início ou ao longo do processo prático, em íntima unidade com a plasmação ou a realização de seus fins, projetos ou esquemas dinâmicos, de consciência prática. É a consciência tal como

> ela se insere no processo prático, atuando ou intervindo no seu transcurso, para converter um resultado ideal em real. Consciência prática significaria igualmente: consciência na medida em que traça um fim ou modelo ideal que busca realizar; e que ela mesma vai modificando, no próprio processo de sua realização, atendendo às exigências imprevisíveis do processo prático. Essa consciência é a que se eleva na práxis criadora, e que se debilita até quase desaparecer quando a atividade material do sujeito assume um caráter mecânico, abstrato, indeterminado, ou também quando se materializam fins formais como na prática burocratizada, ou se plasmam fins ou projetos alheios, em cuja elaboração não intervém a consciência própria. A consciência prática só qualifica a consciência na medida em que seus produtos ideais se materializam; não qualifica aquela que se desdobra de uma atividade teórica, à margem da prática, ou não responde de imediato às exigências de um processo prático.

A ação espontânea de Igor, em procurar retificar o termo utilizado por Arthur, juntamente com o respectivo *feedback*, amolda-se à consciência prática destacada por Vázquez (2007), porquanto, houve a interferência decisiva do primeiro no sentido de reorientar o comportamento do segundo, através da troca compartilhada de informações, na ferramenta digital. Dessa forma, Igor, ao fazer uso da metalinguagem para orientar ao seu colega de classe, passa a atuar de modo colaborativo.

Esse segundo momento em que Igor passa a zelar pelo fim pretendido, corresponde ao que Vázquez (2007) entende por **consciência da práxis**, ou seja, a consciência não se restringe ao projeto, mas, projeta-se a si própria na medida em que atua no processo prático e se materializa como atividade desejada e/ou pretendida. Portanto, no entendimento de Vázquez (2007, p. 293), "[...] essa consciência que se volta sobre si mesma, e sobre a atividade material em que se plasma, podemos denominá-la consciência da práxis".

Ademais, é possível identificar no fragmento selecionado que a produção textual ocorre em dois momentos distintos. O primeiro período abrange a escrita em paralelo, que equivale à fase de cooperação. Da confrontação de ideias com a apresentação do vocábulo correto, verificou-se a presença da escrita colaborativa que, por sinal, foi estabelecida através do emprego da metalinguagem ao caso concreto. Isso é facilmente confirmado quando:

"Rafael, mesmo dividindo a página em seções individuais, como mencionei acima, também propõe que as sugestões sejam submetidas a discussão. Discutir as suges-

tões está de acordo com o conceito de colaboração com que lido neste trabalho (PINHEIRO, 2013), isto é, atingir os objetivos por meio de um esforço conjunto e buscar um consenso para a tomada de decisões. No entanto, há uma contradição quando Rafael sugere que cada um escolha um tópico e comece a escrever. Dividir os tópicos para que cada membro escreva sobre um sugere novamente a escrita em paralelo. Esta implica cooperação, e não colaboração, pois o produto final será a soma das partes (PINHEIRO, 2013). Ao final do brainstorming, todavia, essa divisão de trabalho não acontece" (Raulik, 2017, p. 76).

O excerto em questão reforçou a duas práticas que cerceiam a produção textual, verbal e não-verbal. O primeiro plano revelou uma prática de cooperação entre os educandos, ocasião em que a escrita do vocabulário se deu através de uma multiplicidade de sujeitos, e, de modo concomitante. As partes do texto/discurso foram elaboradas de modo individual. Já a dimensão da escrita colaborativa, ensejou uma integração de esforços que desencadearam uma ação única e coordenada, com ênfase ao fortalecimento do trabalho coletivo. A soma das contribuições individuais, quando harmonizadas na vontade do grupo, eliminou toda e qualquer divisão e/ou conflito de interesse. Isso fica evidente no recorte a seguir:

"Voltando à escrita, apesar de parecer que as interferências ou as práticas colaborativas de escrita iriam ficar restritas a ortografia, gramática e pontuação, Igor começa um processo de revisão que podemos apontar como justaposição de discursos (NLG, 1996; 2000), de acordo com o que prevê a prática transformada dentro da pedagogia dos multiletramentos. Segundo NLG (1996; 2000), quando os alunos se engajam em um determinado discurso para recriá-lo de acordo com os objetivos pessoais, pode haver uma tensão. No papel de líder e revisor, Igor tenta ajustar o discurso dos colegas não só à proposta da atividade, como também às suas opiniões pessoais" (Raulik, 2017, p. 82).

Portanto, a passagem da escrita cooperativa para a dimensão colaborativa, prescindiu da ocorrência de um conflito de opinião. O embate entre os estudantes foi a causa determinante para o aperfeiçoamento das ações em torno das produções textuais, escritas e/ou orais e multimodais. Foi através do compartilhamento de informações e da crítica construtiva que o exercício se transformou e, naturalmente, o texto também. Com base no exposto, verifica-se que não basta, tão somente, a interação com o *outro*, ou seja, é necessário compreender a todas as etapas que envolvem a proposta de trabalho, assim como perceber-se naquele processo de conhecimento. A mera interação do sujeito, desacompanhada do entendimento mínimo para a realização do exercício e/ou do senso crítico-reflexivo, pode transformar-se em alienação ou mera associação por conveniência.

Ao se preparar um bolo, por exemplo, todos os ingredientes precisam estar reunidos naquela composição alimentícia (trigo, fermento, ovos, leite, açúcar, mistura de bolo) e conectados entre si. A ausência de qualquer um dos ingredientes certamente frustrará a produção daquele alimento em um dos seus aspectos. Da mesma forma acontece com a jornada formativa do educando. Se não houver a disposição, livre e consciente, para aprender e para colaborar, inclusive, com o ensino alheio; assimilação do trabalho coletivo e colaborativo; a tensão de ideias e posicionamentos, bem como a ressignificação de conhecimentos em uma perspectiva multimodal e multissemiótica, será em vão o uso de recursos digitais nos estabelecimento educacionais, da metalinguagem, metarrepresentação ou de qualquer outro expediente que vise a (r)evolução cognitiva e intelectual do sujeito/aprendente, na relação de aprendizagem consigo próprio e com os demais colegas de classe.

6.1.4 A formação do ethos no contexto tecnológico das práticas multiletradas: (re)personalizando saberes para além dos muros da escola

O uso, cada vez mais frequente, das tecnologias digitais da informação e comunicação, no processo educacional, tem contribuído para incutir nos estudantes, *novas possibilidades* de ressignificação do aprendizado e, ainda, estimular o núcleo de habilidades e competências já existentes nos mesmos, ocasião em que as suas práticas são potencializadas, gradativamente, na situação de comunicação e de inter(ação) com o *outro* no espaço escolar.

Tais ações se refletem na atividade cognitiva do aluno e no seu comportamento em sala de aula. Esse conjunto de fatores desencadeados pelo uso consciente e didático das tecnologias digitais, instiga a outros *olhares* para a própria transformação intelectual do educando, enquanto aprendiz e sujeito pensante. Com isso, ele passa a (re)construir a sua própria imagem, constituindo-se produtor/consumidor do seu conhecimento, seja na esfera acadêmica, social, política, econômica e/ou cultural, dentre outras, tornando-se, portanto, sujeito multifacetado.

Ainda, é importante notar que o professor, ao participar ativamente do aprendizado dos educandos, também (re)cria o seu repertório pedagógico, com vista ao estabelecimento do seu *ethos*. Nessa senda, verifica-se que algumas indagações permitem uma reflexão mais intensa sobre a relação 'tecnologias digitais/práticas multiletradas' na educação, tendo como pano de fundo a aprendizagem significativa do educando na modernidade:

> *"Como analisar esse novo contexto atual em que as TICs guardam relação com a intensificação no processo de multiplicidade identitária, marcado por ambientes em que podemos "circular" e assumir diferentes papéis? Como, afinal, entender essas múltiplas práticas letradas que irão compor os sujeitos?" (Felício, 2017, p. 197).*

Tais questionamentos não anulam outros de igual importância para o/no campo do saber, até mesmo porque "a inovação técnica gera fenômenos de crescimento, de atualização das virtualidades latentes" (Lévy, 2010, p. 224). Nas palavras de Kenski (2012, p. 47):

> [...] as redes de comunicações trazem novas e diferenciadas possibilidades para que as pessoas possam se relacionar com os conhecimentos e aprender. Já não se trata apenas de um novo recurso a ser incorporado à sala de aula, mas de uma verdadeira transformação, que transcende até mesmo os espaços físicos em que ocorre a educação. A dinâmica e a infinita capacidade de estruturação das redes colocam todos os participantes de um momento educacional em conexão, aprendendo juntos, discutindo em igualdade de condições, e isso é revolucionário. As mudanças contemporâneas advindas do uso das redes transformaram as relações com o saber. As pessoas precisam atualizar seus conhecimentos e competências periodicamente, para que possam manter qualidade em seu desempenho profissional.

A velocidade com que ocorrem as conexões no "[...] ciberespaço [...]" (Lévy, 2010, p. 94) desencadeia a outros movimentos de ajustes, adaptações e assimilações do sujeito/aprendente no seu percurso acadêmico, e, isso, inclui, também, a sua percepção sobre tais mudanças em sua rotina. Assim, a (r)evolução educacional do aluno ocorre de modo espiral, de *dentro para fora*, à medida em que o mesmo vai se apropriando de outros conceitos, ensinamentos, equipamentos tecnológicos, estratégias pedagógicas, valores e culturas.

Aos poucos, tais mudanças oportunizam a (re)configuração de outros saberes que não se restringem ao aspecto cognitivo e intelectual do educando, mas, implicam, também, em transformações na imagem e, por conseguinte, no comportamento dele, seja no âmbito acadêmico e/ou fora dele. Tais apropriações do sujeito/aprendente restam evidentes no trecho a seguir:

"Observei também, conforme defende Lankshear e Knobel (2007), a construção de um novo ethos por parte do aluno, relacionado com a mobilização de diferentes tipos de valores, procedimentos, sensibilidades, prioridades e normas com que ele não estava familiarizado para produzir a animação-jogo, viabilizando, assim, novas práticas de escrita relacionadas com autoria colaborativa, promovida entre/com os alunos da sala, com a professora e com os exemplos da ferramenta Scratch para produzir o jogo, e novos letramentos" (Ricarte, 2017, p. 151).

A imagem do estudante foi construída, gradualmente, durante o processo de apropriação de outros saberes. O trabalho colaborativo também foi importante para que ocorresse a transfiguração do conhecimento em uma unidade de sentido que envolveu, não somente aos alunos, mas, também, a educadora. O uso da tecnologia, para a realização da atividade escolar, foi relevante para que a participação coletiva abordasse a outros letramentos. Nesse sentido, o fortalecimento do grupo favoreceu à escrita colaborativa, e, instigou nos aprendizes, um sentimento de pertencimento que motivou a outras práticas de escrita.

Assim sendo, nesse movimento uniforme de interação com as experiências alheias, cada discente foi reorientando e fortalecendo a sua imagem de *participante/criador/consumidor* da tarefa inicialmente exposta pela professora, personalizando-a perante os demais colegas de classe. Por isso, destaca-se que o uso do 'Software Livre Scratch':

"[...] viabilizou novos conhecimentos tecnológicos e uma mudança no comportamento do aprendiz, uma nova postura, um novo ethos que, aliado ao uso de novas tecnologias, torna-se elemento gerador de novos letramentos" (Ricarte, 2017, p. 155).

Diante do exposto, ressalta-se que a escrita colaborativa, articulada entre os sujeitos e associada ao uso didático de aparatos tecnológicos, pode contribuir para a aquisição de outros letramentos que se condensam nas expectativas e nos anseios corriqueiros dos seus interlocutores: os estudantes. Entretanto, é válido frisar que o mero uso das tecnologias digitais, no ambiente universitário, não torna, por si só, o *ato de aprender* em uma experiência significativa, inclinada ao fomento de outros saberes. Nessa direção, Kenski (2012, p. 111-112) sustenta que não basta:

> [...] o uso de novas tecnologias, máquinas e equipamentos para fazermos a reformulação necessária na educação. Isso até poderia ser dispensável se a opção for privilegiarmos nas situações educacionais a principal condição para a concretização dessas propostas: o estímulo para a interação, a troca, a comunicação significativa entre todos os participantes. Mais ainda, o mais importante é que essas pessoas estejam reunidas em um determinado espaço com o objetivo maior de aprender juntas. Esse é o ponto de partida para o início de um novo modelo educacional diferenciado, que é a formação de comunidades de aprendizagem. Não basta que eu, professor, queira formar com meus alunos uma comunidade. É preciso que todos queiram, que haja amadurecimento, comprometimento, disciplina e valores comuns, para que possamos criar um processo que nos leve a alcançar os princípios de uma comunidade de aprendizagem. Trata-se de uma nova cultura educacional, que rompe os tempos rígidos das disciplinas e com os espaços formais das salas de aula presenciais. Um tempo de aprender colaborativamente, respeitando as diferenças pessoais, os diferentes estilos de aprendizagem e fortalecendo o compromisso com a própria maneira de aprender e com a aprendizagem dos demais.

É imprescindível que os sujeitos — professores e alunos — estejam interessados/motivados na promoção do ensino e na mútua aprendizagem, sem que haja qualquer espécie de hierarquização e/ou controle do ato de *aprender* e de *ensinar*, por parte de ambos os lados. A participação deve ser integral, articulada e intencional entre eles. O fim visado pelos atores que encampam o processo educacional, deve se apoiar na experiencia de celebração do *novo* e, partindo desse contato inicial, desbravar a outras camadas que circundam e constituem o ato de/o *conhecer*.

Todos os personagens devem querer atingir ao objetivo visado. É necessário, portanto, que haja o desprendimento das amarras do *egocentrismo* e do ranço do *individualismo*, por parte dos envolvidos, para que ocorra, de fato, uma experiência renovada, livre das "[...] diferenças, ambiguidades e contradições [...]" (Saviani, 2018, p. 93) que afetam "a nova percepção e o novo conhecimento [...]" (Freire, 2020, p. 153) dos *participantes/produtores/ consumidores* na universidade.

A inter(conexão) entre os atores envolvidos no ensino e na aprendizagem, ancorados no uso didático de diferentes tecnologias digitais, também favorece às múltiplas linguagens no espaço escolar, o que, por sua vez, acaba promovendo a diversidade cultural nas formas de concepção da leitura, escrita, reescrita e reflexão do conhecimento adquirido, uma vez que "as diferentes semioses que veiculam o sentido do texto demandam estratégias de navegação para uma melhor compreensão da mensagem" (Cani; Coscarelli, 2016, p. 23). Assim, "quanto mais dinâmico e interativo for o entrelaçamento do ato de 'navegar' com o ato de 'leitura', melhor será a capacidade dos estudantes de assimilar as produções textuais nos meios digitais" (Frandaloso; Leite, 2022, p. 855). Refletindo sobre o assunto, Rojo (2009, p. 108-109) frisa que:

> O conceito de letramentos múltiplos é ainda um conceito complexo e muitas vezes ambíguo, pois envolve, além da questão da multissemiose ou multimodalidade das mídias digitais que lhe deu origem, pelo menos duas facetas: a multiplicidade de práticas de letramento que circulam em diferentes esferas da sociedade e a multiculturalidade, isto é, o fato de que diferentes culturas locais vivem essas práticas de maneira diferente.

Nesse diapasão, observa-se que o conjunto de práticas orientadas pela produção coletiva do conhecimento, além de promover o fortalecimento da imagem do educando perante os seus pares, acaba potencializando outros valores relacionados ao aprendizado colaborativo e a disseminação da metalinguagem em sala de aula. Dessa forma, abre-se espaço para se pensar em outras *vozes* e *culturas* que se projetam nas instituições de ensino, e, que, atravessam a superficialidade do ato de 'aprender', o que se reflete nas mais ricas e heterogêneas situações de comunicação entre os falantes.

É por isso que cabe "[...] à escola potencializar o diálogo multicultural, trazendo para dentro de seus muros não somente a cultura valorizada, dominante, canônica, mas também as culturas locais e populares e a cultura de massa, para torná-las vozes de um diálogo [...]" (Rojo, 2009, p. 115) muito mais abrangente e multissemiótico. Isso posto, salienta-se que o diálogo do corpo de professores não pode se restringir à "[...] dimensão crítico-social dos conteúdos [...]" (Libâneo, 1990, p. 139), devendo, portanto, materializar-se no "[...] processo de gestação [...]" (Vázquez, 2007, p. 225) do conhecimento significativo (transformação do 'velho' conhecimento em 'novas' práticas de interação social).

Cabe enfatizar que os educadores devem considerar e (re)aproveitar os saberes informais dos educandos, na situação de aprendizagem e, progressivamente a isso, promover o empoderamento de tais conhecimentos no curso das atividades realizadas por eles, em sala de aula. Cada estudante traz consigo valores culturais que ensejam a existência de um *ethos* perante a coletividade em que se encontra.

Sendo assim, "a prática pedagógica, a partir dessa abordagem, requer a participação ativa do aluno e exige do professor uma ação a favor da criação de um ambiente propício para essa participação, levando em consideração os conhecimentos prévios dos alunos [...]" (Mendonça, 2018, p. 107), cujo propósito é o de rever a forma e as circunstâncias que envolvem o ato de ensinar. Isso posto:

"Quando propus a produção da exposição oral nesse formato, não poderia imaginar o resultado. Descobri a profusão de práticas letradas realizadas pelos jovens das turmas, envolvendo não só aquelas que ocorridas na escola, mas também as que se davam fora dela, com foco aqui nas práticas que envolviam novas ferramentas e mídias digitais. Práticas letradas como baixar músicas e vídeos e outras realizadas em ambientes de jogos eram bastante comuns e envolviam mídias e linguagens diferentes daquelas valorizadas nas aulas de Língua Portuguesa na escola, ainda pautada principalmente pelo grafocentrismo, restrita ao verbal escrito [...]" (Felício, 2017, p. 189).

No excerto acima, é possível notar que durante a realização do exercício proposto pela educadora, os estudantes valeram-se de práticas letradas que já faziam parte das suas experiências cotidianas, razão pela qual os alunos procuraram adequar os conhecimentos informais para a elaboração da atividade escolar. É muito provável que tais habilidades e letramentos contemplados nas ações daqueles sujeitos, já haviam sido adquiridos em outros momentos, alheios ao ambiente formal de aprendizagem. A naturalidade de acesso e de uso efetivo das mídias digitais, por parte daqueles jovens, retrata uma prática reiterada de letramentos até então desvalorizada e/ou não observada pela instituição escolar.

A surpresa da pesquisadora, quanto aos resultados obtidos em seu estudo, deu-se porque ela observou os aprendizes em um ambiente controlado, com regras e convenções internas de ocupação do espaço escolar. Salienta-se que o regramento institucional e as posturas formais exigidas na seara da escola, inviabilizam a toda e qualquer experiência do discente com o *novo*, limitando-o em sua ação de (re)criar, (re)produzir e (re)pensar o aprendizado. Pensar na reformulação da educação, tendo como premissa modelos conservadores de um aprendizado pautado nos valores jesuítas, behaviorista, é o mesmo que atribuir nomenclaturas modernas às práticas pedagógicas obsoletas e descontextualizadas da realidade do educando.

Ora, "a escola da aprendizagem é muito diferente da escola do ensino. A escola da aprendizagem precisa de novos espaços, de outros tipos de temporalidades, de outra organização dos grupos de alunos e professores, de outras propostas pedagógicas, essencialmente novas [...]" (Kenski, 2012, p. 109), que se ajustem as mais variadas maneiras de aprender da comunidade escolar: docentes e aprendizes. É por essa razão que "o emprego didático das tecnologias da informação e comunicação (TIC) no espaço formal de aprendizagem, pode ser um fator determinante para a/na aquisição de outros aprendizados e, por conseguinte, potencializar distintas formas [...]" (Frandaloso; Leite, 2022, p. 849) de aquisição do conhecimento multidisciplinar.

Assim, na concepção de Gomes (2016, p. 154), "as TICs têm o papel de facilitar e promover conhecimentos significativos no processo do letramento, bem como na construção do conhecimento e de instrumentos para uma nova forma de educar, estimulando as múltiplas inteligências [...]", com base na formação social e identitária do indivíduo. Ora, conforme adverte Kenski (2012, p. 109-110):

> A transitoriedade do conhecimento científico, sempre em mudança, já nos mostra que os novos momentos exigem da escola – como espaço designado para a formação dos membros de uma determinada sociedade – uma nova realidade. Realidade que exige a transformação dos seus espaços e a incorporação de novos sítios, em que também se dê e se faça educação com qualidade. Exige novos tempos: pessoais, grupais e sociais. Tempos que transcendam os limites definidos pelas campainhas e sirenes que designam o início e o término das aulas. Tempos que se ampliem para a reformulação das estruturas organizativas e dos currículos, dos períodos letivos, da contagem de horas/créditos das disciplinas, tempos de ensinar e de "avaliar", tempos de professores e de alunos. Realidade que redefina os currículos e as propostas pedagógicas dos cursos e os coloque em torno de desafios essencialmente novos ligados a organizações flexíveis e mutáveis, baseadas em valores e princípios que deem importância, sobretudo, aos processos que levarão às diferentes aprendizagens de todos os envolvidos.

Essa liquidez do conhecimento, ocasionada pelas experiências — superficiais e desarticuladas —, contraídas ao longo da história da humanidade, exige outros espaços formativos que contemple a toda a estrutura do texto/discurso e suas materialidades no cotidiano. Pensar na aprendizagem vai muito além do mero ato de educar, ou seja, reclama um entendimento prévio acerca dos fenômenos que circunscrevem o território da educação em uma visão multidisciplinar e multicultural. Nessa toada, verifica-se que "as novas tecnologias fornecem espaços para os alunos se expressarem na forma de vídeos, podcasts, blogs ou wikis, que não são diferentes das ferramentas que os usuários mais experientes ou profissionais têm" (Kalantzis; Cope; Pinheiro, 2020, p. 148).

Pensar, apenas, nos letramentos que circulam na órbita da universidade, será insuficiente para contemplar a complexidade do indivíduo multifacetado, que se encontra em constante transformação social, cultural e intelectual. O estudante não aceita mais o papel de ouvinte, isto é, ele quer (re)escrever a sua própria história e (re)produzir os seus próprios conteúdos, conforme se verifica no excerto a seguir:

"Além de dominar os letramentos que são valorizados pela escola, durante o processo de produção da exposição oral descobri que Carla administrava sozinha uma página criada por ela no Facebook cuja temática era moda, segundo a definição da própria aluna" (Felício, 2017, p. 190).

A aluna Carla produziu os seus próprios conteúdos e personalizou-os, conforme a sua identificação com o meio social em que se encontra e, ainda, elaborou um conceito de moda, em consonância com o seu entendimento sobre o assunto. A apropriação da discente não se restringiu, tão somente, ao aspecto operacional, mas, também, aos elementos cognitivos de efetivação da situação de aprendizagem. Dessa forma, as práticas letradas não valorizadas pela instituição de ensino foram (re)utilizadas pela aluna, para o desenrolar da atividade articulada em sala de aula, o que agregou valor ao produto final.

"Além disso, durante o processo de produção da exposição oral, percebi que as práticas letradas dessa aluna envolviam a edição de imagens e vídeos feita a partir da utilização de ferramentas digitais de edição gratuitas e disponíveis na internet. Todas essas práticas estiveram presentes também na produção da exposição oral em sala de aula" (Felício, 2017, p. 190).

Através da análise do trecho em destaque, é possível extrair as seguintes conclusões: **a)** a discente já havia se apropriado de determinadas tecnologias na sua vida privada e, portanto, o seu conhecimento não se restringiu à mera operacionalização dos equipamentos/artefatos, mas, foi além disso; **b)** a estudante fez uso do seu letramento digital, obtido fora do espaço escolar, para aplicá-lo ao exercício proposto na escola; **c)** a produção textual oral foi articulada com distintos elementos multissemióticos e multimodais, que se ajustaram na situação de comunicação elaborada pela discente e **d)** o engajamento de saberes levou em consideração a atividade explicitada pela educadora. Ao considerar o fragmento acima selecionado, Maingueneau (2020, p. 41) enfatiza que:

> O ethos é, então, duplamente discursivo: pelo fato de acompanhar todo uso do discurso, mas também porque o interesse a ele dedicado varia em função das condições da enunciação. Fixar sua atenção no ethos, categorizá-lo, difundir o produto dessa categorização por meio desse ou daquele canal, tudo isso depende do estatuto do intérprete e do conjunto do dispositivo no qual ele é tomado.

Contudo, é preciso que a escola dê *voz* e *vez* aos seus alunos para que eles explorem, ao máximo e de modo criativo, as suas habilidades e competências. Quando o professor não valoriza a história e a bagagem cultural dos seus alunos, ocorre o apagamento e o desestímulo desse estudante em sala de aula, o que compromete o seu interesse em 'aprender', 'conhecer', 'experienciar', 'refletir', 'compartilhar' e 'dialogar' com os demais sujeitos/aprendizes. Isso pode ser observado no excerto a seguir:

"Henrique possui uma página, criada a pedido de outros garotos que também frequentam a Rampa, para ajudar a divulgar o esporte e os campeonatos que acontecem naquele espaço. A edição da página é colaborativa: além de Henrique, outros jovens que se conhecem do convívio na pista de skate também contribuem com postagens, e essa página constitui outro "espaço" cultural por onde esse jovem irá "circular" (além da escola e da própria Rampa). Nesse ambiente, contudo, diferentemente do que ocorre na escola, Henrique é valorizado pelos colegas, em função das postagens que cria, muitas vezes construídas por textos também multimodais envolvendo escrita, fotos e vídeos, por exemplo" (Felício, 2017, p. 191).

Da mesma forma como ocorre com a aluna Carla, o jovem Henrique criou uma página no Facebook para a promoção do esporte de sua preferência. Esse espaço virtual era colaborativo, ou seja, outros garotos que frequentavam a Rampa (local destinado aos skatistas) participavam, colaborativamente, do acesso e, por conseguinte, atualização da referida rede social.

Observou-se, ainda, a existência de um consenso e de uma linguagem que se estabeleceu entre os sujeitos, haja vista se tratar de um interesse comum que ligava/envolvia/relacionava-os naquele ambiente digital. Nota-se, portanto, que essa liberdade de acesso, à plataforma digital, foi um fator condicionante para o aprimoramento intelectual dos envolvidos, cada qual no seu devido tempo de experienciação daquele conhecimento. Logo, no entendimento de Kenski (2012, p. 36):

> A capacidade de participar efetivamente da rede, na atualidade, define o poder de cada pessoa em relação ao seu próprio desenvolvimento e conhecimento. Mais do que as infraestruturas físicas, o hardware, equipamentos e tecnologias que viabilizam o acesso, a necessidade das infraestruturas de software, das pessoas – o conhecimento, o tempo, a dedicação, a motivação – e do envolvimento ampliado nesse novo modelo de sociedade fazem a diferença.

Quando se conhece o produto das interações, fica mais fácil o estabelecimento do diálogo em torno dos objetivos comuns, uma vez que "as diferentes potencialidades significativas dos modos também estão relacionadas à sua materialidade, lógicas específicas para construção do significado" (Oliveira; Dias, 2016, p. 83). Ao analisar o trecho selecionado, nota-se que o 'skatista Henrique' possui uma imagem completamente diferente do 'aluno Henrique', posto que no espaço formal de aprendizagem, ele não era valorizado por seus colegas. Já no âmbito do espaço virtual, criado para a postagem de vídeos, fotos e textos utilizado para a divulgação da prática esportiva do skate, Henrique ostentava prestígio entre os demais desportistas e acumulava simpatizantes daquele esporte, razão pela qual o seu *ethos*, nesse ambiente virtual, reafirmava as suas preferências e escolhas. Entretanto, na escola, Henrique não passa de:

"[...] um jovem de quinze anos que cursa o 9º ano pela segunda vez: foi reprovado em vários componentes curriculares, tanto por notas quanto por faltas no ano anterior. As faltas, aliás, são uma constante no histórico escolar do jovem em anos anteriores também. No ano em que a pesquisa foi realizada, a realidade não era diferente: as notas do aluno continuavam vermelhas e seu isolamento do resto da turma nos períodos em que ele frequenta as aulas também é perceptível, já que as faltas continuaram constantes. Sua identidade de aluno, portanto, caracteriza-se por esse percurso de fracasso escolar. A partir do momento em que o trabalho de produção da exposição oral é proposto em sala de aula, no entanto, e outras práticas

sociais de leitura e escrita passam a ser consideradas, outra identidade começa a delinear-se: a de praticante de skate ou skatista, como ele mesmo chama" (Felício, 2017, p. 190-191).

Ao se debruçar na análise do excerto acima, foi possível observar que o quadro de fracasso escolar do aluno Henrique, permaneceu inalterado por dois (02) anos consecutivos. Da mesma forma, o isolamento social era um aspecto de desvalorização das relações interpessoais dele junto aos seus colegas de classe. Na ocasião, Henrique estava cursando o 9º ano, pela segunda vez, e seu histórico de notas vermelhas era uma constante.

O baixo rendimento no aprendizado e o isolamento do restante da turma, já eram evidências claras, perante os professores e demais gestores daquele estabelecimento de ensino, que o discente precisava de ajuda e terapia, contudo, aparentemente, nada foi feito, por parte da instituição educacional, a fim de romper com esse panorama de insucesso escolar.

Mas, afinal de contas, onde está o *equívoco* nesse percurso desastroso de aprendizagem do estudante? Será que a responsabilidade pelo fracasso deve ser atribuída ao aluno Henrique? Ou será que a escola contribuiu para a manutenção desse retrocesso educacional do aluno? Diante desse contexto de fragilidades identificadas no universo da escola, Libâneo (1990, p. 65) expõe que:

> A Didática tradicional tem resistido ao tempo, continua prevalecendo na prática escolar. É comum nas nossas escolas atribuir-se ao ensino a tarefa de mera transmissão de conhecimentos, sobrecarregar o aluno de conhecimentos que são decorados sem questionamento, dar somente exercícios repetitivos, impor externamente a disciplina e usar castigos. Trata-se de uma prática escolar que empobrece até as boas intenções da Pedagogia Tradicional que pretendia, com seus métodos, a transmissão da cultura geral, isto é, das grandes descobertas da humanidade, e a formação do raciocínio, o treino da mente e da vontade. Os conhecimentos ficaram estereotipados, insossos, sem valor educativo vital, desprovidos de significados sociais, inúteis para a formação das capacidades intelectuais e para a compreensão crítica da realidade. O intento de formação mental, de desenvolvimento do raciocínio, ficou reduzido a práticas de memorização.

Obviamente que a culpa não pode ser atribuída ao aluno e que algo precisa ser feito para mudar essa realidade estudantil, haja vista que o retrocesso escolar é prejudicial para todos os atores envolvidos na seara da educação, sobretudo, para o jovem Henrique. Em consonância ao exposto, cabe a seguinte reflexão:

"E qual a visão da escola com relação às práticas de leitura e escrita dos alunos que acontecem fora da escola? Geralmente, são ignoradas ou condenadas. Reforça-se a concepção iluminista de um sujeito individualizado, na qual o exterior não é considerado. A escola passa a ser o único meio cultural considerado "válido", e a identidade de aluno, nessa medida, passa a ser a única a ser considerada" (Felício, 2017, p. 199).

Não obstante ao esforço despendido por parte de valorosos profissionais educadores, a serviço de uma educação de legitimação do conhecimento, e, das mais variadas práticas de leitura e de escrita fomentadas em sala de aula, observa-se, com preocupação, que as escolas em todos os seus níveis, de modo geral, ainda continuam engessadas aos princípios do iluminismo, com a valorização do individualismo em detrimento do trabalho colaborativo, multissemiótico, multimodal e multiletrado.

Ora, "em uma sala de aula em que estudantes, enfileirados, ouvem atentamente a palestra do professor e, em seguida, resolvem atividades para comprovar a compreensão do conteúdo, podemos considerar que há pouca oportunidade de interação entre os pares [...]" (Bacich, 2018, p. 139), o que prejudica a capacidade de reflexão e de autonomia do sujeito em formação. A esse respeito, Pinto (2005, p. 382) pondera que:

> A alienação cultural chega a cegá-los a ponto tal de levá-los com ufania a proclamar que a transplantação das ideias estabelece justamente a desejada forma em que neles se realiza a liberdade do pensar. Por conseguinte, quando exigem este direito, na linguagem abstrata e gongórica em que costumam trombeteá-lo, o que na verdade estão impetrando é a liberdade de refletir o pensamento alheio, em duas variantes, a não-liberdade de pensar ou a liberdade de não-pensar.

Lamentavelmente, as experiências e os conhecimentos dos sujeitos/aprendentes ainda são ignorados no espaço escolar. Desse modo, a (re) produção dos conteúdos curriculares de ensino e o mecanismo de funcionamento de todo o sistema educacional, induzem aos discentes para um aprendizado instrumental, pautado pelo determinismo da mão de obra qualificada, cuja finalidade é a inserção de pessoas capacitadas para o mercado de trabalho.

Forma-se, então, o discurso falacioso do trabalho, com a promessa de dignidade ao indivíduo. Com isso, a identidade cultural desse estudante, no espaço de aprendizagem, é *apagada*. O aprendizado passa a ser uma realidade determinada pelos interesses mercadológicos, tendo, na instituição escolar, o seu maior apoiador. Acerca de todo o exposto, Santomé (2013, p. 170-171) expõe que:

> É difícil dizer que os atuais processos de ensino e aprendizagem que têm lugar nas escolas sirvam para motivar o alunado para envolver-se mais ativamente em processos de transformação social e influir conscientemente em processos tendentes a eliminar situações de opressão. Em muitas poucas situações as alunas e alunos são estimulados/as a examinar seus pressupostos, valores, a natureza do conhecimento com o qual se enfrentam dia a dia nas salas de aula, a ideologia que subjaz às distintas formas de construção e transmissão do conhecimento, etc. A educação obrigatória tem que recuperar uma de suas razões de ser: a de ser um espaço onde as novas gerações se capacitem para adquirir e analisar criticamente o legado cultural da sociedade. As salas de aula não podem continuar sendo um lugar para a memorização de informações descontextualizadas. É preciso que o alunado possa compreender bem quais são as diferentes concepções do mundo que se ocultam sob cada uma delas e os principais problemas da sociedade a que pertencem.

Na mesma senda, Kenski (2012, p. 108) acrescenta que:

> [...] a arquitetura das salas de aula e a disposição dos móveis (mesa, carteiras, cadeiras, armários e lousas) definem o tipo de proposta teórico-metodológica vigente. O espaço destinado a professores e alunos também declara de quem é a primazia da ação. Os espaços físicos concretos de nossas escolas estão comprometidos com um tipo de educação que privilegia a atuação do professor, o seu movimento e a centralização do processo no ato de "ensinar", de transmitir, de informar. O protagonista dessa novela é o professor. Os alunos exercem papéis secundários; em muitos casos, são seguidores, coadjuvantes, participantes sem direito a voz, sem falas ligadas aos enredos das aulas.

Os trechos em destaque revelam uma instituição escolar pautada na rigidez da educação tradicional, com a hierarquização do espaço entre os sujeitos, condicionada à mera transmissão de informações e à centralização do conhecimento na pessoa do professor. A arquitetura dos estabelecimentos de ensino também favorece para explicitar a posição em que cada pessoa é instigada a ocupar na sociedade, representando, dessa maneira, as formas de poder e de dominação que visam ao controle de todas as ações promovidas naquele espaço.

"Assim sendo, equipar a escola com instrumentos tecnológicos não é o bastante para legitimar uma educação que contemple as exigências da sociedade moderna, tampouco para assegurar que se está promovendo multiletramentos, pois, uma vez que esses instrumentos são utilizados ainda com metodologias tradicionais, anula-se qualquer possibilidade de o aluno perceber as affordances que as tecnologias no ambiente escolar podem propiciar para o acréscimo de uma aprendizagem inovadora e bem-sucedida" (Costa, 2017, p. 273).

Isso posto, cabe salientar que compete à escola incentivar "a colaboração, como característica da ação dialógica, que não pode dar-se a não ser entre sujeitos, ainda que tenham níveis distintos de função [...]" (Freire, 2020, p. 228), até mesmo porque "o objetivo da ação dialógica está, pelo contrário, em proporcionar que os oprimidos, reconhecendo o *porquê* e o *como* de sua aderência, exerçam um ato de adesão à práxis verdadeira de transformação da realidade injusta" (Freire, 2020, p. 237) em que se encontram. Sob a mesma ótica de Freire (2020), Moran (2018, p. 22-23) sustenta que as:

> Escolas precisam ser espaços mais amplos de apoio para que todos possam evoluir para que se sintam apoiados nas suas aspirações, motivados para perguntar, investigar, produzir, contribuir. Não podem contentar-se em ser trampolins para outros níveis de ensino (p. ex., para que os alunos passem no ENEM ou vestibular), mas realizar em cada etapa todas as possibilidades de cada um. As escolas que nos mostram novos caminhos estão migrando para modelos mais centrados em aprender ativamente com problemas reais, desafios relevantes, jogos, atividades e leituras, ênfase em valores, combinando tempos individuais e tempos coletivos, projetos pessoais de vida e de aprendizagem e projetos em grupo. Isso exige uma mudança de configuração do currículo, da participação dos professores, da organização das atividades didáticas, da organização dos espaços e tempos.

A bagagem cultural do estudante deve ser valorizada e levada em consideração pelos profissionais da educação, para que ocorra a superação dos ranços e preconceitos decorrentes da educação "[...] bancária [...]" (Freire, 2020, p. 101), haja vista que a realidade social, política, econômico e cultural desse estudante, não se restringe, apenas, ao conhecimento obtido nas fileiras acadêmicas. Trata-se de uma formação humana que vai muito além da compreensão de signos, sentidos, significados e significantes.

Portanto, é relevante que o educador, ao propor as suas atividades, considere o conhecimento de mundo que cerceia as vivências do discente, tendo em vista a formação multicultural e multifacetada dele, uma vez que "o novo perfil cultural do alunado acarreta heterogeneidade nos letramentos, nas variedades dialetais" (Rojo, 2009, p. 86). Sob o mesmo ponto de vista de Rojo (2009), Bacich (2018, p. 135) argumenta que:

> A mudança de papel do professor nesse processo tem como objetivo a busca por estratégias que, incorporadas às aulas consideradas tradicionais, potencializem o papel do estudante em uma postura de construção de conhecimentos, como o uso integrado das tecnologias digitais nesse percurso.

As mudanças que encampam a área da educação, reclamam a adoção de posturas diferenciadas de ambos os envolvidos com o aprendizado processual, posto que não se pode mais ignorar a presença, cada vez mais constante, das tecnologias digitais, na formação universitária. Da mesma forma, não é mais possível querer *letrar* o estudante, tão somente, sob a égide de discursos evasivos e estéticos, ou seja, é preciso considerar, também, o seu percurso de aprendizagem e a sua construção social, enquanto ser humano em formação. Ante o exposto, Kalantzis; Cope e Pinheiro (2020, p. 352) ressaltam que:

> O mundo da vida cotidiana é, portanto, o fundamento de nossa existência, a experiência já aprendida, e continuamente aprendida, da vida cotidiana, o local de nossa subjetividade e identidade e a fonte de nossa motivação. É intuitivo, instintivo e profundamente sentido. É esse conhecimento do mundo da vida cotidiana que os alunos trazem para o ambiente de aprendizagem, constituindo-se em pano de fundo para seu próprio aprendizado – os tipos de aprendizes que se tornaram através da influência de sua família, da comunidade local, de seus amigos, colegas e das partes específicas da cultura popular ou local com a qual se identificam. É um lugar onde as compreensões e ações cotidianas dos alunos parecem funcionar, de tal modo que sua participação ativa é quase

> instintiva, algo que requer pouco pensamento consciente ou reflexivo, algo que os moldou, de que gostam e/ou não gostam de maneira não reflexiva; é, em última instância, aquilo que eles e as identidades que carregam consigo para todos os outros contextos.

O conhecimento de mundo, intrínseco às experiências vividas e/ou presenciadas pelo acadêmico, pode fortalecer o seu crescimento intelectual, o que se mostra aceitável do ponto de vista da articulação com outros saberes (re)produzidos na aprendizagem formal. Dessa maneira, ao verificar que "a educação como prática da liberdade, ao contrário daquela que é prática da dominação, implica a negação do mundo, assim como também a negação do homem abstrato, isolado, solto, desligado do mundo [...]" (Freire, 2020, p. 98), pode-se dizer que o ato de aprender não se esgota em si mesmo e que o processo de aprendizagem ocorre no esforço comum da coletividade. Logo, ao ter contato com os outros saberes e pessoas, ele poderá ressignificar, não somente as suas experiências pessoais e profissionais, mas, também, a sua identidade cultural, enquanto sujeito ***consumidor/produtor*** de determinado conteúdo.

"A identidade da aluna tímida é revista pelos colegas. Na verdade, a identidade dos alunos é revista no momento de cada uma das apresentações, já que os alunos têm a possibilidade de assumir o papel tão valorizado pela escola de transmissor do conhecimento, um conhecimento que parte das práticas cotidianas desses jovens, mas será reformulado e reconstruído para ser apresentado na forma de um gênero textual prestigiado pela instituição" (Felício, 2017, p. 210).

Através da leitura e reflexão do trecho sublinhado, é possível identificar que a aluna Carla era uma jovem tímida no espaço formal de aprendizagem, contudo, após a propositura da atividade escorada na apresentação oral, ela adotou outra postura. Esse comportamento da aluna é reflexo de sua segurança ao acessar os letramentos já contraídos em suas práticas diárias e trazê-los para a sala de aula. Ao acessar a tais conhecimentos obtidos na informalidade da vida privada, a aluna conseguiu adaptá-los à situação de comunicação oral, posto que "o processo de construção de saberes passa pelo processo de atribuir significados à prática" (Franco, 2012, p. 110).

À medida em que a jovem foi adquirindo a autonomia para gerir a sua apresentação e personalizá-la, conforme as suas preferências, os seus colegas de classe começaram a observar o surgimento de uma outra pessoa completamente diferente, com atitude e postura, capaz de conduzir a sua tarefa e de dialogar com os múltiplos anseios e interesses dos demais envolvidos, no espaço escolar. Assim, no entendimento de Maingueneau (2020, p. 10), a formação do ethos envolve a outros aspectos:

> [...] de naturezas muito diversas: da escolha do registro linguístico e vocabular ao planejamento textual, passando pelo ritmo e pelo figurino. Não se trata de uma representação estática, mas de uma forma dinâmica, construída pelo destinatário por meio do próprio movimento da fala do locutor.

Concomitantemente ao cumprimento da atividade, a aluna Carla desenvolveu o seu *ethos* perante os demais estudantes. Importante observar que as práticas corriqueiras da jovem foram transformadas e (re)direcionadas ao atendimento da apresentação oral proposta pela educadora. A apropriação das ferramentas digitais, tanto por Henrique, quanto por Carla, no cumprimento das tarefas apresentadas pela docente, acena para a relevância do uso consciente e pedagógico das diferentes tecnologias na escola.

Prova disso é que ocorreu a construção de outros saberes e significados carreados de valores culturais, identitários e intelectuais, que extrapolaram a dimensão escolar e que contribuíram, valorosamente, para a constituição da imagem do sujeito, até mesmo porque "o processamento do ethos não se limita à esfera privada ou profissional" (Maingueneau, 2020, p. 41), mas, vai muito além disso. É por essa razão que:

"As pessoas precisam ser letradas em uma grande variedade de diferentes domínios semióticos, uma vez que a grande maioria desses domínios envolve recursos semióticos (simbólicos de representação), além de impressão. Portanto, as práticas de letramento passam a ser ressignificadas. Se outrora essas práticas estavam restritas ao ler e ao escrever textos escritos e impressos, hoje, em razão das mudanças sociais, econômicas e tecnológicas, avançamos em direção aos multiletramentos, que consideram professores e alunos como participantes ativos das mudanças sociais" (Costa, 2017, p. 270).

Sendo assim, a desenvoltura com os letramentos, em variadas superfícies e áreas do saber, tendo em vista o uso racional e didático das tecnologias digitais, possibilita com que os educadores e os discentes potencializem, ainda mais, as suas ações em torno dos objetivos pretendidos. Nesse viés, "tal processo vem tornando-se cada vez mais complexo à medida que são ampliados os recursos tecnológicos digitais para a produção de textos" (Oliveira; Dias, 2016, p. 83), escritos e/ou orais. Na mesma linha de entendimento, Cani e Coscarelli (2016, p. 23) aduzem que:

> A pedagogia dos multiletramentos propõe uma perspectiva de interpretação do mundo projetado por experiências transversais entre culturas, gêneros, estruturas sociais e econômicas. A incorporação dos multiletramentos nos currículos reflete a pluralidade cultural e a diversidade de linguagem que passa a ser valorizada nesse contexto, visando à produção de práticas transformadoras pelo viés da educação.

Essa assimilação das práticas multiletradas leva em consideração a dois pontos: o público a que se destina e às reais necessidades acadêmicas, intelectuais e comunicativas que constituem a cada pessoa, durante a sua performance no texto/discurso. O que de fato ocorre é uma ampliação multissemiótica e multimodal das práticas e gestos fomentados no universo escolar, isso porque "a tecnologia tornou a comunicação fácil e ágil; e a interação, imediata, o que resultou no desenvolvimento de programas, projetos colaborativos" (Marques, 2016, p. 118). Além do mais, conforme expõe Soares (2016, p. 142):

> É importante, nesse contexto, reconhecer que a representação e a comunicação recorrem a uma multiplicidade de modos, os quais contribuem para a construção do significado. Isso significa que diversos recursos (visuais, falados, gestuais, escritos, tridimensionais, entre outros) são utilizados de forma articulada, dependendo do domínio da representação, em diferentes contextos, concorrendo para a geração de sentido.

Portanto, a complexidade das relações e inter(ações) entre os falantes, mediadas pelo uso didático das tecnologias digitais, modifica o *status quo* da proposta de ensino e atribui outros sentidos ao aprendizado, ou seja, o ato de *aprender* e o de *ensinar* se articulam entre si e se ressignificam, mutuamente, na perspectiva de cada envolvido, desencadeando a outros caminhos e opções que podem ser realinhadas na situação de comunicação. É por isso que:

"[...] o espaço da sala de aula, ou onde quer que a aula se realize, seja um espaço para incentivar experiências de aprendizagem mais engajadas e comprometidas com um ensino de qualidade" (Costa, 2017, p. 273-274).

A sala de aula deve ser um local de compartilhamento de informações e de instrumentalização das "[...] capacidades cognitivas [...]" (Lévy, 2011, p. 97), refletindo a intenção dos envolvidos, tanto no ato de aprender, quanto no ato de ensinar, haja vista que "o espaço é um fator determinante para ações de colaboração entre pares" (Bacich, 2018, p. 139). Entretanto, esse *dever-ser* não se confunde com o rigor deôntico que caracteriza o texto/discurso filosófico, sendo, portanto, necessário reformular os currículos educacionais à luz dos valores tangenciados pela realidade tecnológica, assim como pelos meios de comunicação que ampliam as formas de interlocução, diálogo, reflexão e aprendizagem entre os falantes. É conveniente pontuar que:

"[...] a linguagem verbal sempre terá seu lugar reservado nos currículos, mas que é preciso articulá-la com o vernáculo corrente dos dias de hoje dos nossos alunos, que não é o verbal, e reconhecer que esse vernáculo multimidiático é tão importante e eficiente quanto aquele. Sendo vernáculo corrente dos alunos, a linguagem cinematográfica, por exemplo, não só se torna um objeto de ensino de inquestionável importância, como também ajuda os alunos a se relacionarem com conteúdos fundamentais da linguagem verbal que, no entanto, ficaram distantes das experiências de mundo dos estudantes, como as obras canônicas da literatura" (Albanese, 2017, p. 117-118).

A inserção de uma linguagem, cada vez mais, multimodal e multicultural, ancorada em elementos tecnológicos, é uma realidade que abrange, não somente a escola, mas, todo o seu entorno. Isso favorece para uma multiplicidade de gestos e alternativas viáveis, no atendimento das particularidades e demais necessidades desse *novo perfil* de aluno que ocupa, atualmente, as fileiras acadêmicas. O que se observa, de modo geral, no contexto educacional, é que "[...] o progresso tecnológico mudou os modos de escrita e de leitura dos falantes no meio social, sobretudo, nos estabelecimentos [...]" (Frandaloso; Leite, 2022, p. 856) escolares.

Vale lembrar que "o aprendizado flui naturalmente, com mais rapidez e objetividade, quando os atores envolvidos na seara da educação constroem, juntos, os alicerces de sustentação para a exploração de outros caminhos que conduzam à múltiplas formas de assimilação de saberes" (Frandaloso; Leite, 2022, p. 851).

Não obstante, os "conhecimentos, valores e ferramentas transmitidos pela cultura constituem o contexto nutritivo, o caldo intelectual e moral a partir do qual os pensamentos individuais se desenvolvem, tecem suas pequenas variações e produzem às vezes inovações importantes" (Lévy, 2011, p. 97) que, ora se consubstanciam, ora se contrapõem, aos variados aprendizados socializados no ensino superior.

Por esse motivo, o educador precisa mobilizar as suas habilidades e estratégias para incentivar o estudante a produzir textos, verbais e não-verbais, escritos e orais, multimodais e multissemióticos, embasados no raciocínio crítico-reflexivo sobre o próprio aprendizado, com base no refinamento dos seus argumentos, até mesmo porque:

"[...] os novos tipos de tecnologias permitem novos modos de manutenção e transformações, tanto dos processos de aprendizagem como das relações sociais envolvidas na construção do saber e nas práticas docentes, e essas mudanças trazem consigo novas inquietações para quem se debruça sobre os estudos dos multiletramentos" (Costa, 2017, p. 271).

Trata-se de um movimento elíptico e reflexo de (re)personificação de sentidos que transcende os percursos relacionados à aprendizagem, e, que, impacta na vida social do aprendente e do professor. Assim, conforme o entendimento de Thadei (2018, p. 102-103):

> [...] quem ensina também aprende, pois a personalização do ensino impõe, tanto ao professor quanto ao aluno, a desconstrução de papéis ainda muito cristalizados dentro da escola e a construção de novos papéis, nos quais o aluno ocupa o lugar central. Para o professor, certamente, esse é um aprendizado processual, que demanda tempo e reflexão constante sobre a prática docente e sobre as transformações pelas quais a escola e a aula devem passar, mas que só podem se concretizar se forem iniciadas, ainda que com tropeços.

Logo, o relacionamento colaborativo e multifacetado dos profissionais que atuam no horizonte da educação, atrelado ao engajamento tecnológico, transforma-se na medida em que ambos se enxergam na dimensão axiológica daquele *aprender a fazer*, afinal de contas, a edificação da imagem se dá em uma perspectiva horizontal. Outra observação pertinente é que:

"[...] nessa nova mentalidade, característica da cultura digital, para o sujeito estar engajado nas práticas de letramento configuradas nos moldes do novo ethos não é necessário que ele seja um especialista, mas partícipe de um grupo conectado em rede que promove a participação, a criação, a recriação e a contribuição" (Costa, 2017, p. 275).

Considerando o trecho em destaque, nota-se que o estudante não precisa ser nenhum *expert* do mundo virtual para estar em sintonia com as práticas multiletradas, ou seja, basta que ele participe da sociedade em rede e que esteja conectado a um grupo, no ambiente on-line. As relações sociais com o *outro*, tanto nos espaços formais, quanto nos ambientes informais de aprendizagem, são movimentadas na medida em que ocorre a assimilação da informação por todos os participantes. Esse *outro* pode ser algum colega de classe, o educador e/ou qualquer pessoa envolvida na situação de comunicação com os demais falantes. Entretanto, para que ocorra essa convergência do ato de *ensinar* para o ato de *aprender*, através do meio tecnológico, é essencial a mudança de postura do docente para que ocorra a sincronização dos saberes (re)produzidos naquele espaço-tempo. Portanto:

"Cabe-nos destacar que o papel de professor e de aluno nesse cenário é muito importante, pois, na pedagogia dos multiletramentos, ele tem os seus lugares redefinidos. Professor e aluno atuam como participantes ativos das mudanças sociais, e o professor passa a ocupar uma posição não mais de transmissor de conhecimento, mas de mediador do conhecimento" (Costa, 2017, p. 277).

O professor, ao investir na sua estratégia de ensino, tendo em vista as particularidades de aprendizagem dos estudantes, além de promover um entendimento mais interativo e conectado com as especificidades do assunto em tela, também contribui com a (re)construção da sua própria imagem profissional. Essa percepção em torno da imprescindibilidade de alinhamento do "[...] saber-fazer docente consciente e pedagogicamente articulado com as necessidades dos educandos [...]" (Frandaloso; Leite, 2022, p. 859), conspira para que a aprendizagem se desenvolva de modo plural, multimodal e multissemiótico, haja vista que o *ato de ensinar* deve levar em consideração o uso didático e criativo de 'tablets', 'smartphones', 'computadores' e 'notebooks', na situação de aprendizagem.

Logo, "o processo de ensino e de aprendizagem somente será significativo se o professor souber explorar, com mais intensidade, as funcionabilidades de tais tecnologias em sala de aula [...]" (Frandaloso; Leite, 2022, p. 859). Assim sendo, "[...] somente após o professor de fato se apropriar dessa nova abordagem é que as mudanças pedagógicas poderão acontecer" (Tenório, 2019, p. 88). Por essa razão, Matias (2016, p. 174) afirma que:

> Indiscutivelmente, ler e escrever são aprendizagens indispensáveis. Mas, na sociedade contemporânea, é preciso trabalhar com as multimodalidades de ler e escrever. Afinal, o conhecimento não está mais apenas no papel impresso: ele pode ser encontrado em diversos formatos multimídia. Assim, cabe ao professor de língua materna preocupar-se

com o letramento digital, de modo a propor atividades que visem ao seu desenvolvimento.

No entanto, para que as ações docentes surtam os seus efeitos no ambiente formal de aprendizagem, vale lembrar que o educador precisa ir além da mera exposição do conteúdo curricular, ou seja, "[...] faz-se necessário que os profissionais estejam abertos às novidades que surgem no contexto educacional e apresentem aos estudantes, uma vez que estes vivem um momento em que é oportuno relacionar, aprimorar, divulgar, articular suas ideias [...]" (Tenório, 2019, p. 88), na interação com os demais sujeitos. Isso posto, Galindo (2019, p. 60) esclarece que:

> [...] a relação de aprendizagem foi também transformada pelo avanço tecnológico, o letramento hoje, não está relacionado apenas à parte escrita veiculada pela mídia impressa, mas passou a ter um sentido cada vez mais amplo, considerando que o acesso à informação por meio do mundo midiático promove a construção de novas tradições discursivas. Falamos hoje em letramentos múltiplos e o letramento digital é um entre tantos letramentos [...].

A esse respeito, Matias (2016, p. 170) reforça que:

> Diante disso, é possível perceber que não basta apenas que os professores modifiquem suas aulas. É preciso, pois, haver o entendimento de que aprendizagem se dá pela interação entre as pessoas e, principalmente, pela construção de significados que são negociados nessa interação potencializada, ou não, pelos métodos, instrumentos e forma de abordagem dos conteúdos.

O educador, ao se deparar com as fragilidades que envolvem a compreensão leitora e/ou a produção textual escrita dos seus discentes, precisa engajar-se na propositura de atividades que visem a articular distintas habilidades e interações entre os mesmos, a fim de estabelecer "[...] um ensino mais preocupado com a realidade prática, que enfatiza sobretudo gêneros que circulam na comunicação de massa e nas mídias" (Rojo, 2009, p. 87), tendo como premissa básica o estabelecimento de uma experiência mais personalizada e objetiva, de reorganização das práticas primárias desses sujeitos, quanto ao domínio, interpretação e emprego da língua, nas diferentes situações comunicativas do dia a dia. Dessa forma, "[...] compete ao educador fomentar condições adequadas para que os estudantes se apropriem dos letramentos digitais e, para além disso, compreendam e articulem as diferentes linguagens na elaboração de seus próprios textos multissemióticos e multimodais" (Frandaloso; Leite, 2022, p. 856). Na compreensão de Gonçalves e Silva (2018, p. 66):

> Os professores necessitam ser mais reflexivos e engajados com a transformação da sociedade, e, para tanto, se faz necessário um professor que conheça a si próprio, domine o conteúdo e suas didáticas, saiba selecionar e articular conhecimentos, produza e pesquise constantemente as práticas em sala de aula, avalie a sua prática a partir do avanço do aluno e considere os avanços conceituais dos estudantes como uma possibilidade de personalização das ações de ensino e aprendizagem. Em suma, o professor passa a trabalhar em um novo patamar, fazendo uma curadoria que o permita mediar as informações e, ao final do processo, transformá-las em conhecimento.

Esse agir reflexivo, tão aguardado por parte do educador, prescinde de uma formação integral que contemple e que explicite, ainda mais, tais valores na atuação desse profissional em sala de aula. Logo, o investimento em sua qualificação permanente, é a base para toda e qualquer mudança que se espera e/ou que se anseia no ensino superior.

Concomitantemente à jornada formativa do docente, nota-se que ele, ao se comprometer com o plano de ação e com a maneira com que anseia apresentar os conteúdos curriculares no espaço escolar, (re)cria o seu *ethos* em uma perspectiva de ensino e de valorização das vivências dos aprendentes. É através dessa atuação consciente e facilitadora do educador que "as salas de aula podem usar esses meios expandidos de materialização dos letramentos para se referir a um mundo externo, uma vez que essa representação do mundo pela escola é intrinsicamente parte integrante dos letramentos" (Kalantzis; Cope; Pinheiro, 2020, p. 327) e, por conseguinte, das práticas multiletradas cunhadas ao longo do percurso de aprendizagem de discentes e professores.

Ademais, a imagem é a marca projetada do indivíduo no meio social que o cerca, dele não podendo se esquivar. Dessa maneira, o comportamento passa a ser a expressão objetiva do *ethos* perante as demais pessoas que circulam na dimensão acadêmica e/ou fora dela. Com isso, a materialização desse "[...] objeto atravessa as três virtualizações fundamentais da antropogênese, ele é constitutivo do humano como sujeito social, sujeito cognitivo e sujeito prático. Ele entrelaça e unifica as subjetividades técnicas, da linguagem e relacional" (Lévy, 2011, p. 133), tendo em vista o propósito que move a cada ser humano, na relação com a sua própria "[...] práxis" (Freire, 2020, p. 167).

6.2 Aparando as arestas: impressões e reflexões sobre os resultados observados nas categorias analíticas

Considerar a pesquisa em sua totalidade implica aprofundar-se nos assuntos que, direta e indiretamente, estão conectados ao objeto, aqui, delineado e, por conseguinte, relacionados com a pergunta norteadora e com os demais objetivos previamente estabelecidos. Dessa forma, o ato de pesquisar não se limita ao aspecto quantitativo de laudas, tampouco, aos gostos e contragostos do leitor, mas, filia-se ao compromisso de analisar os fatos e refletir sobre as pistas que possam revelar o que se procura e/ ou, ao menos, apresentar eventuais elementos indiciários que se manifestem favoráveis a outros desdobramentos relevantes, no tocante aos resultados pretendidos.

A compreensão cognitiva do leitor não está sendo deixada de lado, tampouco, o regramento para a confecção do trabalho acadêmico está sendo desconsiderado, porém, é importante o entendimento de que o ato de *investigar/examinar/explorar* o objeto de inculcação, que motivou ao cientista a se debruçar sobre os livros, vai muito além do conhecimento raso e das impressões iniciais ancoradas na subjetividade humana.

Ademais, *pesquisar* é permanecer, diuturnamente, em vigília constante consigo próprio e com os dados da pesquisa. Tal ação reclama do pesquisador um estado de espírito crítico-reflexivo, atuante, despido de qualquer temor e/ou insegurança. Ao se lançar no campo de trabalho, seja na coleta de dados, realização de entrevistas, questionários, seja por intermédio da leitura do aporte teórico-bibliográfico de obras relevantes, que versem sobre a temática pretendida, o acadêmico constrói os seus argumentos em consonância com os *achados*, amarrando-os na teia do cientificismo. Esse ato de investigar o objeto, deve ser livre e desembaraçado de qualquer paixão e/ou convicção.

No entanto, essa relação do *dever-ser* com a natureza argumentativa do pesquisador desencadeia a uma (re)ação de ideias e de entendimentos que se contrapõem, evidenciando, dessa maneira, uma tensão que inaugura um *pensar reflexivo*, primeiramente, consigo próprio e, depois, em conjunto, com as demais pessoas/vozes. É verdade que nem sempre esse panorama conflitivo se estabelece de modo inequívoco na pesquisa, contudo, é da essência do ser humano tomar partido de um posicionamento que justifique o seu raciocínio e, consequentemente, o seu ponto de vista.

Vale ressaltar que a relação processual conflitiva pode ocorrer com o próprio *eu* ou entre esse e *terceiros*, conforme o caso concreto. Porém, o conflito, aqui, em destaque, é aquele que se instaura a partir da interação com o *outro*, na relação dialógica. De acordo com Lévy (2011, p. 93):

> Assim como há uma dialética dos signos e uma dialética das coisas, a dialética das pessoas, por sua vez, nos obriga mutuamente a integrar o ponto de vista do outro, a significarmo-nos reciprocamente nas negociações, nos contratos, nas convenções, nos tratados, nos acordos, nas regras da vida pública em geral. Ao colocarmo-nos (virtualmente) no lugar do outro, entregamo-nos ao jogo dialético da substituição. Caberia falar da dialetização como de uma operação ativa. Dialetizar, como vimos, é organizar uma correspondência: troca recíproca de argumentos entre sujeitos, mas também relação entre entidades que se põem de súbito a significar-se mutuamente. Ao contrário de uma grande divisão entre os signos e as coisas, a dialética virtualizante estabelece relações de significação, de associação ou de remissão entre uma entidade e uma outra qualquer.

Ainda, Lévy (2011, p. 93) segue dizendo que:

> Toda coisa pode passar a significar; simetricamente, cada signo depende de uma inscrição física, de um material de expressão. Arrastados nesse processo dialético, os seres se desdobram: por uma parte, permanecem eles mesmos, por outra, são vetores de um outro. Com isso, já não são mais eles mesmos, embora sua identidade seja precisamente o fundamento de sua capacidade de significar. O si e o outro formam um loop, o interior e o exterior passam continuamente a seu oposto, como num anel de Moebius. A operação dialética funda o virtual porque abre, sempre de uma forma diferente, um segundo mundo. O mundo público ou religioso surge do próprio seio da interação dos sujeitos privados que o social por sua vez produz. O tecnocosmo cresce como uma complexificação fractal da natureza. O mundo das ideias, enfim, imagem das imagens, lugar dos arquétipos, modela a experiência numa face e reflete a realidade na outra.

A relação conflituosa (problematização dos signos, significantes e significados), inicia-se com a interação entre os sujeitos. A partir do momento em que essas problematizações se acentuam entre os envolvidos, outras ideias e posicionamentos começam a surgir. Essa complexidade, que norteia a comunicação dos falantes, dá ensejo à relação dialogada entre eles. Com isso, os textos/discursos, à medida em que são rearticulados, reelaborados, reajustados e recombinados entre si, são reconstruídos nas experiências compartilhadas pelo coletivo. O diálogo entre os homens é o fundamento da integração deles no campo das ideias, em uma dimensão racional do conhecimento. Aliás, nas palavras de Cirne-Lima (1996, p. 59):

> A História não é a concatenação inexorável de necessidades que se interligam, umas com as outras, de forma mecânica, mas, quando se olha para trás, a tensão existente entre a facticidade dos eventos que aconteceram e a idealidade de como poderiam e deveriam ter sido, e, quando se volta o olhar para a frente, a tensão entre aquilo que pode ser e aquilo que deve ser.

Essa tensão mencionada por Cirne-Lima (1996) é a condição natural que impulsiona o *saber pelo conhecer* e o *fazer pelo experienciar*, até resultar na "[...] práxis criadora [...]" (Vázquez, 2007, p. 294). Foi justamente essa confrontação de ideias e de ações que se observou nas atividades elencadas na obra ora intitulada *Multiletramentos em teoria e prática: desafios para a escola de hoje*. Aliás, o livro em voga traz diversas atividades promovidas pelo professorado, em sala de aula, tendo como ponto de apoio o uso didático-pedagógico das TDIC.

É preciso lembrar que essa interatividade entre os aprendizes também ocorre no mundo virtual, haja vista que "o ciberespaço favorece as conexões, as coordenações, as sinergias entre as inteligências individuais, e sobretudo se um contexto vivo for melhor compartilhado, se os indivíduos e os grupos puderem se situar mutuamente numa paisagem virtual de interesses [...]" (Lévy, 2011, p. 116).

Superada a etapa de problematização entre os sujeitos/participantes em sala de aula, no que tange às atividades propostas pelo professorado, conforme descrito nos capítulos da obra eleita, percebeu-se a convergência de ideias e de experiências nas práticas compartilhadas. Os diferentes textos/ discursos foram transformados em uma unidade de sentido que surgiu da relação dialogada de mútua colaboração entre os envolvidos, sendo esse, portanto, o aspecto comum delineado na análise reflexiva das quatro (04) categorias elaboradas: a) 'Práticas colaborativas de ensino – PCE'; b) 'Produções multimodais na escrita colaborativa'; c) 'Da metalinguagem à metarrepresentação: (re)criando significados' e d) 'A formação do ethos no contexto tecnológico das práticas multiletradas: (re)personalizando saberes para além dos muros da escola'.

Esse elemento comum, identificado nas *entrelinhas* de cada uma das categorias instituídas, materializou-se da confrontação de *posicionamentos/ideias/ações* entre os *autores/produtores/consumidores* das tarefas que ilustram aos capítulos que compõem a obra selecionada. Essa confrontação possibilitou o **saber pelo conhecer** e o **fazer pelo experenciar**, resultando, portanto, em uma multiplicidade de linguagens, verbais e não-verbais, que remodelaram o *ensino* e a *aprendizagem*, em uma perspectiva multimodal.

Outrossim, para se chegar a essa percepção, foi necessário realizar uma análise criteriosa de cada uma das categorias elencadas na seção 6.1, ora intitulada **'O agenciamento de vozes e as práticas colaborativas em sala de aula: reestruturando caminhos para um aprendizado multiletrado'**, e, impingir ranhuras nas camadas constitutivas das ações dos sujeitos/aprendentes, tendo em vista os modos de significação multimodal (designs) e o *'porquê'*, *'o quê'* e o *'como'* da **Pedagogia dos Multiletramentos**, com ênfase aos elementos integrantes do *'como'*: 'Prática Situada', 'Instrução Aberta', 'Enquadramento Crítico' e 'Prática Transformada'.

Em linhas gerais, as categorias foram elaboradas com base nos fragmentos extraídos da obra examinada **Multiletramentos em teoria e prática: desafios para a escola de hoje**, para a composição do esboço analítico. Cada excerto selecionado da obra eleita teve como propósito explicitar as características observadas nas ações dos participantes.

Ao mapear os aspectos mais relevantes na realização da atividade grupal, houve a preocupação de identificar tais caracteres nos elementos constitutivos da Pedagogia dos Multiletramentos. A tabela a seguir detalha o quantitativo de trechos utilizados na elaboração de cada uma das categorias que surgiram no decorrer do trabalho científico.

Tabela 2 – Quantitativo de excertos que integram a cada categoria

PRÁTICAS CO-LABORATIVAS DE ENSINO – PCE	PRODUÇÕES MULTIMODAIS NA ESCRITA COLABORATI-VA	DA METALIN-GUAGEM À METARREPRE-SENTA-ÇÃO: (RE)CRIANDO SIGNIFICADOS	A FORMAÇÃO DO ETHOS NO CONTEXTO TEC-NOLÓGICO DAS PRÁTICAS MUL-TILETRADAS: (RE) PERSONALI-ZAN-DO SABERES PARA ALÉM DOS MUROS DA ESCOLA
17	17	13	17

Fonte: o autor (2023)

Conforme se verifica na tabela acima, cada categoria teve por finalidade ilustrar aos aspectos relevantes de identificação das práticas multiletradas através do uso criativo e didático das tecnologias digitais, para o fomento do ensino e da aprendizagem no ambiente escolar. Os excertos extraídos da obra eleita serviram de amparo para demonstrar a incidência das ações multiletradas — individuais e coletivas — incentivadas no espaço formal de aprendizagem, por parte dos professores.

A primeira categoria, ora intitulada '**Práticas colaborativas de ensino – PCE**', destacou o trabalho colaborativo entre os discentes e os educadores no espaço escolar, tendo em vista o emprego das TDIC. A tecnologia digital foi utilizada como meio de estimular a produção de textos, verbais e não-verbais. Dessa maneira, os discentes, ao compreenderem as etapas que envolveram a atividade apresentada pelo docente, valeram-se da criatividade para elaborarem a um produto coletivo, fruto da interatividade e participação espontânea dos usuários/editores, no contexto da tarefa proposta em sala de aula.

O emprego criativo das TDIC dinamizou as ações adotadas pelo grupo em torno dos objetivos apresentados pelo professor, assim como incutiu nos estudantes, uma maior autonomia na tomada de decisões. Isso posto, o uso da Wikipédia, em sala de aula, influiu em uma multiplicidade de formas comunicativas entre os aprendizes na criação de textos/discursos e, ainda, fortaleceu a participação coletiva deles em uma perspectiva multimodal, o que representou uma experiência enriquecedora para todos os envolvidos.

A segunda categoria, ora denominada '**Produções multimodais na escrita colaborativa**' trouxe, como aspecto central, o uso da WEB 2.0 e da Wikipédia, na produção de textos e, associado a isso, chamou a atenção para a escrita colaborativa entre os educandos. Essa escrita em conjunto foi o elemento diferencial de intensificação das relações entre eles, assim como para a promoção do ensino e da aprendizagem em uma perspectiva multimodal, multissemiótica e multiletrada. Ao se debruçar na leitura da referida categoria, verificou-se que o conceito de tecnologia é apresentado no sentido de ampliar as percepções e reflexões circunscritas no modo de criação/personalização de atividades multimodais, a partir do uso do 'Software Livre Scratch', na escola.

A interação dos discentes, associada ao uso de recursos tecnológicos e da confrontação de ideias e sugestões entre eles, viabilizou a convergência da *teoria* para uma ação ressignificada que vai ao encontro, por exemplo, da 'Prática Transformada' apresentada pelo Grupo de Nova Londres (1996), ao tratar dos estudos que cerceiam a Pedagogia dos Multiletramentos. Esse tensionamento entre a *teoria* e a *prática*, tornou-se peça fundante para que os alunos reproduzissem a obra **Senhora**, do romancista José de Alencar, em uma versão mais moderna e remixada, com a inserção de outros elementos multimodais que impingiram a outros sentidos à narrativa original. Salienta-se, ainda, que a *roteirização/preparação/execução* do curta-metragem envolveu a participação criativa de todos os sujeitos/aprendizes, razão pela qual o romance escrito por José de Alencar obteve uma nova (re)interpretação a partir do uso da linguagem cinematográfica pelos discentes, na (re)produção do referido gênero em sala de aula.

Já a terceira categoria, ora intitulada '**Da metalinguagem à metarrepresentação: (re)criando significados**', explorou o aspecto comunicativo entre os envolvidos —discentes e docentes — na prática educacional, evidenciando a construção de uma linguagem comum entre os sujeitos. A transposição da metalinguagem para a metarrepresentação foi fundamental para que o aluno compreendesse o sentido e significado de suas ações, em sala de aula. Diante da apropriação da *metarrepresentação*, eles passaram a participar, ativamente, de todas as etapas de *produção/apresentação/avaliação* do exercício proposto pelo educador no ambiente escolar, inclusive, com opiniões, sugestões, críticas e elogios aos demais colegas.

Com a conversão da *metalinguagem* para a *metarrepresentação*, o aprendizado passou a ser mais interativo entre os envolvidos. O uso da tecnologia digital foi direcionado aos propósitos da atividade escolar, o que facilitou a interface entre os educandos e, ainda, fomentou a importância do trabalho coletivo para a execução da tarefa. A conscientização do grupo acerca da atividade apresentada pelo educador, associado ao emprego didático e criativo dos recursos tecnológicos, possibilitou a outros meios de ressignificação do ato de *aprender* e de *ensinar*, tudo em consonância com as práticas multiletradas ancoradas nos estudos do Grupo de Nova Londres (1996).

Por fim, a quarta categoria, ora denominada '**A formação do ethos no contexto tecnológico das práticas multiletradas: (re)personalizando saberes para além dos muros da escola**', trouxe à tona a (re)construção da imagem dos alunos e professores a partir do emprego das TDIC, na elaboração do texto oral. É possível observar que o uso de artefatos tecnológicos evidenciou a outros valores (pessoais e intelectuais), habilidades e competências nos sujeitos/aprendentes, instigando-os, ainda mais, ao exercício da escrita colaborativa. Nessa categoria, o conceito de tecnologia foi explicitado nas diversas ações realizadas pelos estudantes, tendo como ponto de partida, o envolvimento prático deles na construção textual oral, assim como no uso das redes sociais, para a exposição do trabalho, em sala de aula.

Após breve retomada da síntese das categorias criadas a partir do esboço analítico da obra eleita, verifica-se que o uso das TDIC e de seus respectivos suportes, apareceram nas quatro (04) categorias, com sentidos e aplicabilidades diferenciadas no contexto formativo do alunado. Os conceitos de tecnologias foram apresentados em todas as atividades propostas pelos educadores, no ambiente escolar. Tais tarefas contemplaram os 'Designs Disponíveis, Designing e Redesigned' e fundamentaram-se nos quatro (04) elementos integrantes do '*como*' da *Pedagogia dos Multiletramentos*: 'Prática Situada, Instrução Aberta, Enquadramento Crítico e Prática Transformada'. Em todas as atividades situadas nos capítulos da obra escolhida e que envolveu o uso de recursos tecnológicos, foi possível vislumbrar a transformação das ações de cooperação dos envolvidos em práticas colaborativas de ensino.

Houve, portanto, a transformação da *teoria*, em prática transformada e, ao mesmo tempo, os discentes e docentes, aprenderam e ensinaram, mutuamente, o que, também, vai ao encontro com a ideia de descentralização do conhecimento proposta pelo Grupo de Nova Londres (1996) em seus estudos. O envolvimento dos participantes, nas atividades grupais, contribuiu para a construção de um ambiente criativo de aprendizagem e de mútua colaboração entre eles, o que evidenciou a uma ruptura com aquele sistema tradicional de ensino ancorado em práticas de *repetição* e de *memorização* de conteúdos.

O produto das interações resultou em uma prática diversificada que agregou valor e que repercutiu para além dos muros da escola. Da mesma forma, outros letramentos foram acionados e exigiram dos educandos, uma postura completamente antagônica em relação àquelas práticas tradicionais sustentadas no aprendizado grafocêntrico. Com isso, houve uma modificação ética e comportamental do aprendiz, haja vista que ele deixou de ser mero *ouvinte* e *coadjuvante* em sala de aula para assumir a uma postura de *produtor/editor/usuário/consumidor* do seu conhecimento no espaço formal de aprendizagem.

Adverte-se, contudo, que os fatores de *causa* e de *efeito* estão entrelaçados entre si, sendo assertivo considerar que a (r)evolução das relações entre os sujeitos/aprendentes ocorre na coletividade, a partir da interação com o **outro**, em diversas paisagens educacionais, haja vista que "o conjunto de ações interligadas e sincronizadas permitirá com que o processo educativo seja mais consistente e significativo para o público a que se destina: educadores e estudantes" (Frandaloso; Leite, 2022, p. 853). O quadro a seguir traz um comparativo dos aspectos que envolvem ao aprendizado cooperativo e colaborativo entre os sujeitos:

Quadro 5 – Práticas de cooperação e de colaboração: principais diferenças

	PRÁTICAS DE COOPERAÇÃO	PRÁTICAS DE COLABORAÇÃO
PRODUÇÕES TEXTUAIS, ESCRITAS E ORAIS	INDIVIDUAL	COLETIVO
	FRAGMENTADO	AGRUPADO
	DESARTICULADO	ARTICULADO
	COMPREENSÃO PARCIAL DA PRODUÇÃO	COMPREENSÃO GLOBAL DA PRODUÇÃO

Fonte: o autor (2023)

O quadro em destaque ilustra as principais distinções entre as 'práticas de cooperação' e de 'colaboração' de ensino ao tratar das produções textuais, escritas e orais, elaboradas pelos discentes, e, que, encontram-se expostas nos capítulos da obra examinada. Na prática de cooperação, o educando (re)produz o texto/discurso de modo individual, isto é, sem a intervenção de outros discentes. Já nas práticas colaborativas de ensino, o aprendiz desenvolve a produção textual através da interação com os demais colegas, ou seja, o produto final resulta de uma gama variada de esforços direcionados ao cumprimento do exercício em deslinde. Esse compartilhamento de ideias, críticas, sugestões e elogios, entre os estudantes, propicia a um clima organizacional de colaboração e de mútuo comprometimento dos envolvidos com a realização da atividade grupal.

Outrossim, "a finalidade principal do trabalho em grupo é obter a cooperação dos alunos entre si na realização de uma tarefa" (Libâneo, 1990, p. 170). Ao desenvolver o texto desagregado das demais partes que integram ao exercício proposto pelo educador, o aluno elabora uma escrita fragmentada e, portanto, desencontrada dos elementos constitutivos da Pedagogia dos Multiletramentos, o que não acontece, por exemplo, quando as produções se baseiam nas práticas colaborativas de ensino.

A partir do momento em que o estudante se conscientiza do seu papel em determinada tarefa, e, se enxerga em todas as partes constitutivas daquela produção, tendo em vista o seu senso crítico-reflexivo e o empenho individual para a consecução das metas pretendidas pelo grupo, ele passa a compreender o exercício em uma perspectiva global, multimodal e multi-letrada. Não somente a atividade se ressignifica, mas, o próprio educando, em seu processo de aprendizado, transforma-se diante das experiências compartilhadas. Nas palavras de Libâneo (1990, p. 157):

> Dominar conhecimentos e habilidades é saber aplicá-los, tanto nas tarefas escolares como nas tarefas da vida prática. Os conhecimentos, portanto, servem não só para explicar os fatos, acontecimentos e processos que ocorrem na natureza, na sociedade e no pensamento humano, mas também para transformá-los.

Assim, as atividades apresentadas nos capítulos da obra eleita e, pos-teriormente, analisadas nas categorias que surgiram da leitura do material respectivo, refletem períodos de alternância entre as práticas de cooperação e de colaboração de ensino. Contudo, verifica-se a predominância das práticas colaborativas de ensino na composição das tarefas realizadas no espaço escolar pelos aprendizes. Em todo caso, salienta-se que "as ações cooperativas e cola-borativas de avanço no conhecimento libertam os alunos para novas apren-dizagens e progressos em relação ao seu aprendizado" (Kenski, 2012, p. 73).

Em que pese o uso das tecnologias digitais, nas mais distintas pro-duções ilustradas, nos capítulos da obra selecionada, faz-se necessário a retomada daquelas primeiras impressões apontadas, no início desta seção, para tratar do ponto comum observado em todas as categorias instituídas/criadas a partir da elaboração do esboço analítico. O estabelecimento dialógico entre os sujeitos nasceu da problematização deles, durante a realização das atividades escolares apresentadas pelo educador. Essa tensão, que se instaurou sobre os participantes, decorreu da confrontação dos incontáveis textos/discursos que se interceptaram na construção coletiva.

A partir do momento em que o diálogo entre os aprendizes foi se estabelecendo, os resultados almejados foram se solidificando na consistência dessas relações dialógicas, assim como na condução das tarefas, em sala de aula. É importante frisar que as etapas que antecedem a relação dialogal até a transformação dos saberes, por vezes, acabam sendo, superficialmente, diagnosticadas no produto final das interações. Prova disso é que a elaboração esquemática de ideias, desacompanhada do teor cientificista, sequer é sopesada na investigação acadêmica, apesar de ser o núcleo basilar de toda a criação de sentidos. Porém, conforme expõe Freire (2020, p. 50-51):

> Não se pode pensar em objetividade sem subjetividade. Não há uma sem a outra, que não podem ser dicotomizadas. A objetividade dicotomizada da subjetividade, a negação desta na análise da realidade ou na ação sobre ela, é objetivismo. Da mesma forma, a negação da objetividade, na análise como na ação, conduzindo ao subjetivismo que se alonga em posições solipsistas, nega a ação mesma, por negar a realidade objetiva, desde que esta passa a ser criação da consciência. Nem objetivismo, nem subjetivismo ou psicologismo, mas subjetividade e objetividade em permanente dialeticidade. Confundir subjetividade com subjetivismos, com psicologismo, e negar-lhe a importância que tem no processo de transformação do mundo, da história, é cair num simplismo ingênuo. É admitir o impossível: um mundo sem homens, tal qual a outra ingenuidade, a do subjetivismo, que implica homens sem mundo.

Ainda, Freire (2020, p. 51) complementa que:

> A realidade social, objetiva, que não existe por acaso, mas como produto da ação dos homens, também não se transforma por acaso. Se os homens são os produtores desta realidade e se esta, na "inversão da práxis", se volta sobre eles e os condiciona, transformar a realidade opressora é tarefa histórica, é tarefa dos homens.

Essa dualidade entre a *subjetividade* e a *objetividade* do pensamento humano, é constante na instância de fomento de ideias, sendo, portanto, uma primeira etapa de construção do raciocínio reflexivo, assim como ocorre, por exemplo, no *vaivém* entre *teoria* e *prática* apontado por Vázquez (2007), para o estabelecimento da práxis revolucionária. Segundo o autor, muito embora a consciência em torno dos objetivos pretendidos, não seja a práxis, não se pode ignorá-la no processo de **criação/transformação** do texto/discurso. Dessa forma, não existe prática transformadora desacompanhada de teoria e vice-versa. Nas palavras de Vázquez (2007, p. 256-257):

> O fato de que a prática determina a teoria não só como sua fonte – prática que amplia com suas exigências o horizonte de problemas e soluções da teoria –, mas também com fim – como antecipação ideal de uma prática que ainda não existe –, demonstra, por sua vez, que as relações entre teoria e prática não podem ser vistas de um modo simplista ou mecânico, a saber: como se toda teoria se bastasse de um modo direto e imediato na prática. É evidente que há teorias específicas que não têm essa relação com a atividade prática. Mas não nos esqueçamos de que estamos falando neste momento das relações entre teoria e práxis no curso de um processo histórico-social que tem seu lado teórico e seu lado prático. Na verdade, a história da teoria (do saber humano em seu conjunto) e da práxis (das atividades práticas do homem) são abstrações de uma única e verdadeira história: a história humana. É uma prova de mecanicismo dividir abstratamente essa história em duas, e depois tentar encontrar uma relação direta e imediata entre um segmento teórico e um segmento prático. Essa relação não é direta e imediata, mas sim por meio de um processo complexo no qual algumas vezes se transita da prática à teoria, e outras desta para a prática. A atividade prática que hoje é fonte da teoria exige, por sua vez, uma prática que não existe ainda e, dessa maneira, a teoria (projeto de uma prática inexistente) determina a prática real e efetiva. Por outro lado, a teoria que ainda não tem essa relação com a prática, porque de certo modo se adianta a ela, pode ganhar essa vinculação posteriormente.

Ao retomar os exercícios elencados nos capítulos da obra selecionada, é possível verificar que, antes mesmo da etapa de construção e aprimoramento daquelas atividades, alguns participantes do grupo, individualmente, já haviam formulado, mentalmente, algumas conjecturas que julgavam pertinentes à proposta de trabalho apresentada pelo docente. Obviamente que se trata de uma observação subjetiva, percebida nas *entrelinhas* (pistas) das atividades desenvolvidas no espaço escolar, posto que tais pensamentos não foram, sequer, exteriorizados no curso da obra em deslinde.

Ao expor determinadas informações/sugestões e materializá-las perante o grupo, através do uso de artefatos digitais, o discente/participante impulsionou o início da segunda etapa de produção da atividade multimodal, com a respectiva problematização das ideias apresentadas. Essa confrontação dialogada de sugestões, entre os participantes, enriqueceu ao debate e instaurou a reflexão crítica em torno dos conteúdos abordados no universo escolar. Nesse ínterim, Freire (2020, p. 98) acentua que:

> Quanto mais se problematizam os educandos, como seres no mundo e com o mundo, tanto mais se sentirão desafiados. Tão mais desafiados, quanto mais obrigados a responder ao desafio. Desafiados, compreendem o desafio na própria ação de captá-lo. Mas, precisamente porque captam o desafio como um problema em suas conexões com outros, num plano de totalidade e não como algo petrificado, a compreensão resultante tende a tornar-se crescentemente crítica, por isto, cada vez mais desalienada. Através dela, que provoca novas compreensões de novos desafios, que vão surgindo no processo da resposta, se vão reconhecendo, mais e mais, como compromisso. Assim é que se dá o reconhecimento que engaja.

Em consonância ao exposto, verifica-se que a apresentação contrária e fundamentada de constructos, instigou aos demais educandos a outros desafios que se relacionaram a novas possibilidades no curso da atividade inaugural, o que, por si só, enriqueceu a interação entre eles e a construção da aprendizagem em uma dimensão da prática colaborativa de ensino. Essa situação ficou nítida no fragmento extraído da obra selecionada ao tratar da produção colaborativa do verbete 'Wikipédia', pelos internautas.

"[...] nas primeiras edições, identificamos trocas abruptas de conteúdo com indicações de ideias e tarefas ao longo do histórico. Assim, o verbete começa com uma publicação de duas palavras, que logo depois é substituído por um trecho em inglês e a indicação "nova versão para traduzir". Duas contribuições depois, outro internauta reverte a edição em inglês, escreve duas linhas de conteúdo em português e justifica sua alteração sinalizando sua posição com o comentário "Por que um artigo tão importante tem um grande "pedaço" em inglês – isso denigre o projeto...". A partir

dessa edição, os demais colaboradores seguem tal formatação e passam a adicionar conteúdo original em língua portuguesa" (Bolsarin, 2017, p. 46-47).

A partir da leitura do excerto em destaque, é possível verificar que os usuários da internet iniciaram o desenvolvimento do verbete 'Wikipédia' com a troca de conteúdos entre eles. Posteriormente, ocorreu a publicação de duas (02) palavras por um dos participantes, seguido da substituição de tais palavras por um trecho em inglês, inserido por outro internauta. Discordando do trecho em inglês, um dos envolvidos resolveu, então, reinserir a parte traduzida para o português e aproveitou a ocasião para justificar o seu ponto de vista sobre a alteração realizada.

Após a mudança do verbete, com a inserção do trecho em português, os demais participantes passaram a seguir tal padrão. Nota-se que, apesar da divergência de opiniões, não houve o estabelecimento de um conflito duradouro entre os sujeitos, mas, tão somente, um reexame da matéria, seguido da aceitação das alterações pelo grupo. Conforme se vislumbra no enunciado em destaque, a divergência de opiniões entre os internautas, contribuiu para o aperfeiçoamento da atividade, o que resultou em um produto aprimorado, fruto da interação e colaboração entre eles. No fragmento a seguir, fica mais notória a ampla confrontação de ideias, a problematização entre os participantes e a ressignificação da atividade.

"[...] na construção de sentido temático, que corresponde às informações do conteúdo em si a respeito do assunto do verbete (a Wikipédia), a escolha do que é representado textualmente e do que é representado por meio de imagens, vídeos ou áudios é decisiva. Nesse particular, há uma discussão intitulada "Screenshot de 2011", que resulta de uma disputa entre editores para inserir uma imagem no tópico do verbete que conta a história da Wikipédia. A discussão começou no histórico com a inserção da foto por um participante e sua consequente exclusão por outro, que questionou "Pra q essa imagem?". A questão foi levada para a página de discussão por intervenção de um terceiro participante, sendo respondida por um quarto membro. Na discussão, o terceiro participante defende a manutenção da imagem, argumentando que ela é importante, no conjunto com as demais figuras do tópico, para mostrar as mudanças de interface da Wikipédia ao longo dos anos. Tomando essa discussão como exemplo, é possível afirmar que o terceiro participante consegue perceber o papel conceitual da imagem, em conjunto com as demais, para mostrar a evolução da interface da plataforma e, juntamente com os demais participantes da discussão e das edições dessa imagem, de percebe a especialização funcional do screenshot, pois todos compartilham a noção de que essa informação só faz sentido

se inserida por meio da imagem, e não por meio textual, uma vez que nenhum dos quatro alterou o texto verbal" (Bolsarin, 2017, p. 50-51).

Após a leitura do trecho acima, nota-se, desde cedo, que a confrontação de ideias e de opiniões entre os internautas, girou em torno do uso de uma imagem eleita para ilustrar ao verbete 'Wikipédia'. Tudo começou quando um dos participantes inseriu uma foto e, logo em seguida, ocorreu a exclusão dessa imagem por outro usuário. Um terceiro sujeito levou a divergência para a página de discussão. A problematização entre os envolvidos conduziu a uma noção única e compartilhada de sentidos que se refletiu no desempenho de criação da referida página eletrônica. Logo, para Freire (2020, p. 228):

> A co-laboração, como característica da ação dialógica, que não pode dar-se a não ser entre sujeitos, ainda que tenham níveis distintos de função, portanto, de responsabilidade, somente pode realizar-se na comunicação. O diálogo, que é sempre comunicação, funda a co-laboração. Na teoria da ação dialógica, não há lugar para a conquista das massas aos ideais revolucionários, mas para a sua adesão. O diálogo não impõe, não maneja, não domestica, não sloganiza. Não significa isto que a teoria da ação dialógica conduza ao nada. Como também não significa deixar de ter o diálogo uma consciência clara do que quer, dos objetivos com os quais se comprometeu.

Portanto, no entendimento de Freire (2020, p. 229), "a resposta aos desafios da realidade problematizada é já a ação dos sujeitos dialógicos sobre ela, para transformá-la. Problematizar, porém, não é sloganizar, é exercer uma análise crítica sobre a realidade problema", tendo em vista a integração de saberes para a resolução do impasse e, por conseguinte, para a superação da contradição dos textos/discursos que possam conflitar entre si. Ademais, Freire (2020, p. 100) pontua que:

> A tendência, então, do educador-educando como dos educandos-educadores é estabelecerem uma forma autêntica de pensar e atuar. Pensar-se a si mesmos e ao mundo, simultaneamente, sem dicotomizar esse pensar da ação. A educação problematizadora se faz assim, um esforço permanente através do qual os homens vão percebendo, criticamente, como estão sendo no mundo com que e em que se acham. Se, de fato, não é possível entendê-los fora de suas relações

> dialéticas com o mundo, se estas existem independentemente de se eles as percebem ou não, e independentemente de como as percebem, é verdade também que a sua forma de atuar, sendo esta ou aquela, é função, em grande parte, de como se percebem no mundo.

Diante do exposto, "é provável que, com a problematização da sugestão ao grupo, novos temas surjam. Assim, na medida em que todos vão se manifestando o educador vai problematizando, uma a uma, as sugestões que nascem do grupo" (Freire, 2020, p. 166), o que fortalece a prática dialógica entre os sujeitos. Superada a etapa de problematização das escolhas e sugestões compartilhadas no grupo, outras ideias criativas passam a compor o repertório cognitivo dos aprendizes, no ambiente formal de aprendizagem, desencadeando, dessa forma, diferentes maneiras de pensar e de refletir a mesma atividade inicialmente apresentada pelo educador no espaço escolar.

Outro exemplo de confrontação de ideias, que cerceia o diálogo, e, que, contribuiu para o aprendizado dos estudantes, pode ser melhor observada na proposta de atividade realizada no ano de 2013, com uma turma de 5º ano do ensino fundamental, em uma escola municipal situada em Campinas, SP. A ideia central consistiu em disseminar a concepção de linguagem de programação aos educandos, assim como relacionar o currículo escolar às novas TIC. Ao longo da tarefa, analisou-se a duas (02) animações produzidas pelo estudante Vinícius através do uso da ferramenta Scratch.

"A animação passou por diversas etapas até chegar a esse produto final. Percebi que Vinícius entrou em contato com outros alunos para discutir a ideia da produção de um jogo – houve um aprendizado colaborativo por parte deles, visto que nem a professora e eu tínhamos esse conhecimento. Ocorreu a reescrita dos diálogos, com a correção da professora, nem na parte ortográfica. Observei ainda a busca do aluno, com os demais da sala, por programação de jogo no próprio Scratch, em "exemplos" (Ricarte, 2017, p. 150).

Através da leitura do trecho destacado, verifica-se que o projeto de criação da animação pelo aluno Vinícius, passou por diversas etapas até ser concluído. O aprendiz inseriu os demais colegas de classe na referida discussão. A projeção inicial de criação de um avatar foi ressignificada e direcionada para a elaboração de um jogo. A atividade foi pensada e discutida por todos os envolvidos. A cooperação inicial foi sendo, aos poucos, substituída para um aprendizado colaborativo, estabelecido no diálogo de muitas vozes, que encampou a articulação do produto final.

Após a reescrita das conversas, tanto o aluno Vinícius, quanto aos demais discentes, começaram a explorar a ferramenta 'Scratch', a fim de encontrarem outras programações de jogos. Trata-se de um ciclo permanente de reflexões, instigadas pelo desafio de **querer aprender mais** e se apropriar de outros conhecimentos. De acordo com Freire (2020, p. 107-108):

> Quando tentamos um adentramento no diálogo como fenômeno humano, se nos revela algo que já poderemos dizer ser ele mesmo: a *palavra*. Mas, ao encontrarmos a palavra, na análise do diálogo, como algo mais que um meio para que ele se faça, se nos impõe buscar, também, seus elementos constitutivos. Esta busca nos leva a surpreender, nela, duas dimensões: ação e reflexão, de tal forma solidárias, em uma interação tão radical que, sacrificada, ainda que em parte, uma delas, se ressente, imediatamente, a outra. Não há palavra verdadeira que não seja práxis. Daí que dizer a palavra verdadeira seja transformar o mundo. A palavra inautêntica, por outro lado, com que não se pode transformar a realidade, resulta da dicotomia que se estabelece entre seus elementos constituintes. Assim é que, esgotada a palavra de sua dimensão, sacrificada, automaticamente, a reflexão também, se transforma em palavreria, verbalismo, blá-blá-blá. Por tudo isto, alienada e alienante. É uma palavra oca, da qual não se pode esperar a denúncia do mundo, pois que não há denúncia verdadeira sem compromisso de transformação, nem este sem ação. Se, pelo contrário, se enfatiza ou exclusiviza a ação, com o sacrifício da reflexão, a palavra se converte em ativismo. Este, que é ação pela ação, ao minimizar a reflexão, nega também a práxis verdadeira e impossibilita o diálogo. Qualquer destas dicotomias, ao gerar-se em formas inautênticas de existir, gera formas inautênticas de pensar, que reforçam a matriz em que se constituem. A existência, porque humana, não pode ser muda, silenciosa, nem tampouco pode nutrir-se de falsas palavras, mas de palavras verdadeiras, com que os homens transformam o mundo. Existir, humanamente, é pronunciar o mundo, é modificá-lo.

Portanto, na concepção de Freire (2020, p. 109):

> [...] o diálogo é uma exigência existencial. E, se ele é o encontro em que se solidarizam o refletir e o agir de seus sujeitos endereçados ao mundo a ser transformado e humanizado, não pode reduzir-se a um ato de depositar ideias de um sujeito no outro, nem tampouco tornar-se simples troca de ideias a serem consumidas pelos permutantes.

Ao se debruçar na análise das atividades apresentadas, nos capítulos que integram a obra eleita, percebeu-se o mútuo comprometimento entre os alunos e professores, com a *criação/articulação/aprimoramento* de saberes para a obtenção do produto final pretendido, ou seja, o aprendizado ocorreu de forma coletiva através da participação consciente e proativa dos sujeitos/ aprendizes. Com isso, notou-se que além da interação e do confronto de ideias entre eles, foi necessário que todos estivessem dispostos a participarem, ativamente, das tarefas apresentadas em sala de aula.

Logo, "a atividade coletiva consciente dos homens, longe de abolir a racionalidade objetiva, exige seu conhecimento científico com o objetivo de que os atos humanos não se percam na utopia ou na aventura" (Vázquez, 2007, p. 395). O trabalho coletivo, desenvolvido em sala de aula, reclamou uma parcela subjetiva de intenções dos envolvidos, cada qual empenhado na criação e no aprimoramento da atividade-fim. A soma das interações foi representada pelo resultado efetivo, articulado e constitutivo com os ideais almejados por todos os sujeitos/participantes, antes, durante e após a realização do exercício apresentado pelo educador. Logo, para Vázquez (2007, p. 220):

> O resultado da atividade, ou seja, seu produto, também se dá em diversos níveis: pode ser uma nova partícula, um conceito, um instrumento, uma obra artística ou um novo sistema social. Nesse amplo sentido, atividade opõe-se a passividade, e sua esfera é a da efetividade, não a do meramente possível. Agente é o que age, o que atua e não o que tem apenas a possibilidade ou disponibilidade de atuar ou agir. Sua atividade não é potencial, mas sim atual. Ocorre efetivamente sem que possa ser separada do ato ou conjunto de atos que a constituem. A atividade mostra, nas relações entre as partes e o todo, os traços de uma totalidade. Vários atos desarticulados ou justapostos casualmente não permitem falar de atividade; é preciso que os atos singulares se articulem ou estruturem, como elementos de um todo, ou de um processo total, que desemboca na modificação de uma matéria-prima. Por isso, aos atos do agente e à matéria sobre a qual se exerce essa atividade, é preciso acrescentar o resultado ou produto. O ato ou conjunto de atos sobre uma matéria se traduzem em um resultado ou produto que é essa própria matéria já transformada pelo agente.

Conforme se vislumbra no trecho em destaque, faz-se necessário o estabelecimento de uma ação inicial para que os demais atos constitutivos da atividade, com as suas respectivas especificidades, representem a uma totalidade efetiva, haja vista que "o resultado da atividade, ou seja, seu produto, também se dá em diversos níveis: pode ser uma nova partícula, um conceito, um instrumento [...]" (Vázquez, 2007, p. 220). Nesse aspecto, a problematização é relevante, posto que, além de proporcionar a um amplo debate dos pormenores que circundam a elaboração do produto entre os participantes, reforça o compromisso e a assunção de responsabilidade, de todos os envolvidos com as etapas posteriores. Conforme acentuado por Vázquez (2007, p. 220):

> A atividade propriamente humana apenas se verifica quando os atos dirigidos a um objeto para transformá-lo se iniciam com um resultado ideal, ou fim, e terminam com um resultado ou produto efetivo, real. Nesse caso, os atos não só são determinados causalmente por um estado anterior que se verificou efetivamente – determinação do passado pelo presente –, como também por algo que ainda não tem uma existência efetiva e que, no entanto, determina e regula os diferentes atos antes de desembocar em um resultado real; ou seja, a determinação não vem do passado, mas sim do futuro.

Na concepção de Vázquez (2007), o planejamento mental se situa no passado, haja vista que a sua existência material depende de uma ação atual que vise a transformação daquela matéria e, portanto, a modificação da sua natureza constitutiva. O resultado efetivo nada mais é do que a soma das ações e etapas anteriores que constituem o *todo*.

Quando os alunos se lançaram à resolução do exercício proposto pelo educador, de modo consciente e voluntário, todos os aprendizes se comprometeram com a *criação/transformação/aprimoramento* daquela tarefa e, por conseguinte, com o produto final daquelas interações. Ora, conforme expõe Vázquez (2007, p. 221):

> O resultado real, que se quer obter, existe primeiro idealmente, com o mero produto da consciência, e os diferentes atos do processo se articulam ou estruturam de acordo com o resultado que se dá primeiro no tempo, isto é, o resultado ideal. Em virtude dessa antecipação do resultado real que se deseja obter, a atividade propriamente humana tem um caráter consciente. Sua característica é que, por mais que o resultado real diste do ideal, trata-se, em todo caso, de adequar intencionalmente o primeiro ao segundo. Isso não significa

> que o resultado obtido tenha de ser necessariamente uma mera duplicação real de um modelo ideal preexistente. Não; a adequação não tem por que ser perfeita. Pode assemelhar-se pouco, e ou mesmo nada, ao fim original, já que este sofre mudanças, às vezes radicais, no processo de sua realização. Desse modo, para que se possa falar de atividade humana é preciso que se formule nela um resultado ideal, ou fim a cumprir, como ponto de partida, e uma intenção de adequação, independentemente de como se plasme, definitivamente, o modelo ideal originário.

Entre a ação inicial, motivada pelo docente ou pelo discente, até ao resultado final, todos os envolvidos participaram da etapa de problematização. As ideias iniciais (campo de abstração) sofreram variações decorrentes das problematizações disseminadas e compartilhadas no grupo, o que implicou na realização de ajustes do texto/discurso. Nesse viés, o uso das tecnologias digitais potencializou o desenvolvimento da atividade em uma esfera crítico-reflexiva do aprendizado significativo.

Evidentemente que "o ensino mediado pelas tecnologias digitais redimensiona os papéis de todos os envolvidos no processo educacional. Novos procedimentos pedagógicos são exigidos" (Kenski, 2012, p. 93), o que reforça a necessidade de mútuo comprometimento entre os estudantes e docentes, na universidade. Na mesma senda de entendimento, Souza (2017, p. 108) explica o seguinte:

> A aprendizagem colaborativa é uma atividade na qual os participantes constroem cooperativamente um modelo explícito de conhecimento. Do ponto de vista construtivista, o resultado mais importante do processo de modelagem não é o modelo em si, mas, principalmente, a apreciação e a experiência que se obtêm enquanto se articula, se organiza e se avalia criticamente o modelo durante seu desenvolvimento. Para tanto, um processo colaborativo deve oferecer atividades nas quais os participantes possam submeter qualquer parte de seu modelo – incluindo suas suposições e pré-conhecimentos – a um escrutínio crítico por parte dos outros. Dessa forma, os ambientes devem poder ajudar os participantes a expressar, elaborar, compartilhar, melhorar e entender suas criações, fazendo com que pensem seu próprio pensamento.

O ato de colaborar abarca, não somente a produção, mas, os modos e os meios com que determinada atividade é *pensada/compreendida/realizada* pelos participantes, assim como a percepção do *outro* e o respeito às diferentes ideias apresentadas durante as etapas que cerceiam o produto final resultante das interações de todos os alunos. O mútuo compartilhamento de conhecimentos e de experiências entre eles, acaba instigando a outros saberes. Assim, "os atos dos indivíduos concretos como seres conscientes, isto é, suas práxis individuais, integram-se em uma práxis comum que desemboca em um produto ou resultado" (Vázquez, 2007, p. 337).

Esse movimento que se estabelece entre o *ato de ensinar* e o de *aprender*, a atuação colaborativa entre os sujeitos/aprendizes e a experienciação do *novo* a partir do emprego criativo das TDIC, em sala de aula, agrega valor às diferentes formas de se (re)pensar as práticas futuras, o que acaba sendo enriquecedor, não somente para o estudante, mas, também, para o professor, haja vista o seu saber-fazer docente. Vale frisar que a prática transformada prescinde do mútuo esforço e compromisso de todos os envolvidos, para que ocorra a ressignificação das etapas anteriores.

Nesse contexto, a integração das múltiplas linguagens decorre do aspecto dialógico consubstanciado pelo grupo. A interação entre os sujeitos não se dá no vazio, sendo, portanto, imprescindível que os participantes estejam dispostos a colaborarem com o aprendizado do **outro**. À guisa do que foi apresentado até o presente momento, será possível identificar na figura a seguir, as etapas constitutivas de criação/transformação do produto final:

Figura 5 – Principais etapas de composição do produto final

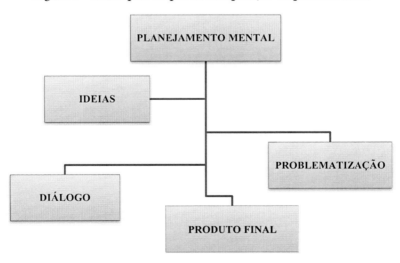

Fonte: o autor (2023)

O esquema apresentado na figura acima traz à tona as principais etapas que compõem o produto final, não excluindo outras fases que, eventualmente, possam existir e que não foram mencionadas nesse primeiro momento. Conforme explicitado em linhas anteriores, o planejamento mental (impressões e conjecturas iniciais) é organizado de modo consciente, porém fragmentado, pelo sujeito/pesquisador. Essa esquematização mental oportuniza a apresentação de ideias para validar a teoria (teorização do plano).

Posteriormente, os sujeitos/aprendentes iniciam a etapa de problematização de ideias, sugestões, opiniões e elogios, com a confrontação dos textos/discursos (confrontação de dados e informações). Nessa etapa, os estudantes interagem entre si e com o educador. Não há qualquer hierarquização entre educandos e docentes. Igualmente, não existe o julgamento do que seja considerado 'certo' ou 'errado', mas, sim, do que pode ser adequado ou inadequado, haja vista o aprimoramento da atividade assumida, em sala de aula. Superada a etapa de confrontação de ideias e de posicionamentos, ambos os envolvidos na atividade intelectual (discentes e docentes), iniciam o diálogo sobre os pontos — positivos e negativos — arguidos na etapa anterior, tendo em vista a "[...] multiplicidade de linguagens e, por extensão, de modos semióticos presentes nas produções dos textos impressos e/ou digitais [...]" (Baptista, 2016, p. 72).

O diálogo tem como objetivo o ajuste fino das ideias aventadas e discutidas na fase de problematização, com a devida *pacificação/interação/ constituição* de pensamentos, sugestões, debates e reflexões em torno do produto almejado. A soma das interações "[...] multimodais [...]" (Cani; Coscarelli, 2016, p. 25) resulta no produto final. Essa produção nada mais é do que a prática transformada e validada pelo trabalho colaborativo e grupal. Logo, "a elaboração conjunta é uma forma de interação ativa entre o professor e os alunos visando a obtenção de novos conhecimentos, habilidades, atitudes e convicções, bem como a fixação e consolidação de conhecimentos e convicções já adquiridos" (Libâneo, 1990, p. 167).

O esforço individual abrange a uma parcela intencional do *todo*. A reunião de todas as parcelas intencionais determina o produto final das interações entre os aprendizes. Dessa forma, "a realização consciente e competente das tarefas de ensino e aprendizagem torna-se, assim, fonte de convicções, princípios de ação, que vão regular as ações práticas dos alunos frente a situações postas pela realidade" (Libâneo, 1990, p. 99). A prática dialogada entre os sujeitos implica em uma "[...] educação voltada para o desenvolvimento da pessoa e dos grupos em colaboração, em um novo processo de formação de cidadãos preocupados com a realidade local e com o mundo" (Kenski, 2012, p. 73).

Com isso, o aprendizado ocorre de modo circular, através da participação consciente e coletiva dos envolvidos. O tensionamento entre os diferentes posicionamentos serve como mola propulsora para inaugurar o debate. A problematização é condição essencial para que outras ideias sejam aventadas pelos participantes. E, a partir da troca compartilhada de ideias, opiniões, críticas e sugestões, entre os envolvidos, a relação dialógica converte-se em prática transformada, resultando, portanto, em um aprendizado alicerçado nas vivências dos sujeitos e ancorado nas múltiplas linguagens que surgem no espaço acadêmico. O aprendizado passa a ser uma construção coletiva, imbricado em múltiplas linguagens que se contrapõem e, ao mesmo tempo, conectam-se a partir da comunicação e interação dos participantes. A soma das parcelas resultantes dessa relação dialógica, promove o fortalecimento do grupo e influi para o crescimento individual do sujeito.

7

CONSIDERAÇÕES FINAIS

Pensar no desenvolvimento tecnológico que permeia a sociedade moderna, implica refletir nas inúmeras conquistas já obtidas pelo homem na história da humanidade. Mais do que isso, representa o desejo de transformação da sua própria existência, com a devida ressignificação dos seus valores e princípios que regem as suas práticas no cotidiano. Na busca incessante por respostas, para a satisfação de suas indagações, o homem extrapolou a todos os limites do seu tempo para (re)criar a sua versão personalizada dos fatos, condicionando *teoria* e *prática* ao seu bem-estar social.

Foi assim que, desde os primórdios da humanidade, ele (o homem) procurou superar a sua condição natural e encontrar meios para sobreviver. Pode-se dizer, com certa segurança, que foi justamente desse desejo de mudança que fez com que ele fosse transportado/conduzido da 'Era da Pedra Lascada' para o 'Período Industrial', 'Pós-Industrial' e, assim por diante. O homem, enquanto ser tecnológico, apegado às tradições do seu tempo, ao desenvolver instrumentos e demais objetos bélicos, domésticos e de lazer para suprir às suas necessidades pessoais, desafiou os seus limites e iniciou a escrita da sua trajetória, enquanto ser pensante. Essa escrita densa, com muitos capítulos e seções, avançou pelos séculos.

Obstinado por desafios e, cada vez mais, atraído pelas circunstâncias da sua vivência, ele desbravou a outros caminhos até chegar ao *ciberespaço*. Nessa nova *sociedade digital*, as relações humanas são virtualizadas. A mecânica de funcionamento da civilização moderna decorre da utilização de artefatos tecnológicos como, por exemplo, 'smartphones', 'notebooks', 'tablets' e 'computadores' sofisticados, para a manutenção da vida em comum. Nesse *novo* formato virtual, o diálogo acaba sendo mais dinâmico e interativo. Com isso, outros aprendizados são construídos e disseminados através de um simples 'clique' no teclado do computador, em uma fração de segundos.

Com toda essa mudança de paradigma, nota-se que os princípios que regem os valores socioeconômicos, políticos, culturais e tecnológicos, foram impactados pelas ações humanas. Outrossim, as pessoas também sofreram com os efeitos dessa transposição temporal. Assim sendo, o uso de distintas tecnologias digitais, nos espaços públicos e privados, proporcionou ao sujeito multifacetado, avançar em direção à outras áreas até então pouco exploradas no campo da ciência. A complexidade das relações humanas, associada ao uso de variados artefatos tecnológicos, evidenciou a uma (r)evolução nos meios de comunicação, razão pela qual uma gama considerável de textos/discursos passou a ocupar o lugar de destaque no mundo virtual. Através do meio digital, os textos/discursos assumiram outras formas multissemióticas e multimodais, o que se refletiu em outros sentidos para o leitor.

Diante da multiplicidade de produções textuais, escritas e orais, disseminadas no âmbito social, começou-se a refletir sobre o papel das instituições escolares, enquanto agências de letramentos, na perspectiva de uso das mídias digitais, considerando, obviamente, o processo de *ensino* e de *aprendizagem* dos estudantes. Dessa maneira, notam-se que as reflexões em torno das práticas docentes multiletradas, (re)articuladas e potencializadas pelo uso de equipamentos tecnológicos, ganharam terreno na escola, e, por conseguinte, estenderam-se para além dos seus muros. Nesse ínterim, o ato de *navegar* no ambiente digital, assim como a (re)combinação de textos, verbais e não- verbais, através de profusas linguagens que cerceiam as produções multimodais, nas diferentes plataformas virtuais, passaram a chamar a atenção da comunidade acadêmica.

Outrossim, levando-se em consideração as experiências pedagógicas que circulam nas práticas multiletradas de aprendizes e professores, em sala de aula, assim como o impacto das tecnologias digitais no aprendizado do alunado, a presente pesquisa teve como pano de fundo, averiguar de que modo tais práticas multiletradas, tanto dos discentes, quanto do professor, apareceram nas produções científicas ora examinadas, junto aos bancos de dados da Capes, BDTD e SciELO. Após a verificação de que não haviam estudos científicos, no Estado do Paraná, que tratassem acerca do objeto de pesquisa, aqui, delineado, optou-se por selecionar e analisar os capítulos da obra denominada *Multiletramentos em teoria e prática: desafios para a escola de hoje*, cujo fito foi o de responder a seguinte problemática: *'de que modo os conceitos de tecnologias e de multiletramentos são apresentados na obra ora intitulada Multiletramentos em teoria e prática: desa fios para a escola de hoje?'.*

Isso posto, observou-se através do cumprimento dos objetivos — geral e específicos —, entabulados neste estudo, algumas pistas que foram relevantes para a elucidação da referida pergunta de pesquisa. Destaca-se que após a *leitura/compreensão/reflexão* dos capítulos 1, 2, 3, 4, 6, 8 e 9 da obra selecionada, foi possível responder à questão norteadora preestabelecida nesta pesquisa, assim como aprofundar as investigações em torno das práticas multiletradas, no universo escolar. Através do exame das atividades exibidas em cada um dos capítulos mencionados, vislumbrou-se nos exemplos socializados na referida obra eleita, a incidência do trabalho colaborativo, cooperativo, articulado e multiletrado dos sujeitos participantes, o que implicou na realização de exercícios multimodais e multissemióticos que ressignificaram os atos de *leitura* e de *escrita,* em variadas dimensões. Nesse viés, os conceitos de tecnologia(s) e de multiletramentos foram identificados nos diferentes exemplos elencados na obra escolhida, assim como as práticas multiletradas decorrentes das ações coletivas e solidárias, desenvolvidas e articuladas, pelos estudantes, no curso das atividades propostas pelo professorado.

Ao se debruçar na leitura compreensiva do manuscrito, ora intitulado **'Participação e colaboração na Wikipédia: o lugar da aprendizagem social frente aos multiletramentos'**, de autoria de Rafaela Salemme Bolsarin, observou-se que as múltiplas formas de interação entre os sujeitos, na perspectiva de uso das TDIC, foram determinantes para a reescrita do texto/discurso, no universo virtual. Essa contextualização da produção textual escrita foi ressignificada com a utilização da Web 2.0. A proposta de escrita colaborativa de um verbete na Wikipédia por parte de usuários-internautas, tendo como ponto de partida os fundamentos da Pedagogia dos Multiletramentos e o uso da tecnologia digital, foi primordial para que a pesquisadora observasse em seus estudos, a produção de sentidos a partir do engajamento dos sujeitos envolvidos no referido exercício.

O segundo artigo, ora intitulado **'Práticas colaborativas de escrita apoiadas por recursos da internet em disciplina de língua inglesa de curso militar'**, de autoria de Viviane de Fátima Pettirossi Raulik, teve por premissa a análise das práticas colaborativas de escrita através do emprego efetivo do recurso tecnológico 'Google Drive', no âmbito de uma instituição militar situada no Estado do Rio de Janeiro. A ideia, aqui, aventada, consistiu no desenvolvimento de uma unidade do livro didático que contemplasse o ensino da língua inglesa, tendo em vista o uso da plataforma digital supramencionada. É importante lembrar que a referida atividade teve como pano de fundo os princípios que sustentam a *Pedagogia dos Multiletramentos.*

Os resultados do estudo indicaram que o trabalho em grupo somente se ressignificou quando os participantes atuaram, efetivamente, no processo de aprendizagem e compartilharam experiências e informações entre si. A confecção da unidade do livro didático foi um sucesso e se alicerçou na participação coletiva dos discentes abrigados no referido internato. Logo, a estudiosa verificou que o trabalho colaborativo possibilitou a atuação de todos os sujeitos/participantes envolvidos com a atividade e, ainda, culminou com a potencialização de outros saberes entre os estudantes, haja vista o uso didático-criativo da tecnologia digital.

A terceira produção acadêmica analisada, ora intitulada '**O cinema na escola: multiletramentos em cena e em sala do Ensino Fundamental II**', de autoria de Bruno Cuter Albanese, abordou a uma atividade prática envolvendo o uso de linguagem cinematográfica por uma turma composta por dezesseis (16) alunos do 9º ano do Ensino Fundamental II, de uma escola particular situada no interior de Sã Paulo. O exercício elaborado com os alunos visou a aplicação dos princípios que norteiam a Pedagogia dos Multiletramentos: 'Prática Situada'; 'Instrução Explícita'; 'Enquadramento Crítico' e a 'Prática Transformada'. Através da articulação criativa e dinâmica dos elementos que embasam os multiletramentos na perspectiva de uso dos recursos tecnológicos no âmbito escolar, os estudantes produziram um curta-metragem alicerçado no romance intitulado *Senhora*, de autoria do escritor José de Alencar.

O projeto desenvolvido pelos sujeitos/aprendizes recebeu a denominação de 'Cinema Literário' e teve como desígnio a (re)produção cinematográfica do romance *Senhora* a partir de leitura e interpretação da referida obra em questão. Para que a atividade fluísse no espaço escolar, foram organizadas diversas oficinas para que os alunos se apropriassem da linguagem cinematográfica. Os resultados obtidos com a referida atuação coletiva dos alunos, na (re)produção cinematográfica, evidenciaram a autonomia, criatividade e interesse de cada participante na realização do referido projeto literário. A performance dos discentes, na realização do curta-metragem, revelou o senso crítico-reflexivo deles, tendo em vista a situação de comunicação (re)constituída.

O quarto manuscrito examinado, ora intitulado '**O uso do software livre Scratch no 5º ano do ensino fundamental da escola pública: multi e novos letramentos**', de autoria de Lidiany Teotonio Ricarte, trouxe à tona o recorte de uma pesquisa mais ampla, explorada em uma dissertação de mestrado. A referida abordagem baseou-se em um estudo de caso envolvendo a vinte e oito (28) alunos com idades entre nove (09) e dez (10) anos do 5º ano do ensino fundamental, de uma escola municipal de Campinas – São Paulo. Na ocasião, os alunos utilizaram a ferramenta digital 'Software Livre Scratch', para a criação de animações (avatares).

O exercício objetivou a compreensão de possíveis relações entre as práticas de multiletramentos com a escrita; a imagem; o som; o movimento; a lógica de programação; as animações; os jogos e a sua influência na produção textual, em sala de aula e fora dela. Os resultados dessa dinâmica escolar apontaram para o avanço do processo de aprendizagem dos alunos a partir do uso da ferramenta 'Scratch', em sala de aula, tendo como premissa a criação de avatares por meio da utilização da referida tecnologia digital. Ressalta-se que as animações produzidas pelos estudantes eram compostas por textos que contemplavam os elementos da multimodalidade.

A proposta de atividade apresentada pelo educador foi de grande valia para se pensar no trabalho colaborativo entre os envolvidos. À medida em que eles debatiam sobre a apresentação do trabalho proposto pelo docente e compartilhavam ideias entre si, observou-se a evolução do trabalho coletivo em sala de aula, o que implicou em uma produção multimodal e multissemiótica que abriu diálogo com os pilares que orientam a Pedagogia dos Multiletramentos.

O sexto artigo, ora intitulado '**Multiletramentos: inserindo a multiplicidade identitária dos alunos na escola**', de autoria de Rosane de Paiva Felício, referiu-se a um recorte de uma pesquisa-ação mais ampla, envolvendo alunos de duas (02) turmas do 9º ano, de uma escola da rede pública estadual do município de Piracicaba. A pesquisa se ancorou no desenvolvimento de uma apresentação oral (seminário), a partir das práticas de letramento digital dos estudantes, tendo em voga o acesso/uso das redes sociais, em especial, do Facebook, para a realização da atividade em questão.

Assim sendo, objetivou-se, no presente estudo, verificar a produção das exposições orais, bem como a aquisição e/ou aprimoramento dos letramentos digitais dos alunos, nas diferentes redes sociais. Os resultados indicaram que o contato com os diferentes artefatos tecnológicos, potencializaram os letramentos digitais dos discentes, em sala de aula e fora dela, haja vista que tais conhecimentos adquiridos nos locais informais de aprendizagem, também foram compartilhados, (re)aproveitados e ressignificados no universo escolar.

A oitava produção acadêmica investigada, ora intitulada '**O papel da elaboração de atividades aplicadas para a formação continuada**

docente', de autoria de Cláudia Gomes, observou a formação docente na seara do design situado nos estudos do Grupo de Nova Londres - (1996). Com isso, analisou-se o desempenho dos participantes da pesquisa (professores), no curso de extensão "Multiletramentos na escola pública", coordenado pelo Professor Doutor Petrilson Pinheiro e administrado, tecnicamente, pela Secretaria de Extensão do Instituto de Estudos da Linguagem – (IEL/ UNICAMP), vinculada à Educação Continuada da Unicamp - Extecamp.

Outrossim, a carga horária presencial do curso foi cumprida no laboratório de informática, com ênfase aos seguintes conteúdos: leitura multimodal (análise de fotos e vídeos) e o conceito de letramento; plágio escolar; estratégias de pesquisa na internet através do uso do 'Google Search Education'; produção textual com as ferramentas audiovisuais 'Audacity', 'Movie Maker' e 'Scratch' e produções colaborativas na pla- taforma 'Wikia' e no aplicativo 'Google Drive'. Ao concluírem o curso, os docentes participantes tiveram que elaborar, descrever e apresentar um plano de ensino que considerasse o conceito de *design* contemplado nos estudos do Grupo de Nova Londres - (1996). Vale lembrar que o desenvolvimento da proposta se amparou no uso de conteúdos, recursos e ferramentas digitais, em consonância com os estudos que abarcam a teoria dos multiletramentos.

Por fim, o nono artigo investigado, assim denominado '**Um olhar sobre as propostas de aulas no menu "Espaço da Aula", à luz dos mul- tiletramentos'**, de autoria de Gláucia de Jesus Costa, objetivou o exame de dois (02) planos de aulas inseridos na página eletrônica do 'Portal do Professor do MEC'. Na ocasião, a autora selecionou duas aulas que foram destaques de acesso e, por conseguinte, publicadas na referida plataforma digital. A primeira aula elencada trouxe como título 'O folclore brasileiro na sala de aula: histórias e lendas', de autoria de Mariane Ellen da Silva. Já a segunda aula eleita apresentou o título 'Aprendendo a história da Inde- pendência do Brasil de forma divertida e prazerosa', de autoria de Vaneide Correa Dornellas.

Pretendeu-se, com a referida pesquisa, analisar de que modo o reposi- tório digital assim denominado 'Portal do Professor do MEC', oportunizava o compartilhamento de informações, propostas, sugestões e metodologias de ensino, entre os professores participantes da respectiva comunidade virtual. Salienta-se que o 'Portal do Professor do MEC' foi uma iniciativa do Governo Federal, à época da pesquisa, cujo propósito foi a melhoria dos processos educativos nas escolas brasileiras. Em um segundo plano, tal projeto visou a capacitação dos profissionais da área da educação, haja vista a necessidade de uso das distintas tecnologias digitais no espaço escolar.

Os resultados indicaram que a plataforma virtual de acesso aos textos publicados, assim denominada 'Portal do Professor do MEC', estimulou a colaboração e o compartilhamento de propostas, entre os professores através da dinamização de práticas pedagógicas utilizadas nas escolas. Essa colaboração instigada através do uso didático-pedagógico das TDIC, possibilitou a uma maior interação e diálogo entre os docentes, o que influiu para a promoção de uma educação mais heterogênea e colaborativa entre os envolvidos.

Salienta-se que a partir da leitura e compreensão dos capítulos que compõem a obra eleita, surgiram as seguintes categorias: **a)** 'Práticas colaborativas de ensino – PCE'; **b)** 'Produções multimodais na escrita colaborativa'; **c)** 'Da metalinguagem à metarrepresentação: (re)criando significados' e **d)** 'A formação do ethos no contexto tecnológico das práticas multiletradas: (re) personalizando saberes para além dos muros da escola'. Cabe salientar que cada categoria que surgiu da análise e compreensão das atividades práticas ilustradas no material selecionado, aborda a um assunto específico relacionado aos princípios que cerceiam os estudos do Grupo de Nova Londres (1996), consubstanciado nos multiletramentos.

A leitura compreensiva das categorias anteriores, trouxe à tona a necessidade de criação de uma quinta (5ª) divisão relacionada ao aspecto da ***problematização***. Essa categoria, subentendida nas *entrelinhas* daquelas outras que emergiram ao longo dos estudos, revela que a problematização foi a mola propulsora que desencadeou a outras ideias e formas de aprimoramento do exercício inicialmente proposto pelo docente, no espaço escolar.

Logo, a interação entre os sujeitos no ambiente virtual, tendo como ponto de partida os elementos constitutivos da Pedagogia dos Multiletramentos e a atuação colaborativa do professorado na construção do aprendizado do aluno, foi fator determinante para a contemplação das práticas multiletradas nas ações dos indivíduos envolvidos na situação de comunicação — aprendizes e educadores —, nos diferentes exercícios apresentados nos capítulos da obra em questão. Para tanto, mapeou-se nas interações dos envolvidos, as principais etapas de composição do produto final (elaboração do texto/discurso), o que teria dinamizado o aprendizado de discentes e docentes em sala de aula. Essa interação entre os sujeitos, intrincada no mútuo comprometimento deles com a atividade inicial, resultou em uma prática transformada que vem ao encontro com os elementos que integram a Pedagogia dos Multiletramentos: 'porquê', 'o quê' e 'como'.

Com isso, as relações interpessoais e as produções textuais, escritas e orais, foram ressignificadas nas *linhas* e *entrelinhas* das atividades *pensadas/refletidas/realizadas* em sala de aula. Outro ponto que merece destaque na obtenção dos resultados perquiridos ao longo desta pesquisa é que os conhecimentos prévios dos estudantes foram considerados e valorizados pelos docentes, nas diferentes tarefas que foram desenvolvidas na escola. A bagagem cultural e de saberes informais dos sujeitos/aprendizes, ao serem considerados no ambiente formal de aprendizagem, tendo em vista o uso didático-pedagógico das TDIC, também foi ressignificada, o que favoreceu ao aprendizado multifacetado e tecnológico dos sujeitos, não somente no espaço escolar, mas, para além dos muros da escola.

Posteriormente à análise dos conceitos de tecnologias e de multiletramentos, nos capítulos que integram a obra selecionada, procurou-se identificar os objetivos específicos nos exemplos apresentados no livro organizado pelo Professor Doutor Petrilson Pinheiro – *Multiletramentos em teoria e prática: desafios para a escola de hoje*. Nesse ínterim, vale destacar que os objetivos específicos: **a)** explicitar o conceito de tecnologia(s); **b)** discorrer sobre o conceito de multiletramentos; **c)** relacionar os conceitos de tecnologia(s) e de multiletramentos na obra ora intitulada *Multiletramentos em teoria e prática: desafios para a escola de hoje*; e **d)** ampliar as discussões e reflexões sobre os conceitos de tecnologia(s) e de multiletramentos, considerando a Pedagogia dos Multiletramentos, foram cumpridos, com êxito, no curso da referida pesquisa.

Levando-se em consideração os resultados obtidos da análise dos fragmentos extraídos da obra eleita, e, a leitura compreensiva do arcabouço teórico-bibliográfico utilizado para a composição do raciocínio científico, verificou-se que as práticas multiletradas de educandos e de docentes foram mobilizadas e transformadas em sala de aula, haja vista o emprego didático-pedagógico das tecnologias digitais para a realização das tarefas escolares exibidas nos capítulos da obra em comento.

Dessa maneira, as práticas escolares foram potencializadas pelo uso de distintas tecnologias digitais da informação e comunicação e, por conseguinte, abriu-se espaço para se (re)pensar em outras formas de construção do conhecimento na seara acadêmica, considerando, obviamente, o processo de *ensino* e de *aprendizagem* que se efetivou nas ações colaborativas e multissemióticas de alunos e professores, no horizonte escolar. Trata-se de uma via de mão dupla em que os atores envolvidos na relação de ensino e de aprendizagem construíram-se, mutuamente, cada qual no seu devido tempo de assimilação e inteligibilidade das competências adquiridas.

Logo, em que pese os dados eleitos, analisados e refletidos no decorrer desta obra, pode-se dizer que o uso didático, articulado e intencional das tecnologias digitais, possibilita a *novas práticas sociais* de valorização das produções multimodais na seara universitária. Com isso, as inter(ações) multiletradas, que se refletem no saber-fazer do professor, foram robustecidas e impregnadas com outros sentidos.

A (re)combinação de significados e significantes nas produções textuais, verbais e não-verbais, reorientados pelo uso consciente e criativo de recursos midiáticos no espaço escolar, contribuiu para a consolidação de outros saberes multidisciplinares nos sujeitos, o que favoreceu ao aprendizado significativo e multiletrado dos participantes, no espaço formal de aprendizagem. A interação deles, em sala de aula, associada ao uso criativo e didático dos diferentes aparatos tecnológicos, possibilitou a uma experiencia única que influiu na disposição de *querer aprender melhor*, tendo, como parâmetro inicial, os aspectos relacionados a Pedagogia dos Multiletramentos.

Nesse sentido, verificam-se que as reflexões em torno do que foi investigado no *corpus* da pesquisa, não se exaurem com a confecção deste trabalho, até mesmo porque os desdobramentos relacionados ao estudo das práticas multiletradas, no ensino superior, tendo como pano de fundo o emprego didático das TDIC no ambiente acadêmico, poderão ser retomados em outras produções textuais.

Nessa senda, outros *elementos/aspectos/conceitos* poderão ser considerados em uma pesquisa futura, haja vista as práticas identitárias de educadores do ensino superior e as suas percepções sobre o processo educativo na escola formal à luz das noções de 'interculturalidade', 'decolonialidade' e de 'letramento de percurso'. Tais assuntos são fundamentais para o aprofundamento dos estudos que envolvem o direito à educação e, por conseguinte, o acesso do público estudantil aos recursos tecnológicos disponibilizados pelas instituições escolares.

Ainda, poder-se-á privilegiar os estudos que circundam o modo de ensino tradicional das escolas com o intuito de lançar luzes sobre a necessidade de mudança da situação de fossilização da cultura escolar no Brasil, posto que as práticas docentes predominantes no país estão alicerçadas em modelos pedagógicos lineares, behavioristas, de causa e efeito, conforme se depreendeu da leitura das seções que integram o presente trabalho acadêmico. Assim, em que pese o emprego de recursos tecnológicos no desenvolvimento de atividades escolares, poder-se-á investir, também, em uma análise que privilegie o uso da inteligência artificial no ensino superior, tendo em vista as práticas multiletradas de aprendizes e professores, assim como as suas relações multifacetadas no ambiente virtual de aprendizagem.

Por ora, são satisfatórios os resultados, aqui, obtidos ao longo das seções articuladas neste livro e, obviamente, validados com a apresentação do esboço analítico dos capítulos que integram a obra organizada pelo Professor Doutor Petrilson Pinheiro. Diante do exposto e do que foi aludido no referido estudo, é possível sustentar que a pesquisa cumpriu com o seu fim social, primando pelo esclarecimento, fundamentação dos fatos e demais argumentos que surgiram das inúmeras vozes autorais, ressignificadas nas falas dos personagens supracitados no livro selecionado/analisado, ora intitulado *Multiletramentos em teoria e prática: desafios para a escola de hoje*.

Igualmente, sustenta-se que o pesquisador cumpriu com o seu propósito e se esmerou em conduzir os rumos de tal produção intelectiva aos sentidos, aqui, suscitados. As promessas estabelecidas nos objetivos — geral e específicos — foram cumpridas e, meticulosamente, *identificadas/refletidas/apresentadas*, ao longo da investigação científica. Obviamente que a construção do raciocínio acadêmico, aqui, aventado, não se encerra nas linhas e entrelinhas deste estudo, mas, tão somente, repousa nas reflexões que ecoaram das diversas vozes que contribuíram para a composição do diálogo em torno das ações multiletradas de docentes e estudantes, nos diferentes níveis de ensino, tendo em vista o uso das TDIC.

É importante compreender que esse repouso em nada se confunde com a inércia, tampouco representa estagnação, mas, sim, um período de resguardo para que as ideias trazidas à tona neste livro possam ser revisitadas no momento oportuno, de modo consciente, através do espírito crítico-reflexivo do leitor, afinal de contas, todos os elementos constitutivos da pesquisa — principais e secundários — devem fazer sentido, tanto para aquele que *lê/escreve/produz* os dados no curso da referida produção literária, quanto para aquele que *relê/reescreve/reproduz* as informações ali contidas, atribuindo um novo significado aos achados e demais resultados inicialmente apresentados.

Espera-se, com este estudo, encorajar a outros tantos pesquisadores do assunto em voga, para se debruçarem na busca por *novas descobertas* que culminem em teorias importantes e aplicáveis, não somente no campo da educação, mas, também, em outras áreas do conhecimento. É claro que a busca incessante por respostas e/ou alternativas viáveis de reverberação do aprendizado inicial, reclama a um propósito delineado em torno da exploração/aprofundamento do objeto de pesquisa pretendido. Esse compromisso com a Educação deve ser a expressão da responsabilidade ética e social do pesquisador com a ciência, e com os resultados que poderão ser utilizados em prol da coletividade.

Caminhar por esse vale árido, cercado por obstáculos ardilosos que cerceiam a toda investigação científica, impõe, como requisito essencial, o engajamento moral do cientista, na busca incessante e inalienável, por direções seguras que apontem para outros horizontes, afinal de contas, não se pode *conhecer/aprender/refletir/navegar* em outras superfícies quando o texto/discurso não ultrapassa o campo das conjecturas. Nesse caso, é preciso a obtenção de uma experiência válida e significativa que sirva de parâmetro para desbravar a outros mares e oceanos. Somente quando se percebe a natureza espontânea das ações que circundam o terreno fértil do conhecimento, é que o aprendizado se transforma em uma realidade significativa, que transcende a esfera do sujeito/pesquisador para se refletir na dimensão do social: a coletividade.

Portanto, não basta empoderar o texto/discurso com palavras de efeito ou com letra rebuscada, isto é, faz-se necessário experienciar, na prática, os achados da pesquisa e aplicá-los, criativamente, nas ações do cotidiano, de diferentes formas e em múltiplas paisagens sociais para que o aprendizado seja disseminado em uma perspectiva multimodal e multissemiótica do conhecimento, com vista a atingir a todos os níveis de ensino, público e cultura.

POSFÁCIO

Uma Jornada pelos Multiletramentos e Tecnologias no Ensino Superior

Ao encerrar a leitura da obra ora intitulada *As TDIC no cenário da educação: reflexões para a formação universitária contemporânea*, escrita por Jean Marcos Frandaloso, sou levado a reconhecer a profunda relevância do tema escolhido para o campo da Educação e para a cultura escolar. O autor, comprometido com a investigação das práticas multiletradas resultantes do uso das TDIC na docência do ensino superior, cumpre sua promessa de problematizar e relacionar a perspectiva teórica dos letramentos com a proposta dos multiletramentos, em consonância com a obra analisada *Multiletramentos em teoria e prática: desafios para a escola de hoje* e com os estudos do Grupo de Nova Londres (NLG).

Este trabalho se destaca no contexto acadêmico ao enfocar as práticas docentes no ensino superior, visando a promover uma escola atenta aos movimentos da sociedade moderna e aos métodos de ensino e aprendizagem por meio do uso didático e criativo das tecnologias digitais da informação e comunicação. O autor formula de maneira hábil o problema central da pesquisa, que envolve a compreensão dos conceitos de tecnologias e multiletramentos apresentados na obra *Multiletramentos em teoria e prática: desafios para a escola de hoje* e sua contribuição para o processo de ensino- -aprendizagem e para o aprimoramento das práticas docentes.

A escrita fluida e lúcida deste texto é notável. A fundamentação teórica e a revisão da literatura são abrangentes, abarcando o arcabouço teórico necessário para sustentar a argumentação. A metodologia utilizada na geração e análise dos dados é bem descrita, possibilitando que outros pesquisadores possam seguir o mesmo caminho e ampliar o campo de observação.

A problematização realizada pelo autor, buscando compreender os fatores envolvidos nas TDIC no processo educacional, aprofunda-se ao considerar as práticas docentes em contextos multissemióticos e os novos letramentos, que exigem sujeitos ativos capazes de desenvolver formas de pensamento complexas e colaborativas diante de situações autênticas do cotidiano. Surge, assim, a questão das práticas multiletradas e suas impli- cações sociais, culturais e pedagógicas, destacando-se a relação entre as noções de tecnologia(s) e multiletramentos na perspectiva da Pedagogia dos Multiletramentos, conforme evidenciado nos dados analisados.

Os resultados apresentados revelam a importância do uso das TDIC no ensino superior, tanto para os docentes quanto para os estudantes. As tecnologias digitais são ferramentas poderosas que podem potencializar o aprendizado, tornando-o mais dinâmico, interativo e significativo. Além disso, permitem o acesso a uma variedade de recursos e informações, ampliando as possibilidades de exploração e construção do conhecimento. No entanto, é fundamental considerar que o uso das tecnologias digitais ou não, requer um planejamento cuidadoso e intencional por parte dos professores, a fim de garantir sua efetiva integração no processo de ensino-aprendizagem.

Nesse sentido, a obra oferece subsídios relevantes para a reflexão sobre as práticas docentes e os desafios enfrentados na era digital. O autor destaca a importância da formação continuada dos professores, incentivando-os a refletir sobre as suas práticas, a buscar atualização e a explorar novas estratégias de ensino que integrem as TDIC de forma crítica e reflexiva. Além disso, o livro destaca a necessidade de uma abordagem pedagógica que valorize a diversidade de saberes e promova a participação ativa dos estudantes, estimulando a construção coletiva do conhecimento.

Em suma, a obra *As TDIC no cenário da educação: reflexões para a formação universitária contemporânea* contribui de forma significativa para o campo da Educação, ao abordar questões relevantes sobre as práticas docentes no contexto do ensino superior e a relação entre as tecnologias digitais e os multiletramentos. O autor apresenta uma pesquisa sólida, teoricamente bem fundamentada e metodologicamente consistente, que oferece subsídios para a reflexão e ação dos educadores interessados em aprimorar as suas práticas pedagógicas na era digital.

Portanto, recomendo a leitura desta obra a todos os interessados no campo da Educação e no uso das tecnologias no ensino superior. Que este livro seja apenas o ponto de partida para discussões mais amplas e aprofundadas sobre os multiletramentos e a integração das TDIC na prática docente, visando o desenvolvimento de uma educação mais inovadora, inclusiva e voltada para as demandas do século XXI.

Prof. Dr. Vicente Aguimar Parreiras (CEFET-MG)

Doutor em Linguística Aplicada pela Universidade Federal de Minas Gerais (UFMG); Professor efetivo no Centro Federal de Educação Tecnológica de Minas Gerais (CEFET-MG), campus BH, atuando na EPT, Graduações, Mestrado e Doutorado em Estudos de Linguagens. (ORCID: 0000-0001-6002-7967)

REFERÊNCIAS

ALCICI, Sonia Aparecida Romeu. A escola na sociedade moderna. In: ALMEIDA, Nanci Aparecida de. (Coord.). **Tecnologia na escola: abordagem pedagógica e abordagem técnica.** São Paulo: Cengage Learning, 2014, p. 03-18.

ALMEIDA, Nanci Aparecida de. Os diferentes aspectos da linguagem na comunicação. In: ALMEIDA, Nanci Aparecida de. (Coord.). **Tecnologia na escola: abordagem pedagógica e abordagem técnica.** São Paulo: Cengage Learning, 2014, p. 40.

ANDRADE, Julia Pinheiro; SARTORI, Juliana. O professor autor e experiências significativas na educação do século XXI: estratégias ativas baseadas na metodologia de contextualização da aprendizagem. In: BACICH, Lilian; MORAN, José. (Orgs.). **Metodologias ativas para uma educação inovadora: uma abordagem teórico-prática.** Porto Alegre: Penso, 2018, p. 175.

BACICH, Lilian. Formação continuada de professores para o uso de metodologias ativas. In: BACICH, Lilian; MORAN, José. (Orgs). **Metodologias ativas para uma educação inovadora: uma abordagem teórico-prática.** Porto Alegre: Penso, 2018, p. 134-141.

BALDI, Vania; OLIVEIRA, Lídia. Luzes e sombras na cultura da convergência digital. In: TAVARES, Rosilene Horta; GOMES, Suzana dos Santos. (Orgs). **Sociedade, educação e redes: desafios à formação crítica.** 1º ed.ª. Araraquara, SP: Junqueira & Marin, 2014, p. 133-134.

BANNELL, Ralph Ings. (*et al.*). **Educação no século XXI: cognição, tecnologias e aprendizagens.** Rio de Janeiro: Editora PUC, 2016, p. 75.

BAPTISTA, Lívia Tiba Rádis. Multiletramentos, letramento visual e ensino de espanhol: algumas questões sobre as práticas comunicativas contemporâneas. In: BAPTISTA, Lívia Márcia Tiba Rádis. (Org.). **Autores e produtores de textos na contemporaneidade: multiletramentos, letramento crítico e ensino de línguas.** Campinas, SP: Pontes Editores, 2016, p. 66-72..

BARDIN, Laurence. **L'analyse de contenu.** 1º ed.ª. São Paulo: Edições 70, 2016.

BECHARA, Evanildo. **Moderna gramática portuguesa.** 39º ed.ª. rev. e ampliada. Rio de Janeiro: Nova Fronteira, 2019.

BERTOLDO, Haroldo Luiz; MILL, Daniel. Tecnologia. In: Mill, Daniel. (Org.). **Dicionário crítico de educação e tecnologias e de educação a distância.** Campinas, SP: Papirus, 2018, p. 596-603.

BERTOLDO, Haroldo Luiz; SALTO, Francisco; MILL, Daniel. Tecnologias de informação e comunicação. In: Mill, Daniel. (Org.). **Dicionário crítico de educação e tecnologias e de educação a distância.** Campinas, SP: Papirus, 2018, p. 617-620.

CANI, Josiane Brunetti; COSCARELLI. Textos multimodais como objetos de ensino: reflexões em propostas didáticas. In: KERSCH, Dorotea; COSCARELLI, Carla Viana; CANI, Josiane Brunetti. (Orgs). **Multiletramentos e multimodalidade: ações pedagógicas aplicadas à linguagem.** Campinas, SP: Pontes Editores, 2016, p. 15-45.

CASTELLS, Manuel. **A sociedade em rede.** 22º ed.ª. revista e ampliada. São Paulo: Paz e Terra, 2020.

CAZDEN, Courtney. (*et al.*). **Uma pedagogia dos multiletramentos: desenhando futuros sociais.** RIBEIRO, Ana Elisa; CORRÊA, Hércules Tolêdo. (Orgs). Traduzido por Adriana Alves Pinto. (et al.). Belo Horizonte: LED, 2021.

CIRNE-LIMA, Carlos. Roberto Velho. **Sobre a contradição.** 2º ed.ª. Porto Alegre: EDIPUCRS, 1996.

CORALINA, Cora. **Vintém de cobre: meias confissões de Aninha.** 10º ed.ª. São Paulo: Global, 2013, p. 163-164.

CORTELAZZO, Angelo Luiz. (et al.). **Metodologias ativas e personalizadas de aprendizagem.** Rio de Janeiro: Alta Books, 2018.

COSCARELLI, Carla Viana. Abrindo a conversa. In: COSCARELLI, Carla Viana (Org.). **Tecnologias para aprender.** 1º ed.ª. São Paulo: Parábolas Editorial, 2016, p. 12-14.

COSCARELLI, Carla Viana; KERSCH, Dorotea Frank. Pedagogia dos multiletramentos: alunos conectados? novas escolas + novos professores. In: KERSCH, Dorotea; COSCARELLI, Carla Viana; CANI, Josiane Brunetti. (Orgs). **Multiletramentos e multimodalidade: ações pedagógicas aplicadas à linguagem.** Campinas, SP: Pontes Editores, 2016, p. 08.

D'ANDRÉA, Carlos. Processos editoriais na wikipédia: desafios e possibilidades da edição colaborativa. In: COSCARELLI, Carla Viana (Org.). **Tecnologias para aprender.** 1º ed.ª. São Paulo: Parábolas Editorial, 2016, p. 137-143.

DEMO, Pedro. **Educação hoje: novas tecnologias, pressões e oportunidades.** São Paulo: Atlas, 2009.

DESLANDES, Suely Ferreira. O projeto de pesquisa como exercício científico e artesanato intelectual. In: MINAYO, Cecília de Souza. (Org.). **Pesquisa social: teoria, método e criatividade.** 28º ed.ª. Petrópolis, RJ: Vozes, 2009, p. 47.

DIAS, Anair Valência Martins. Hipercontos multissemióticos: para a promoção dos multiletramentos. In: ROJO, Roxane; MOURA, Eduardo. (Orgs.). **Multiletramentos na escola.** São Paulo: Parábola Editorial, 2012, p. 102-103.

DIAS, Anair Valênia Martins. (*et al.*). Minicontos multimodais: reescrevendo imagens cotidianas. In: ROJO, Roxane; MOURA, Eduardo. (Orgs.). **Multiletramentos na escola.** São Paulo: Parábola Editorial, 2012, p. 80.

FERRAZ, Obdália; CUNHA, Úrsula. Multiletramentos. In: Mill, Daniel. (Org.). **Dicionário crítico de educação e tecnologias e de educação a distância.** Campinas, SP: Papirus, 2018, p. 463-466.

FRADE, Isabel Cristina A. da Silva. Alfabetização digital: problematização do conceito e possíveis relações com a pedagogia e com aprendizagem inicial do sistema de escrita. In: COSCARELLI, Carla Viana; RIBEIRO, Ana Elisa. (Orgs). **Letramento digital: aspectos sociais e possibilidades pedagógicas.** 3º ed.ª. Belo Horizonte: Ceale Autêntica, 2017, p. 76.

FRANCO, Maria Amélia do Rosário Santoro. **Pedagogia e prática docente.** 1º ed.ª. São Paulo: Cortez, 2012.

FRANDALOSO, Jean Marcos. O uso de metodologias ativas na educação: um olhar para as práticas de ensino e de aprendizagem. In: BERTONE, Douglas Franco; DERUSSI, Jussani; MAYER, Leandro. (Orgs). **Educação escolar e ensino remoto: os desafios impostos pela pandemia.** Itapiranga, SC: Schreiben, 2021, p. 83-84.

FRANDALOSO, Jean Marcos; LEITE, Maria Alzira. **Da verdade absoluta ao relativismo do conhecimento científico: um olhar para as pesquisas em educação.** Revista Ibero-Americana de Estudos em Educação, Araraquara, v. 17, n. 2, p. 1426-1444, abr./jun., 2022. Disponível em: https://periodicos.fclar.unesp.br. Acesso em 20/02/2023.

FRANDALOSO, Jean Marcos; LEITE, Maria Alzira. **As práticas docentes no contexto tecnológico digital: (in)certezas e desafios para uma práxis no âmbito universitário.** Revista Intersaberes. Curitiba, v. 17, n. 42, p. 835-864, set./nov., 2022. Disponível em: https://revistasuninter.com. Acesso em 20/02/2023.

FREIRE, Paulo. **Pedagogia da autonomia: saberes necessários à prática educativa.** 68º ed.ª. Rio de Janeiro/São Paulo: Paz & Terra, 2021.

FREIRE, Paulo. **Pedagogia do oprimido.** 74º ed.ª. Rio de Janeiro/São Paulo: Paz & Terra, 2020.

FREITAS, Márcia de Fátima Rabello Lovisi de; PINTO, Rosângela de Oliveira; FERRONATO, Raquel Franco. **Psicologia da educação e da aprendizagem.** Londrina, PR: Editora e Distribuidora Educacional S.A, 2016.

GALINDO, Cínthia Henrique. O slide como apoio à oralidade no seminário escolar. In: OLIVEIRA, Robson Santos de. (Org.). **Multimodalidade e tecnologias no ensino: abordagens práticas nas aulas de língua portuguesa.** 1º ed.ª. São Paulo: Pá de Palavra, 2019, p. 58-60.

GATTI, Bernardete A. **Implicações e perspectivas da pesquisa educacional no Brasil contemporâneo.** Cadernos de pesquisa, São Paulo, n. 113, p. 65-81, julho, 2001. Disponível em: https://www.scielo.br. Acesso em 18/02/2021.

GIL, Antonio Carlos. **Como elaborar projetos de pesquisa.** 4º ed.ª. São Paulo: Atlas, 2002.

GIROUX, Henry A. Praticando estudos culturais nas faculdades de educação. In: SILVA, Tomaz Tadeu da. (Org.). **Alienígenas na sala de aula: uma introdução aos estudos culturais em educação.** 11º ed.ª. Petrópolis, RJ: Vozes, 2013, p. 94.

GOMES, Suzana dos Santos. Infância e tecnologias. In: COSCARELLI, Carla Viana. (Org.). **Tecnologias para aprender.** 1º ed.ª. São Paulo: Parábolas Editorial, 2016, p. 152-154.

GONÇALVES, Marta de Oliveira; SILVA, Valdir. Sala de aula compartilhada na licenciatura em matemática: relato de prática. In: BACICH, Lilian; MORAN, José. (Orgs). **Metodologias ativas para uma educação inovadora: uma abordagem teórico-prática.** Porto Alegre: Penso, 2018, p. 66.

KALANTZIS, Mary; COPE, Bill; PINHEIRO, Petrilson. **Letramentos.** Campinas: UNICAMP, 2020.

KENSKI, Vani Moreira. **Educação e tecnologias: o novo ritmo da informação.** 8º ed.ª. Campinas, SP: Papirus, 2012.

KERSCH, Dorotea Frank; RABELLO, Keli Rodrigues. São atitudes como estas que podem fazer a diferença para uma escola melhor: outros tempos, novos letramentos. In: KERSCH, Dorotea; COSCARELLI, Carla Viana; CANI, Josiane Brunetti. (Orgs). **Multiletramentos e multimodalidade: ações pedagógicas aplicadas à linguagem.** Campinas, SP: Pontes Editores, 2016, p. 75.

LÉVY, Pierre. **Cibercultura.** 3º ed.ª. São Paulo: Editora 34, 2010.

LÉVY, Pierre. **As tecnologias da inteligência: o futuro do pensamento na era da informática.** 2º ed.ª. São Paulo: Editora 34, 2010.

LÉVY, Pierre. **O que é virtual?** 2º ed.ª. São Paulo: Editora 34, 2011.

LIBÂNEO, José Carlos. **Didática.** São Paulo: Cortez, 1990.

LIMA, Denise Martins e; ALVES, Mario Luiz Nunes. Modelos de feedback. In: MILL, Daniel. (Org.). **Dicionário crítico de educação e tecnologias e de educação a distância.** Campinas, SP: Papirus, 2018, p. 456.

LORENZI, Gislaine Cristina Correr; PÁDUA, Tainá-Rekã Wanderley de. Blog nos anos iniciais do fundamental I: a reconstrução de sentido de um clássico infantil. In: ROJO, Roxane; MOURA, Eduardo. (Orgs.). **Multiletramentos na escola.** São Paulo: Parábola Editorial, 2012, p. 36-50.

LORENZIN, Mariana; ASSUMPÇÃO, Cristiana Mattos; BIZERRA, Alessandra. Desenvolvimento do currículo steam no ensino médio: a formação de professores em movimento. In: BACICH, Lilian; MORAN, José. (Orgs). **Metodologias ativas para uma educação inovadora: uma abordagem teórico-prática.** Porto Alegre: Penso, 2018, p. 199-203.

MAINGUENEAU, Dominique. **Variações sobre o ethos.** Tradução por Marcos Marcionilo. 1º ed.ª. São Paulo: Parábola, 2020.

MANFREDINI, Benedito Fulvio. Ruptura de paradigmas no uso das tecnologias. In: ALMEIDA, Nanci Aparecida de. (Coord.). **Tecnologia na escola: abordagem pedagógica e abordagem técnica.** São Paulo: Cengage Learning, 2014, p. 73.

MARQUES, Renata Garcia. Campanha publicitária, tecnologias e (re)construção de identidades no espaço escolar. In: KERSCH, Dorotea; COSCARELLI, Carla Viana; CANI, Josiane Brunetti. (Orgs). **Multiletramentos e multimodalidade: ações pedagógicas aplicadas à linguagem.** Campinas, SP: Pontes Editores, 2016, p. 109-119.

MATIAS, Joseane. O google drive como ferramenta de escrita colaborativa do gênero projeto de pesquisa: um caminho para o letramento digital. In: KERSCH,

Dorotea; COSCARELLI, Carla Viana; CANI, Josiane Brunetti. (Orgs). **Multiletramentos e multimodalidade: ações pedagógicas aplicadas à linguagem.** Campinas, SP: Pontes Editores, 2016, p. 167-174.

MENDONÇA, Helena Andrade. Construção de jogos e uso de realidade aumentada em espaços de criação digital na educação básica. In: BACICH, Lilian; MORAN, José. (Orgs). **Metodologias ativas para uma educação inovadora: uma abordagem teórico-prática.** Porto Alegre: Penso, 2018, p. 107.

MICHIELINI, Roziane do Amparo Araújo; SILVA, Fabiana Marques de Souza e. (elaboração). PONTIFÍCIA UNIVERSIDADE CATÓLICA DE MINAS GERAIS. Pró-Reitoria de Graduação. Sistema Integrado de Bibliotecas. **Orientações para elaboração de trabalhos científicos:** projeto de pesquisa, teses, dissertações, monografias, relatório entre outros trabalhos acadêmicos, conforme a Associação Brasileira de Normas Técnicas (ABNT). 3º ed.ª. Belo Horizonte: PUC Minas, 2019. Disponível em: www.pucminas.br/biblioteca. Acesso em: 27/03/2023.

MIGUEL, Ely Alves. (*et al.*). As múltiplas faces do Brasil em curta metragem: a construção do protagonismo juvenil. In: ROJO, Roxane; MOURA, Eduardo. (Orgs.). **Multiletramentos na escola.** São Paulo: Parábola Editorial, 2012, p. 214.

MINAYO, Maria Cecília de Souza. O desafio da pesquisa social. In: MINAYO, Maria Cecília de Souza. (Org.). **Pesquisa social: teoria, método e criatividade.** 28º ed.ª. Petrópolis, RJ: Vozes, 2009, p. 16-21.

MONTEIRO, Maria Iolanda. Alfabetização, letramento e tecnologias. In: Mill, Daniel. (Org.). **Dicionário crítico de educação e tecnologias e de educação a distância.** Campinas, SP: Papirus, 2018, p. 28-29.

MORAN, José. Metodologias ativas para uma aprendizagem mais profunda. In: BACICH, Lilian; MORAN, José. (Orgs). **Metodologias ativas para uma educação inovadora: uma abordagem teórico-prática.** Porto Alegre: Penso, 2018, p. 09-23.

MOURA, Eduardo; ROJO, Roxane. **Letramentos, mídias, linguagens.** 1º ed.ª. São Paulo: Parábola, 2019.

NOVAIS, Ana Elisa. Lugar das interfaces digitais no ensino de leitura. In: COSCARELLI, Carla Viana. (Org.). **Tecnologias para aprender.** 1º ed.ª. São Paulo: Parábolas Editorial, 2016, p. 82-84.

OLIVEIRA, Rui Barbosa de. **Oração aos moços.** São Paulo: Hunter Books, 2016.

OLIVEIRA, Maria Rita Neto Sales. Um grande desafio na integração das tecnologias da informação e comunicação na formação docente. In: TAVARES, Rosilene Horta; GOMES, Suzana dos Santos. (Orgs). **Sociedade, educação e redes: desafios à formação crítica.** 1º ed.ª. Araraquara, SP: Junqueira & Marin, 2014, p. 15-17.

OLIVEIRA, Robson Santos de. Multimodalidade na pedagogia dos multiletramentos: as bases do Grupo Nova Londres. In: OLIVEIRA, Robson Santos de. (Org.). **Multimodalidade e tecnologias no ensino: abordagens práticas nas aulas de língua portuguesa.** 1º ed.ª. São Paulo: Pá de Palavra, 2019, p. 08.

OLIVEIRA, Tâmara Lyz Milhomen de; DIAS, Reinildes. Multimodalidade ontem e hoje nas homepages do yahoo: trilhando uma análise diacrônica de textos multimodais. In: KERSCH, Dorotea; COSCARELLI, Carla Viana; CANI, Josiane Brunetti. (Orgs). **Multiletramentos e multimodalidade: ações pedagógicas aplicadas à linguagem.** Campinas, SP: Pontes Editores, 2016, p. 79-83.

PEREIRA, João Thomaz. Educação e sociedade da informação. In: COSCARELLI, Carla Viana; RIBEIRO, Ana Elisa. (Orgs). **Letramento digital: aspectos sociais e possibilidades pedagógicas.** 3º ed.ª. Belo Horizonte: Ceale Autêntica, 2017, p. 20.

PINHEIRO, Petrilson. (Org.). **Multiletramentos em teoria e prática: desafios para a escola de hoje.** São Leopoldo, RS: Editora Unisinos, 2017.

PINTO, Álvaro Vieira. **O conceito de tecnologia.** Volume I e II. Rio de Janeiro: Contraponto, 2005.

PRETTO, Nelson de Luca; PINHEIRO, Daniel Silva. Escola e redes: conexões. In: TAVARES, Rosilene Horta; GOMES, Suzana dos Santos. (Orgs). **Sociedade, educação e redes: desafios à formação crítica.** 1º ed.ª. Araraquara, SP: Junqueira & Marin, 2014, p. 205-209.

RIBEIRO, Ana Elisa. **Multimodalidade, textos e tecnologias: provocações para a sala de aula.** 1º ed.ª. São Paulo: Parábolas, 2021.

RIBEIRO, Ana Elisa. Ler na tela – letramento e novos suportes de leitura e escrita. In: COSCARELLI, Carla Viana; RIBEIRO, Ana Elisa. (Orgs). **Letramento digital: aspectos sociais e possibilidades pedagógicas.** 3º ed.ª. Belo Horizonte: Ceale Autêntica, 2017, p. 126-139.

RIBEIRO, Otacílio José. Educação e novas tecnologias: um olhar para além da técnica. In: COSCARELLI, Carla Viana; RIBEIRO, Ana Elisa. (Orgs). **Letramento digital: aspectos sociais e possibilidades pedagógicas.** 3º ed.ª. Belo Horizonte: Ceale Autêntica, 2017, p. 88-97.

ROJO, Roxane. **Letramentos múltiplos, escola e inclusão social.** 1º ed.ª. São Paulo: Parábola Editorial, 2009.

ROJO, Roxane. Pedagogia dos multiletramentos: diversidade cultural e de linguagens na escola. In: ROJO, Roxane; MOURA, Eduardo. (Orgs.). **Multiletramentos na escola.** São Paulo: Parábola Editorial, 2012, p. 12-24.

ROSA, Acassia dos Anjos Santos. Letramento crítico e ensino intercultural: um diálogo possível. In: BAPTISTA, Lívia Márcia Tiba Rádis. (Org.). **Autores e produtores de textos na contemporaneidade: multiletramentos, letramento crítico e ensino de línguas.** Campinas, SP: Pontes Editores, 2016, p. 48-49.

SANTOMÉ, Jurjo Torres. As culturas negadas e silenciadas no currículo. In: SILVA, Tomaz Tadeu da. (Org.). **Alienígenas na sala de aula: uma introdução aos estudos culturais em educação.** 11º ed.ª. Petrópolis, RJ: Vozes, 2013, p. 170-171.

SANTOS, Carlos Eduardo Barros dos; CRUZ, Silvânia Maria da Silva Amorim. A argumentação no fórum de discussão virtual. In: OLIVEIRA, Robson Santos de. (Org.). **Multimodalidade e tecnologias no ensino: abordagens práticas nas aulas de língua portuguesa.** 1º ed.ª. São Paulo: Pá de Palavra, 2019, p. 76.

SANTOS, Else Martins dos. Chat: e agor@? novas regras – nova escrita. In: COSCARELLI, Carla Viana; RIBEIRO, Ana Elisa. (Orgs). **Letramento digital: aspectos sociais e possibilidades pedagógicas.** 3º ed.ª. Belo Horizonte: Ceale Autêntica, 2017, p. 152.

SAVIANI, Dermeval. **Escola e democracia.** 43º ed.ª. rev. Campinas, SP: Autores Associados, 2018.

SILVA, Ana Carolina Martins da. **Letramento de percurso: uma concepção de letramento inspirada em escritas do PIBID.** Itapiranga, SC: Schreiben, 2021.

SILVA, De Plácido e. **Vocabulário jurídico conciso.** Atualizado por Nagib Slaibi Filho e Gláucia Carvalho. 1º ed.ª. Rio de Janeiro: Forense, 2008.

SIMON, Roger I. A pedagogia como uma tecnologia cultural. In: SILVA, Tomaz Tadeu da. (Org.). **Alienígenas na sala de aula: uma introdução aos estudos culturais em educação.** 11º ed.ª. Petrópolis, RJ: Vozes, 2013, p. 70-71.

SOARES, Gilvan Mateus. Produção de 'folheto turístico' em sala de aula: limites e alcances de uma sequência didática. In: KERSCH, Dorotea; COSCARELLI, Carla Viana; CANI, Josiane Brunetti. (Orgs). **Multiletramentos e multimodalidade: ações pedagógicas aplicadas à linguagem.** Campinas, SP: Pontes Editores, 2016, p. 142.

SOUZA, Renato Rocha. Contribuições das teorias pedagógicas de aprendizagem na transição do presencial para o virtual. In: COSCARELLI, Carla Viana; RIBEIRO, Ana Elisa. (Orgs). **Letramento digital: aspectos sociais e possibilidades pedagógicas.** 3º ed.ª. Belo Horizonte: Ceale Autêntica, 2017, p. 108.

TAVARES, Rosilene Horta. Por uma pedagogia social da tecnologia. In: TAVARES, Rosilene Horta; GOMES, Suzana dos Santos. (Orgs). **Sociedade, educação e redes: desafios à formação crítica.** 1º ed.ª. Araraquara, SP: Junqueira & Marin, 2014, p. 420.

TEIXEIRA, Adriana; LITRON, Fernanda Félix. O manguebeat nas aulas de português: videoclipe e movimento cultural em rede. In: ROJO, Roxane; MOURA, Eduardo. (Orgs.). **Multiletramentos na escola.** São Paulo: Parábola Editorial, 2012, p. 168.

TENÓRIO, Maria Liliane de Lima. Práticas pedagógicas com WhatsApp no ensino de língua portuguesa. In: OLIVEIRA, Robson Santos de. (Org.). **Multimodalidade e tecnologias no ensino: abordagens práticas nas aulas de língua portuguesa.** 1º ed.ª. São Paulo: Pá de Palavra, 2019, p. 88.

THADEI, Jordana. Mediação e educação na atualidade: um diálogo com formadores de professores. In: BACICH, Lilian; MORAN, José. (Orgs). **Metodologias ativas para uma educação inovadora: uma abordagem teórico-prática.** Porto Alegre: Penso, 2018, p. 91-104.

TRASK, R. L. **Dicionário de linguagem e linguística.** Tradução Rodolfo Ilari. Revisão técnica Ingedore Villaça Koch; Thais Cristófaro Silva. 2º ed.ª. São Paulo: Contexto, 2006, p. 263.

TRIVIÑOS, Augusto Nibaldo Silva. **Introdução à pesquisa em ciências sociais: a pesquisa qualitativa em educação.** São Paulo: Atlas, 1987.

VALENTE, José Armando. A sala de aula invertida e a possibilidade do ensino personalizado: uma experiência com a graduação em midialogia. In: BACICH, Lilian; MORAN, José. (Orgs). **Metodologias ativas para uma educação inovadora: uma abordagem teórico-prática.** Porto Alegre: Penso, 2018, p. 26.

VÁZQUEZ, Adolfo Sánchez. **Filosofia da práxis.** Traduzido por Maria Encarnación Moya. 1º. ed.ª. Bueno Aires: Consejo Latinoamericano de Ciencias Sociales – Clacso; São Paulo: Expressão Popular, Brasil, 2007.

YAMADA, Bárbara Alessandra G. P; MANFREDINI, Benedito Fulvio. Tecnologias de informação aplicadas na escola. In: ALMEIDA, Nanci Aparecida de (Coord.).

Tecnologia na escola: abordagem pedagógica e abordagem técnica. São Paulo: Cengage Learning, 2014, p. 75-78.

ZACHARIAS, Valéria Ribeiro de Castro. Letramento digital: desafios e possibilidades para o ensino. In: COSCARELLI, Carla Viana. (Org.). **Tecnologias para aprender.** 1º ed.ª. São Paulo: Parábolas Editorial, 2016, p. 20-21. -